Niall Williams und Christine Breen

Wenn die Sommerwiesen blühn

Niall Williams und Christine Breen

Wenn die Sommerwiesen blühn

Wir leben in Irland

Aus dem Amerikanischen
von Monika Curths

List Verlag
München · Leipzig

Die Originalausgabe erschien 1989 unter dem Titel
»When Summer's in the Meadow«
bei Soho Press, Inc., New York.

ISBN 3-471-79140-X

Satz: Fotosatz Leingärtner, Nabburg/Neusath
Druck und Bindung: Offizin Andersen Nexö, Leipzig

Dieses Buch ist unseren Familien gewidmet,
unseren Freunden in Irland und Amerika,
aber vor allem
Deirdre

Anmerkung der Autoren

Auch dieses Buch wurde von zwei Menschen geschrieben. Keine Episode hat einer von uns ohne den anderen erlebt oder niedergeschrieben. Das Buch enthält Ausschnitte aus unseren Tagebüchern (Christines Einträge sind kleiner gesetzt), und jede einzelne Seite stammt aus der Feder von uns beiden.

KAPITEL 1

Es regnete leise. Ich stand am frühen Morgen am Gatter zur hinteren Weide und blickte über die hügeligen Wiesen von Tumper. Nichts regte sich. Ein bleicher grauer Himmel schien sich auf einen Tag lang Nieselregen einzurichten. Ich blickte hinauf zu unserer kleinen vierköpfigen Herde und dachte an den Winter, der vor der Tür stand. Ein ordentlicher Stapel Torf lagerte im Heuschuppen, und im Hof wölbte sich ein kleiner runder Berg Silofutter für die Kühe. Sie fanden nicht mehr viel Gras dort oben auf den Hügeln. Wir würden sie bald herunterbringen müssen in die Nähe des Hauses. Als ich an diesem Morgen im sanften Regen stand und zu den Kühen hinaufschaute, wunderte ich mich wie schon so oft über das Leben, das Chris und ich hier in West Clare führten. Eineinhalb Jahre war es her, daß wir von New York hierher nach Kiltumper gezogen waren, und nun füllten wir die gewaltige Stille dieser feuchten Novembertage mit Schreiben in der guten Stube und dem Füttern und Hüten unserer vier Kühe Susie, Phoebe, Bridget und Gerty.

Unter den tropfenden Eschen hinter dem Heuschuppen war mir plötzlich, als hätte ich auf der oberen Wiese etwas Kleines, Schwarzes gesehen, das sich bewegte. Es war zu klein für ein Kalb, zu groß für einen Hund, rannte an der Feldsteinmauer hin und her und störte die Kühe. Ich marschierte sofort los, quer über die Wiese, eine dunkle Spur in dem mit silbrigen Regentropfen besetzten Gras hinterlassend. Etwas eiliger als sonst stieg ich über die Feldmauern. Schon hier wird deutlich, wie anders unser Leben geworden war, seit wir unsere Berufslaufbahn in New York aufgegeben hatten. Mit einem Schwarzdornstock in der Hand im Regen über die Wiesen zu gehen war jetzt meine Hauptbeschäftigung. Der erste Punkt auf der heutigen Tagesordnung lautete: Nachsehen, was Kühe beunruhigt.

Auf halbem Weg nach Lower Tumper erkannte ich, was es war – eine zottelige schwarze Ziege mit langen Hörnern, die an den stacheligen Blättern eines Stechginsters knabberte.

»Mach, daß du fortkommst! Los!« rief ich und fuchtelte mit dem Stock durch die Luft.

Die Ziege hob den Kopf, um mich anzusehen, meckerte zweimal und wandte sich wieder ihrem Frühstück zu. An einem Hinterhuf zog sie ein ausgefranstes Seilende nach; ganz offensichtlich war sie heute morgen irgendeinem Bauern in der Nachbarschaft davongelaufen.

»Los jetzt! Troll dich!« schrie ich, wobei ich mich sehr anstrengte, um so zu klingen, wie ich es meinte. »Geh hin, wo du hergekommen bist. Marsch!«

Nach dieser Aufforderung und vermutlich, weil ich gleichzeitig näher kam, setzte sich die Ziege in Bewegung. Verblüffend schnell und behend galoppierte sie davon und veranlaßte die armen nervösen Kühe zu einer panischen Flucht bergab. Zu meiner Verteidigung muß an dieser Stelle gesagt werden, daß ich keinerlei Erfahrung mit Ziegen besaß; am schnellsten, so schien mir an jenem Morgen, konnte ich das Problem lösen, wenn ich die Ziege wie jedes andere Tier behandelte, das sich verlaufen hatte – es erst von der Weide auf die Straße trieb, dann die Straße hinab in einen unserer gemauerten Ställe und es dort einsperrte, bis der Besitzer gefunden war. Es erschien mir vollkommen vernünftig und durchaus unkompliziert; allerdings hatte ich es etwas eilig, denn inzwischen peitschte der Regen nur so über uns hinweg. Mit mehreren sehr strengen Rufen und gebieterischem Stockschwenken trieb ich die Ziege zum Gatter. Bei jedem zweiten Ruf, den ich ausstieß, ging sie ein Stückchen weiter, meckernd und mißtrauische Blicke nach hinten werfend, wo ihr mein Stock wie ein Schwert die Richtung wies.

Das Gatter war selbstverständlich zugebunden. Ungefähr zehn Meter, bevor wir es erreichten, lief ich um meine Morgengabe herum, löste den Strick und ließ das Tor zur Straße hin aufschwingen. Die Ziege stand da, den Kopf zur Seite gedreht, und beobachtete mich, wobei sie bedächtig auf einem Grashalm kaute. Ich lief im Bogen zurück, so daß ich mich wieder hinter ihr befand, schwang drohend den Stock und stieß gellende Rufe aus. Und Schritt für Schritt ging es weiter, die Ziege immer ein kleines Stück voraus, und das Gatter kam näher und näher. Als wir es erreicht hatten, ging ich dicht an die Ziege heran.

»So, und nun gehst du schön dort hinaus.«

Die Ziege trabte an und war im Nu draußen am Straßenrand, weg von unseren Kühen. Ich ließ sie dort eine Weile stehen; dann wandte ich mich ab, um das Gatter zu schließen. Noch während ich damit beschäftigt war und mir gratulierte, wie gut ich das kleine Manöver durchgeführt hatte, und mich darauf freute, nach Hause gehen zu können, um mich vor dem Kaminfeuer zu trocknen, hörte ich das flinke Geklapper ihrer Hufe auf dem Kies, und als ich mich umdrehte, sah ich gerade noch ein Hörnerpaar und etwas Fell, als sie am Gatter entlanglief und mühelos über die Mauer zurück auf die Weide sprang. Einen Augenblick sah sie mich durch das geschlossene Tor hindurch an, mekkerte über den Unsinn der ganzen Übung und lief fröhlich die Weide hinauf, um ihr Stechginsterfrühstück fortzusetzen und unsere Kühe zu entnerven.

Vor dem Torffeuer in der Küche schilderte ich Chris die Begebenheit.

»Wir müssen herausfinden, wem sie gehört«, sagte sie. »Wahrscheinlich suchen die Leute schon nach ihr. Ruf Gregory an und sag es ihm.«

Gregory war der Vorsteher des Postamts und bediente die Telefonvermittlung für das Dorf. Wir brauchten zum Telefonieren zwar nicht mehr wie früher die kleine Kurbel zu drehen, die seitlich an dem Apparat angebracht war, der noch heute kopfüber an der Wand in unserer Küche hängt. Ein gewisser Fortschritt im Telefonverkehr hatte auch Kiltumper erreicht. Wir konnten inzwischen unsere Informationsquelle für Gemeindeangelegenheiten direkt anrufen. Die Post fungierte, ähnlich wie die Kirche, als eine Art Nachrichtenzentrale. Gregory würde es wissen, wenn irgendwo eine Ziege fehlte, oder er würde es herausfinden, indem er seine Kunden fragte – nahezu das gesamte Dorf.

»Hallo, Gregory?«

»Ja.«

»Gregory, hast du zufällig gehört, ob jemand eine Ziege vermißt?«

»Eine Ziege?« Er legte eine kleine Pause ein. Es knackte in der Leitung. »Was für 'ne Art Ziege ist es denn?« Eine berechtigte Frage – aber ich hatte keine Ahnung. Rasse, Geschlecht, selbst ihre ungefähre Größe waren mir entgangen. Ich wußte nicht genug über Ziegen, um so feine Unterschiede wahrzunehmen.

»Eine schwarze Ziege«, sagte ich. »Ich hab' sie heute morgen bei unseren Kühen gefunden.«

»Nein«, sagte er. »Ich hab' nicht gehört, daß jemand eine vermißt. Aber sie ist bei euren Kühen, richtig?«

»Ja.«

»Gut, ich werd' mich umhören, okay?«

Am selben Abend gingen wir auf den *cuaird*, das heißt, wir gingen zu Nachbarn auf Besuch, wo wir unser Ziegenproblem zur Sprache bringen wollten. Mary empfing uns in ihrer gemütlichen Küche, bewirtete uns mit Tee und Rosinenbrötchen, und wir plauderten, während der Regen gegen die Fenster prasselte.

»Mary, wir haben eine Ziege«, sagte Chris.

»Tatsächlich? Eine Ziege, Crissie, das ist wunderbar. Was wollt ihr mit ihr machen? Oder ist es ein Ziegenbock?«

»Das ist es ja«, sagte Chris, die sich amüsierte, weil ich darüber keine genaue Auskunft geben konnte.

»Sie gehört nicht uns, Mary«, sagte ich. »Sie war heute früh oben bei den Kühen, und sie ist noch dort. An einem ihrer Hinterbeine hängt ein

Stück Strick, also denke ich, sie muß irgendwo ausgerissen sein. Bestimmt sucht man schon nach ihr.«

Wir schlürften unseren Tee und lauschten auf den Regen.

»Schon möglich«, sagte Mary. »Ist es eine alte Ziege, Niall?«

Auch das wußte ich nicht genau, aber ich hatte etwas Grau im Bart der Ziege gesehen, und so sagte ich, sie sei alt, obwohl ich mich fragte, ob weibliche Ziegen überhaupt einen Bart haben.

»Also, ich mag die Ziege«, sagte Chris plötzlich, »und sie wird unseren Kühen nicht schaden, nicht wahr, Mary?«

»Bestimmt nicht, Crissie. Wenn sich die Kühe erst an sie gewöhnt haben, werden sie sich ausgezeichnet vertragen. Und weißt du, daß Ziegen angeblich sehr gut für Kühe sind? Sie fressen alle giftigen Kräuter und so. Die Ziege könnte ein richtiger Glücksbringer für euch sein.«

Ein richtiger Glücksbringer. An jenem Abend dachten wir nicht mehr viel darüber nach, was Mary gesagt hatte. Erst als wir später zurückblickten, schien es, als hätte tatsächlich vieles genau an dem Tag begonnen, als die Ziege nach Kiltumper gekommen war.

Wie sich herausstellte, war sie eine bärtige Ziegendame. Niemand im Dorf erhob Anspruch auf sie. Die Kühe hatten sich innerhalb einer Woche an sie gewöhnt. Und der Blick, mit dem sie mich bedachte, wenn ich mit dem Schwarzdornstock die Weide hinaufstieg, schien zu besagen: Jag mich ja nicht fort – ich könnte dir Glück bringen.

Wie war es uns bisher ergangen?

Wir waren hier seit Ende März 1985, seit genau achtzehn Monaten, und es waren die nässesten, komischsten, glücklichsten, traurigsten und ungewöhnlichsten Monate unseres Lebens. Nun verbrachten wir den zweiten Winter in unserer Bauernkate, genannt Kiltumper Cottage. Von Zeit zu Zeit kamen Briefe, die der Postbote in der Keksdose am Ende des Gartenwegs deponierte, und in jedem Brief wurde die gleiche Frage gestellt: *Wie geht es Euch?* Hatten wir immer noch nicht die Nase voll? Unser Rückzug aufs Land mußte inzwischen doch den letzten Schimmer von Romantik verloren haben? Wir hatten zwei der nässesten Sommer in der jüngeren irischen Geschichte mitgemacht, zwei kalte, feuchte Frühlinge und einen noch kälteren, feuchteren Winter in einer Bauernkate, die nur von einem Torffeuer beheizt wurde. Sicher seien wir jetzt bereit zurückzukommen. »Manhattan erwartet Euch«, schienen die Briefe zu sagen, »alles ist vergeben und vergessen.«

Nein, wir waren nicht bereit zurückzugehen. Denn hier, im Regen von Kiltumper, in dem Haus, wo Chris' Großvater geboren war, hatten wir gefunden, was wir zu finden gehofft hatten. »Wir haben den Rahmen für ein friedliches Leben gefunden«, hatte Chris in ihr Tagebuch geschrieben. »Trotz der Einsamkeit, die uns manchmal überfällt, und trotz der schmerzlichen Enttäuschung, daß wir kinderlos bleiben werden, haben wir beschlossen, an unserem neuen Lebensstil festzuhalten.«

Im Wind und im Regen von West Clare waren wir Teil einer Gemeinschaft geworden, wir hatten neue Freunde gewonnen wie Lucy und Larry, Tessie und Jay, Martin und Martin (zusammen mit einer ganzen Schar außerordentlich gastfreundlicher und großzügiger Nachbarn); wir hatten den Rhythmus des Landes gelernt, wir hatten gelernt, wie man in West Clare Landwirtschaft betreibt und hunderterlei alltägliche Dinge, die zum hiesigen Leben gehörten. Wir hatten eine neue Art zu leben entdeckt. Wir hatten Bridget, Susie, Phoebe und Gerty; wir hatten unsere Hühner und Küken und Max, unseren schwarzen Kater. Mit ihnen allen bildeten wir eine Gemeinschaft, in der ein sehr realer, spürbarer Friede herrschte. Die Arbeit auf dem Hof und im Garten hatte uns geholfen, unseren Kummer zu ertragen, als wir nach einem Besuch in Dublin endgültig erfahren hatten, daß wir keine Kinder bekommen würden. Der Garten, die Landwirtschaft, unsere Nachbarn – dies alles war uns sehr ans Herz gewachsen. Wenn wir im Zwielicht des Abends auf der nach Westen zum Meer hin führenden Straße spazierengingen, schien es uns manchmal, als hätte sich die Achse unseres Lebens verlagert. Nein, wir würden jetzt nicht zurückgehen, lautete meine Antwort. Oder, wie Chris sagen würde – noch nicht.

Chris verbrachte diese Winterstunden mit Plänen für den Garten und brütete über Katalogen mit Samen und Blumenzwiebeln. Sie wolle mehr Stauden setzen, sagte sie, mehrjährigen Phlox, Mohn, Margeriten, und reichte mir den in Tusche gezeichneten Entwurf des künftigen Gartens, auf dem sie den riesigen, noch von ihren Vorvätern unter dem Küchenfenster gepflanzten Rhabarber mit einem einzigen Federstrich versetzt und das Blumenbeet über die ganze Front des Hauses verlängert hatte.

Mit unseren Träumen vom nächsten Frühling hatten wir versucht, die Frage, wie lange wir noch hierbleiben würden, zu beantworten. Wir hatten Winterfutter für die Kühe, Streu für die Kälber. Wir wollten Anfang April ins Moor und so viel Torf stechen, daß wir bereits im Sommer einen ordentlichen Vorrat im Heuschuppen hätten. Aber mittlerweile waren unsere letzten Ersparnisse aus New York nahezu völlig aufgezehrt. Ein Manuskript, das das Abenteuer unseres ersten Jahres in Kiltumper schilderte, war nach Amerika abgegangen. Wochen verstrichen, und wir warteten immer noch auf eine Antwort. Unsere Hoffnung, wir könnten mit unserer Schriftstellerei einen Teil des Geldes verdienen, das wir bald dringend nötig haben würden, schien sich nicht zu erfüllen. Aber noch klammerten wir uns daran, genauso wie an die Hoffnung auf einen schönen Frühling. Wenn uns wie jetzt die Angst überkam, fühlten wir uns schrecklich abgeschieden von allem. Dann sprangen wir in den alten Peugeot und fuhren im letzten Tageslicht an die Küste, um auf das ungestüm wogende Meer und hinüber, nach Westen, zu schauen.

»In diesem Jahr werden wir schönes Wetter bekommen, Crissie«, versprach Mary, als wir über unsere Teetassen hinweg wieder einmal in einen regengrauen Wintertag blickten. »Wißt ihr, das Jahr, bevor ihr kamt, war wirklich ein herrliches Jahr, und das davor auch. Wir waren alle braun wie die Kaffeebohnen, und diesen Sommer wird es genauso sein, für euch«, sagte sie mit einem strahlenden Lächeln, als wäre damit die Wetterfrage entschieden; und außerdem war es Zeit, Tee nachzuschenken. Im strömenden Regen trotteten wir nach Haus.

Frühling und Sommer des Jahres 1987 würden unsere Rettung sein. Sie würden die Erinnerung an zwei verregnete Jahre tilgen, an das aufgeweichte Torfmoor, die unter Wasser stehenden Wiesen mit dem faulenden Heu, den im Regen ersoffenen, vom Sturm zerzausten Garten, das Gefühl, hier vom Pech verfolgt zu sein, das wir nie ganz abschütteln konnten. Nein, in diesem Jahr würde der aufgeweichte Boden in der Sonne trocknen, versicherte ich Chris. Im Herzen wußte ich, daß der Schmerz über unsere Kinderlosigkeit viel entmutigender wirkte als irgendeine unserer sonstigen Enttäuschungen. Im ständigen Regen verkrochen wir uns mit unserem Kummer immer mehr in uns selbst. Dieses Jahr würde es einen richtigen Frühling und Sommer geben – das versprach ich Chris. Die Sonne würde scheinen, wenn wir frühmorgens in die herrliche Ruhe und Stille der Landschaft hinausgehen würden. Im hellen Tageslicht würden wir draußen herumwerkeln und Chris' Garten, den sie im Geist schon so lange vor sich sah, bearbeiten und umgestalten, als wäre er der Stoff, aus dem die Träume sind. In der milden Sommerwärme würden wir auf dem Fensterbrett sitzen, von dem aus man auf die Kartoffelreihen und weiter, über grüne Felder bis nach Kerry schauen kann. An den Nachmittagen und Abenden würden wir im Heu arbeiten, auf unseren Wiesen und auf denen der Nachbarn, und in den stillen Feierabendstunden würden wir hinüberschauen auf die abgemähten, mit Heureutern getüpfelten Wiesen. Wir würden die warme Sonnenglut spüren, nach der wir uns im Winter manchmal so sehnten, wenn wir uns enger in die Mäntel hüllten, Hauchwölkchen ausstießen und wünschten, es wäre endlich Sommer.

Mitten im winterlichen Kiltumper hofften wir, der Frühling und der Sommer 1987 würden uns beweisen, daß wir nicht völlig verrückt gewesen waren, als wir in Amerika alles aufgaben und von Manhattan in den Westen Irlands zogen, als wir die »wirkliche Welt« gegen die unirdische Stille der Moore und des Regens eintauschten. Jeder sagte, daß unsere zwei ersten Sommer in Irland die schlimmsten seit hundert Jahren waren. Aber wir brauchten jetzt ein Zeichen, das uns an eine bessere Zukunft glauben ließ.

Im Grunde meines Herzens wußte ich auch, daß ich Chris ein Leben in einem Klima ohne Sonne nicht länger zumuten konnte. Für mich war das Wetter nicht das eigentliche Problem. Ich bin schließlich Ire und das »feuchte« Wetter, das wir hier erlebten, eher gewohnt. Es kam und ging draußen vor dem Fenster der stillen Stube, in der ich den ganzen Morgen schrieb; es nieselte und goß, wenn ich nachmittags im Garten arbeitete oder oben bei den Kühen war, aber es hinderte mich nie an meiner Schreibarbeit. Ich erhoffte mir vom Frühling oder Sommer vor allem, daß die Träume und die Arbeit der vergangenen eineinhalb Jahre endlich etwas Geld in die Kasse bringen würden. Wir waren fast pleite, und wenn uns nicht ein New Yorker Verleger das Manuskript über die Abenteuer unseres ersten Jahres abkaufte, müßten wir im Sommer unsere Kühe verkaufen, unsere Koffer packen und aufgeben.

»Aber, Crissie«, sagte Mary. »Gott ist gut. Es wird nie wieder einen Sommer geben wie diese beiden letzten.«

Wir schlürften unseren Tee an einem trüben Nachmittag und wünschten verzweifelt, wir könnten ihr glauben.

Es gab noch einen weiteren Hoffnungsstrahl, der uns den Winter ertragen half. Chris war zusammen mit vier Brüdern und einer Schwester aufgewachsen und hatte sich schon als kleines Mädchen alle ihre Kinder vorgestellt – die Zimmer, die sie haben würden, die Geburtstagspartys, ihre kleinen Freunde, ihre ganze zukünftige Lebensweise. Die Aussicht auf ein kinderloses Leben war für sie absolut niederschmetternd. Und mir ging es genauso. Vor knapp einem Jahr hatten wir den Telefonhörer in der Küche abgenommen, die Kurbel gedreht und einen der bedeutendsten Anrufe unseres Lebens getätigt: Wir verlangten die St. Catherine's Adoption Society in Ennis. Eine sanfte Frauenstimme meldete sich und erklärte uns, sehr freundlich, daß auf der Warteliste für Adoptionen kein Platz mehr sei. Im April würden vielleicht wieder Anwärter aufgenommen. Aber im April hatte sich an der Situation nichts geändert. Die Zahl der Paare, die ein Kind adoptieren wollten, war größer als die der in Frage kommenden Neugeborenen. Man riet uns, es in einem halben Jahr wieder zu versuchen. Chris schrieb in ihr Tagebuch:

Heute, am 1. April 1986, sollten wieder Adoptionsbewerber in die Warteliste aufgenommen werden. Niall und ich hofften, wenigstens einen Anfang machen zu können, als wir die Adoption eines Kindes in Erwägung zogen. Aber die Warteliste ist noch voll. Ich kann es nicht glauben. Helen, die Sozialarbeiterin dort, vertröstete uns auf Oktober. Was ist bloß los? Es sieht so aus, als wäre es uns bestimmt, kinderlos zu bleiben. Ich weinte, als sie es mir sagte. Mir war, als würde wieder einmal eine Tür vor meiner Nase zugeschlagen. Im vergangenen halben Jahr haben wir gelernt, mit der Vorstellung zu leben, daß wir nie eigene Nachkommen haben werden, und wir überlegten, ob wir ein Kind adoptieren sollten. Nun können wir uns auch diese Alternative aus dem Kopf schlagen. Keine Babys.

Vielleicht sind wir einfach noch nicht soweit. Der Schmerz ist noch so frisch, und wir quälen uns nur. Wir müßten einfach loslassen können. Wir müßten versuchen, nicht zu fragen, warum Gott nicht will, daß wir Eltern werden. Obwohl es wahr zu sein scheint. Ein weiteres halbes Jahr zu warten – ich finde, es ist nicht fair.

An einem düsteren Novembertag hielten wir in der O'Connell Street in Ennis. Wir blieben im Auto sitzen. Wieder sprachen wir über den Schmerz und den Verlust, den wir beide empfanden, seit wir wußten, daß wir keine eigenen Kinder bekommen konnten. Wir sahen Frauen, die draußen in der Kälte ihre Kinderwagen an uns vorbeischoben oder ihre kleinen Kinder an der Hand führten – das ganze quiekende, sabbernde, kichernde, plärrende Geschäft des Lebens zog an unserem Autofenster vorbei. Wir kamen uns vor wie abgeschnitten; mit dem Wissen um unsere Kinderlosigkeit trieben wir in die Isolation. Das

Leben ohne Kinder erschien uns noch leerer in der großen Stille unseres Hauses und des Landes. Und schmerzlich empfanden wir den Unterschied zwischen Elternpaaren und kinderlosen Paaren. »Aber Sie haben keine Kinder«, sagte eine Frau im Dorf und nickte, sich selbst bestätigend, als wäre damit alles erklärt, als wäre es für uns unmöglich, die täglichen Anforderungen und Sorgen des Elterndaseins zu begreifen. Unser Leid schien uns überall zu begleiten; wie ein Schatten folgte es uns durch einen Winter, einen Frühling, einen Sommer, einen Herbst. Wir lebten damit, manchmal besser, manchmal schlechter, und sorgten für den Kater, die Hühner und die Kühe, als wären sie ein Teil unserer Familie.

Nun saßen wir im Wagen vor St. Catherine's und wußten nicht, ob wir hineingehen und uns nach der Warteliste erkundigen sollten oder nicht. Die Tränen kamen so schnell, daß wir uns wegen unseres Selbstmitleids schämten. Sollten wir also kinderlos bleiben? Waren wir als Eltern ungeeignet? Wenn wir jetzt, bei unserem dritten Versuch, nicht auf die Warteliste gelangten, wäre das dann ein Zeichen, daß wir uns mit unserem Los abfinden sollten?

Schließlich stiegen wir aus und gingen durch Regen und Wind die schmale Straße entlang, die zu St. Catherine's führte, mit dem Gefühl, als würde sich jeder nach uns umdrehen.

Die Clare Social Services, der Sozialdienst des Bezirks Clare, zu dem auch die St. Catherine's Adoption Society gehört, haben ihre Büros in einem alten Gebäude, das schon äußerlich ganz nach Hilfs- und Fürsorgeorganisation aussieht. Früher war das Haus vielleicht eine Grundschule. Auf den engen Stiegen und langen Korridoren meint man, gleich würde man Kindern in Schuluniformen begegnen. Oder das Haus war vielleicht ein Kloster, denn auch Frieden und Stille scheinen von diesen Mauern auszugehen. Plötzlich standen wir vor einem kleinen Schalter, der aber geschlossen war. Zu unserer Überraschung wurde der kleine Holzladen hochgeschoben, und eine freundliche Stimme fragte: »Kann ich Ihnen helfen?«

»Ja«, flüsterte ich, weil mir die Stimme versagte, »wir möchten mit jemand über eine Adoption sprechen.« Ich weiß nicht recht, was wir erwartet hatten – Mitgefühl, Erbarmen –, aber die Frau hinter dem Schalter lächelte nur und sagte: »Warten Sie einen Moment.« Dann wurden wir in ein Wartezimmer geführt. Man bat uns, Platz zu nehmen; es werde gleich jemand kommen, mit dem wir sprechen könnten.

Sobald die Dame die Tür hinter sich geschlossen hatte, wandte sich Chris zu mir und sagte: »Wenn die Warteliste noch voll wäre, hätte sie es uns gesagt, nicht wahr?«

»Ja, das denke ich auch«, versicherte ich ihr. Ihre Stimme verriet mir, wie ihr zumute war.

Gott im Himmel, betete ich, mach, daß wir einen Platz auf der Warteliste bekommen. Ich wußte nicht, wie Chris mit einer weiteren Zurückweisung fertig werden würde – denn genauso kam es uns vor: Wir wurden als Eltern zurückgewiesen, ohne auch nur die geringste Chance zu bekommen. Wir waren noch nicht hundertprozentig davon überzeugt, daß eine Adoption das richtige für uns wäre, aber wir hatten alle anderen

Möglichkeiten, von denen wir gehört hatten, ausgeschlossen. Und dies hier war unser letzter Versuch. Chris hatte gesagt: »Nach dreimal ist man draußen.« Und sie hatte es so gemeint. War die Warteliste jetzt noch voll, nach einem Jahr Wartezeit und zwei vorausgegangenen Anläufen, war unsere Zukunft als kinderloses Ehepaar entschieden.

Leise öffnete sich die Tür, und eine Frau, an die wir uns von unserem ersten Besuch vor einem Jahr erinnerten, begrüßte uns freundlich.

»Hallo«, sagte sie und schüttelte uns die Hand. »Niall und Christine, nicht wahr? Ich bin Helen Clancy. Guten Tag.«

Wir folgten ihr die Treppe hinauf in ein helles Zimmer. Sobald wir uns gesetzt hatten, wandte sich Chris an Helen und fragte: »Ist auf der Warteliste jetzt etwas frei?«

»Ja«, antwortete Helen, »seit Oktober. Ich hätte Sie gern angerufen, aber ich hatte Ihre Nummer nicht.«

Bei mehreren Tassen starken Tees unterhielten wir uns ein bißchen über Adoption. Wir erklärten, daß wir noch nicht ganz sicher seien. Helen sagte, sie sei froh, daß wir Zweifel äußerten. Im Lauf des nächsten Jahres würden wir gemeinsam herausfinden, ob eine Adoption für uns das richtige sei, und Helen würde uns im Auftrag von St. Catherine's dabei helfen. Sie bat uns, das Bewerbungsformular mit nach Hause zu nehmen, noch einmal darüber nachzudenken, und wenn wir uns entschlossen hätten, sollten wir es ausgefüllt an sie zurückschicken.

Wir gingen mit dem Gefühl, daß wir jetzt wenigstens eine Chance hatten. Wenn wir beschlossen weiterzumachen, und wenn wir als Adoptiveltern anerkannt würden, wartete vielleicht irgendwo ein kleines Baby auf uns. Am nächsten Tag füllte Chris das Antragsformular aus und schickte es an Helen.

Und so zog sich auch dieser Hoffnungsfaden durch all die dunklen Morgenstunden und kalten Abende des Winters. Die Kühe kamen vom Hügel herunter und hielten sich hinter dem Haus bei den Feldmauern auf, stupsten mit den Nasen gegen die kalten Steine und setzten ihre Hufe knirschend in das gefrorene Gras. Der Frühling schien unheimlich fern. Die Nachricht, daß nachts in der Gegend Füchse ihr Unwesen trieben, hatte sich rasch verbreitet. Die alte rote Holztür am Hühnerstall mußte doppelt gesichert werden mit Strick und Kette. Die hungrigen Vögel machten sich über unsere Stechpalmenbeeren her; nachts fraßen die Mäuse den Hühnern das Futter weg. Stell Fallen auf, streu Gift, rieten mir die Nachbarn, und ich sagte, gewiß, das würde ich tun, obwohl ich genau wußte, daß mich bei all diesen durchaus sinnvollen Bemühungen, im Winter zu überleben, immer etwas hindern würde, zu töten. Hier in Kiltumper, so schien es mir, gehörten wir alle zusammen.

Es waren die kleinen, nicht die großen Momente des Lebens, die diese Farm ausmachten, die uns die Welt der Tiere unvermeidlich ans Herz wachsen ließen und uns die zahllosen Zusammenhänge bewußtmachten, die Mensch, Land und Tier zu einem Ganzen verbinden.

Gestern rief Helen an und sagte, sie wolle uns nächste Woche besuchen. O Gott, was wird sie von unserem Haus halten? Ich betrachtete alles mit Inspektorenaugen und stellte mir vor, wie sie alles untersuchen und in alle Ecken und Schränke sehen würde. Nun gut, dort kann ich leicht saubermachen. Aber für den Boden kann ich nicht viel tun. Irgendwann werde ich einen Teppich für die gute Stube besorgen können und neues Linoleum für das Bad und den hinteren Teil der Küche. Das wird sie gerade noch durchgehen lassen. Aber das kleine Sofa in der Küche mit dem rissigen, abblätternden Kunstlederbezug ist eine Schande. Wie soll sie das übersehen! Dagegen hilft nur eines: neu beziehen. Ich rief Lucy an. Sie sagte, sie und Tessie seien Experten im Neubeziehen von Polstermöbeln, und gleich morgen früh würden sie kommen. Ich sollte schon mal den Stoff besorgen. Einen ganzen Abend lang bog ich mit einem kleinen Schraubenzieher mindestens eine Million Polsternägel auf, mit denen der schäbige rote Vinylbezug befestigt war. Morgen wird das Sofa nagelneu aussehen, und jeder wird sich entzückt auf ein so feines Möbel setzen, um eine Tasse Tee zu trinken, ein Plätzchen zu knabbern und egal worüber ein bißchen zu plaudern – wenn's sein muß auch über Adoption.

Bridget, eine propere drei Jahre alte Simmentalkuh, war als einzige unserer vier Kühe nicht trächtig. Im vergangenen Juli und August war sie dreimal dem Stier zugeführt worden, aber sie hatte nicht aufgenommen. »Vielleicht nimmt sie gar nicht mehr auf«, meinte Mary. »Vielleicht ist sie das erste Mal zu früh gedeckt worden«, meinte Michael Dooley, ein anderer Nachbar, als wir bei ihm am offenen Fenster saßen und uns die köstlichen Rosinenbrötchen seiner Frau Breda schmekken ließen. »Jetzt wird sie alle sechs Wochen oder so rindrig. Dann wißt ihr überhaupt nicht mehr, wie ihr mit ihr dran seid. Am besten wär's, ihr würdet sie verkaufen«, sagte er schließlich und machte uns plötzlich die rauhe Wirklichkeit unseres kleinen landwirtschaftlichen Unternehmens bewußt.

Überflüssig zu erwähnen, daß wir sie nicht verkaufen wollten. Obwohl wir uns am Anfang gegenseitig versprochen hatten, keine persönlichen Bindungen zwischen uns und den Kühen entstehen zu lassen, sondern sie und ihre Kälber als einen sehr wesentlichen Beitrag zu unserem Jahresbudget zu betrachten, als Geld, das wir zum Leben brauchten, waren alle vernünftigen Argumente dieser Art inzwischen hinfällig geworden. Die Kühe waren unsere Familie, und Bridget war Chris' Lieblingskuh. Bridgets erstes und einziges Kalb – mit dem zusammen wir sie im vorigen Jahr gekauft hatten – hatte Chris Lemondrop getauft. Und in der Zeit, als wir Bridgets Problem immer weiter vor uns herschoben bis in den Winter hinein, schloß Chris sie immer mehr ins Herz. Während die großen schwarzen Bäuche der anderen Kühe allmählich anschwollen und sie immer langsamer und matronenhafter über die Weiden schritten, trottete Bridget traurig hinterdrein. Manchmal, wenn die drei anderen Damen auf einem kleinen Hügelkamm ruhten, ging die Simmentalkuh ihre eigenen Wege und graste in den abgelegenen Winkeln. Jeden Nachmittag und Abend ging Chris hinaus, um nach ihr zu sehen.

»Sie macht mich so traurig. Es ist verrückt, ich weiß, aber ich muß immer denken, sie *weiß*, daß die anderen Kälber tragen und sie nicht.« Ich hatte

Angst zu fragen, was Chris sonst noch dachte, das sie so traurig machte – vermutlich wußte ich es auch so. »Ich weiß«, sagte ich. Die Kuh mußte verkauft und durch eine andere trächtige Kalbin ersetzt werden. Wenn wir es nicht taten, hätten wir im nächsten Jahr nur drei Kälber, und das konnten wir uns schlicht nicht leisten.

Ein paar Wochen lang hüllte uns der Winter ein und machte eine Entscheidung überflüssig. Die Felder waren hart gefroren. Es war kein Wetter, um eine Kuh zu verkaufen. Bridget blieb und wurde, als es auf den Frühling zuging, dick und rund. Dann tauchte an einem milden Tag im Februar ein Mann am hinteren Tor auf und sagte, er kaufe Mastvieh. Wie er von Bridget erfahren hatte, weiß ich nicht, aber nun war er da und zeigte Interesse für sie. Ich ließ Chris in der Küche zurück, zog meine Gummistiefel an und folgte ihm mit einem Kloß im Hals über die hintere Mauer, um ihm Bridget zu zeigen. Mit den Händen auf dem Rücken betrachtete er sie prüfend aus mittlerer Entfernung; dann ging er langsam näher, bis er eine Hand auf ihren Rumpf legen konnte. Mit einem kleinen albernen Hüpfer trabte sie davon.

»Sie ist gut in Schuß«, sagte er zu mir.

»Stimmt.«

»Ich geben Ihnen vierhundert.«

Ich schwieg. Die Luft war klar und kalt. Wir standen in der Mitte der großen Weide. Unser Atem dampfte. Ich wollte alles tun, nur das nicht.

»Abgemacht«, sagte ich und nahm das Geld an Ort und Stelle. Eine halbe Stunde später war Bridget zum Stall hinuntergetrieben, von den anderen getrennt und in den Viehtransporter verladen worden. Sie muhte kurz, als sie über die Laufbrücke in den Transporter lief. Die Kettenverschlüsse rasselten, eine Hand schlug gegen die hochgeklappte Laufbrücke, und dann war Bridget auch schon fort. Die Ziege, die ihr bis zum Stall gefolgt war, blieb allein auf der Straße zurück, als der Lastwagen verschwand. Chris ging auf sie zu, aber die Ziege machte blitzartig kehrt und trippelte die Straße hinab. Sie fand allein zum Rest unserer kleinen Herde zurück.

Etliche Male im Winter und Vorfrühling schwang sich Helen in ihr kleines weißes Auto und kam von Ennis über die gewundenen, holperigen Straßen von West Clare zu uns nach Kiltumper. Sie saß bei uns in der Küche, trank Kaffee, und während wir unter grauem Himmel gemütlich beisammensaßen, sprachen wir über Leid, Enttäuschung, Hoffnung und über ein imaginäres Kind. Es waren schwere, aber auch hoffnungsvolle Tage – Tage, an denen wir manchmal unsere Gefühle fest im Griff hatten, und manchmal, ganz unverhofft, überwältigten sie uns.

Als wir bei unserem ersten Gruppentreffen mit zehn anderen Ehepaaren, die ein Kind adoptieren wollten, in dem großen zugigen Raum im oberen Stockwerk von St. Catherine's saßen, spürte ich in der Stille das drückende Gewicht unausgesprochener Gefühle, ein stummes, von uns allen geteiltes Leid mit dem bitteren Beigeschmack von persönlichem Versagen und eine unbändige Hoffnung. Nur die fernen Geräusche des städtischen Verkehrs von Ennis waren zu hören. Es war, als wünschte sich jeder in seiner Verzweiflung einen Zauberstab, um dieses Hindernis im Leben mit einer einzigen Bewegung wegzuzaubern, um das Unerklärliche zu erklären und herauszufinden, warum jemand nicht imstande sein sollte, Kinder zu haben, obwohl er sich danach sehnte. Statt dessen saßen wir da, Ehemänner und Ehefrauen, klammerten uns an unsere Teetassen und blickten auf den abgetretenen Teppich, während Father Geoghegan, der Leiter von St. Catherine's, zu uns sprach.

Es war der Beginn eines langen, langsamen Heilungsprozesses, der auf gewisse Weise für Chris und mich allmählich einen integralen Bestandteil unserer Entscheidung, in den Westen Irlands überzusiedeln, bildete. Wir hatten ein Leben aufgegeben, um ein anderes zu beginnen, und von daher konnten wir uns ungefähr vorstellen, welche Belastungen und Belohnungen mit einer Adoption auf uns zukamen. An den stillen Tagen, wenn wir auf Helen warteten oder sie auf der Kiltumperstraße davonfahren sahen, dachten wir oft, daß dies vielleicht der geheime, aber vorbestimmte Grund gewesen war, warum wir überhaupt hierhergekommen waren. Denn hier war etwas, das wir uns nicht vorgestellt hatten, das wir uns nicht hätten vorstellen *können*, als wir noch in unseren Büros in Manhattan saßen, wo wir für uns ein mehr oder weniger typisches Familienleben vorausgesehen hatten. Wie wir in der neurotischen Dampftopfatmosphäre der New Yorker Berufswelt gelebt und mit unserer Kinderlosigkeit fertig geworden wären, kann ich nicht sagen. Doch je öfter wir über die Felder von Upper und

Lower Tumper wanderten, um so mehr schienen wir zu begreifen, daß Kiltumper der für uns bestimmte Ort war, daß wir hier unsere Familie gründen sollten, indem wir ein Kind adoptierten.

Aber...

Noch gab es keine Gewißheit. Am Ende des ersten Gruppentreffens wurden Formulare ausgeteilt.

»Lassen Sie sie von Ihrem Arbeitgeber ausfüllen, und geben Sie sie so bald wie möglich an uns zurück«, sagte Father Geoghegan. »Dann können wir uns um den nötigen Papierkram kümmern. Bei diesen Formularen handelt es sich nur um eine Bescheinigung, daß Sie in einem Arbeitsverhältnis stehen und in der Lage sind, ein Kind zu erhalten und so weiter. Sie brauchen sich deshalb keine Sorgen zu machen«, sagte er und sah dann, daß wir uns doch Sorgen machten. »Wenn Sie selbständig sind, besorgen Sie sich eine Bescheinigung von Ihrer Bank, daß Sie solvent sind. In Ordnung?«

Wir nickten. Und als wir mit den anderen die Treppe hinunterstiegen, war uns schrecklich beklommen zumute. Wie sollte uns eine Bank bestätigen können, wir seien »solvent«? Wir lebten in Kiltumper mit einem Etat, den man sich knapper nicht vorstellen kann; und wir zogen Gemüse, mästeten Hähnchen und hielten Hühner nicht nur zum Spaß, sondern weil wir es nötig hatten. Wir rechneten buchstäblich mit jedem Penny, den wir mit den Kälbern und dem Verkauf von Heu verdienten. Unser Bankkonto war zwar nie in die roten Zahlen gerutscht, aber es hielt sich auch nur so eben darüber.

An jenem Abend erschien uns der Winter dunkler und stiller denn je. Wir hatten die Möglichkeit ins Auge gefaßt, daß wir vielleicht nicht als Adoptiveltern zugelassen würden aus emotionalen oder psychologischen Gründen. Nun kam noch ein finanzielles Hindernis dazu. Es war grausame Ironie, daß wir unsere gutbezahlten Jobs in Manhattan aufgegeben hatten, weil wir unter anderem davon geträumt hatten, in Irland eine Familie zu gründen.

Ein paar Tage lang taten wir nichts. Wir falteten das Formular zusammen und ließen es auf der Anrichte liegen. Dann läutete eines Abends um fünf Uhr das Telefon. Ich hob ab und erkannte am leisen Knistern und hohlen Echo gleich, daß es ein Anruf aus Übersee war.

»Hallo, ist dort Niall Williams und Christine Breen in Kiltumper?«

»Ja«, sagte ich. »Hier spricht Niall.«

»Hallo«, sagte die männliche Stimme aus dreitausend Meilen Entfernung. Er stellte sich vor als Leiter eines New Yorker Verlages, und dann fügte er wie nebenbei hinzu: »Ich würde gern Ihr Buch veröffentlichen.«

Noch während ich ihm zuhörte, signalisierte ich Chris, die neben mir stand, die gute Nachricht. Unser Leben würde sich erneut verändern, und vielleicht würde diese Nachricht über die Adoption entscheiden. Sie hätte zu keinem besseren Zeitpunkt eintreffen können. Zehn Minuten später legte ich den Hörer auf. Mir zitterten die Hände. »Sie schicken uns die Verträge umgehend zu«, sagte ich, »und einen Vorschuß!«

»Jipiih!« schrie Chris.

»Finanziell solvent!« rief ich, während wir uns anfaßten und durch die Küche tanzten.

Wenige Augenblicke später waren wir draußen in der vorfrühlingshaften Landschaft auf unserem vertrauten Spazierweg durch die Felder von Kiltumper, um ihnen unsere gute Nachricht zuzurufen. Der Wind kam uns plötzlich wärmer vor, neue Grashalme sprossen aus der Erde, in den Gräben gurgelte das Wasser. Nicht mehr lange, und der Ginster würde blühen, und der Schwarzdorn würde im weißen Blütenschleier stehen. Plötzlich konnten wir uns all das Grün und Gold des kommenden Frühlings vorstellen, und wie der Sommer bei uns einkehrte. Jetzt würde es nicht mehr lange dauern.

An der Feldmauer stand die schwarze Ziege. Als wir vorbeigingen, meckerte sie zweimal.

»Sie könnte euer Glücksbringer sein«, hörte ich Mary sagen.

KAPITEL 2

Wir standen auf der Warteliste. Es war ein gewaltiger Schritt nach vorn, der uns jedoch im Augenblick nicht weiterhalf. Wir waren uns noch immer nicht sicher und überlegten die ganze Sache gewiß tausendmal hin und her, während die ersten Frühlingstage ins Land zogen. Es gab Abende, an denen die Zweifel überwogen, an denen unsere Vorstellungen von einem Kind im Haus so übermächtig wurden, daß wir fürchteten, keine Zeit mehr für andere Dinge zu haben. Es gab Momente, in denen wir unsere Tauglichkeit als künftige Eltern ernsthaft in Zweifel zogen und wegen der ganzen Adoptionsgeschichte in einem Meer von Sorgen schwammen. Sollten wir? Sollten wir nicht? Es war, als schwankten wir am Rande eines Abgrunds. Wir überlegten immer und immer wieder. Sollten wir tatsächlich das, was sich gerade zu einem neuen Lebensstil entwickelt hatte, schon wieder ändern? Bliebe uns noch Zeit für die Dinge, derentwegen wir hierhergekommen waren? Aber am Ende siegte unser Wunsch, ein Kind zu haben. Ein Kind schien entscheidend zu sein für unser Glück. Wir verrichteten unsere Arbeit im Haus und bei den Tieren, und die ganze Zeit warteten wir gespannt auf den Anruf von Helen Clancy.

Helen war für uns das ganze nächste Jahr über eine Art Lebenslicht. Diese reizende, liebenswürdige Frau mit ihren strahlenden Augen und einem stets verständnisvollen Lächeln wurde unsere Gefährtin in dieser Zeit, in der wir als mögliche Adoptiveltern bewertet wurden; sie war eine Art Hebamme, die unsere Ängste linderte und unseren Träumen zur Wirklichkeit verhalf.

Eine Adoption geht in Irland folgendermaßen vor sich: Oberste Instanz ist das Adoption Board in Dublin, ein von der Regierung ernanntes Gremium, das für sämtliche private Adoptionsvermittlungsstellen wie St. Catherine's im ganzen Land zuständig ist. In unserem Fall begann die Sache mit der Warteliste, und während wir warteten, besuchte uns Helen etliche Male zu Hause, um uns kennenzulernen und die Gründe zu erfahren, warum wir ein Kind adoptieren wollten. Während dieser Zeit bewertete und beurteilte sie uns, um dann entscheiden zu können, ob wir ein gutes Elternpaar abgeben würden. Bei positiver Beurteilung sollte uns irgendwann im Lauf von zwei Jahren, gerechnet vom Tag unserer Bewerbung, ein Baby zugeteilt werden. Chris fürchtete, das Irish Adoption Board könnte unseren Antrag ablehnen, weil sie Amerikanerin ist. Aber Helen beruhigte sie. Nachdem sie als Ehefrau eines irischen Staatsbürgers bereits seit einiger Zeit hier lebte, würde die Tatsache ihrer amerikanischen Staatsbürgerschaft nicht ins Gewicht fallen. Die Adoptionsvermittlungsstellen in Irland bekommen tonnenweise Briefe von Ehepaaren aus den Vereinigten Staaten, die irische Kinder adoptieren wollen, aber man kann in Irland leider nur dann ein Baby adoptieren, wenn man auch tatsächlich hier lebt.

»Wie alt wird das Baby sein?« erkundigte sich

Chris bei Helen während eines ihrer ersten Besuche bei uns.

»Wir versuchen, die Babys möglichst im ersten Halbjahr unterzubringen«, antwortete Helen. »Aber manche Kinder sind auch älter, wenn sich die Mutter erst später entschließt, ihr Kind zur Adoption freizugeben. Im allgemeinen sind die Kinder, die wir Adoptiveltern übergeben, drei Monate alt, und bis dahin werden sie von einer Pflegemutter versorgt.«

»Das hört sich gut an«, sagte Chris.

»Möchten Sie ein *kleines* Baby, Christine?« fragte Helen.

»O ja«, antwortete Chris, »ich möchte es so jung wie möglich.« Helen sah sie an und wartete. »Ich möchte es hören, wenn es noch wie ein Neugeborenes schreit«, sagte Chris. Helen lächelte.

»Was steckt sonst noch dahinter?« fragte ich, weil ich wußte, daß es noch andere Gründe geben mußte als den Schrei des Neugeborenen.

»Nachdem wir das Baby bei Ihnen untergebracht haben, folgt eine Periode von einem halben, manchmal sogar einem ganzen Jahr, in der das Kind Ihnen noch nicht legal gehört. Es ist eine Probezeit, in der Sie das Kind zurückgeben können oder in der die leibliche Mutter das Kind zurücknehmen kann. Es kommt nicht sehr häufig vor, aber gelegentlich doch, und ich kann nicht garantieren, daß es bei Ihnen nicht geschieht.« Chris und ich sahen uns an. Der ganze Vorgang lag ausgebreitet vor uns, labyrinthisch, komplex, gespickt mit Fallgruben und Risiken.

»Am besten ist es, überhaupt nicht darüber nachzudenken«, sagte Helen. »Wir tun unser Bestes, um solche Dinge vorauszusehen, und, wie ich schon sagte, es passiert sehr selten. Sie müssen nur wissen, daß es passieren kann.«

Wir erfuhren außerdem, daß während der halbjährigen Probezeit die leibliche Mutter ihr Kind jederzeit zurückfordern kann. Bis zum letzten Tag, an dem wir nach Dublin vor das Adoption Board zitiert würden, um das Baby gesetzlich übertragen zu bekommen, würde die leibliche Mutter das Recht haben, ihr Kind zurückzunehmen.

Aber, wie Helen sagte, das war etwas, was man wissen, worüber man aber nicht grübeln mußte. Das Adoptionsverfahren hat sich in Irland im Lauf der Jahre ständig weiterentwickelt, und viele glückliche Babys wurden bei vielen glücklichen Ehepaaren untergebracht. Im Grunde werden die Interessen aller Beteiligten berücksichtigt – und am meisten die der leiblichen Mutter.

»Die Entscheidung der Mutter muß für sie und das Kind die richtige sein, und es ist die Aufgabe der Adoptionsvermittlungen, die Mutter zu beraten und nicht zu überreden«, sagte Helen. »Zum Beispiel möchte die leibliche Mutter in manchen Fällen die vorgesehenen Adoptiveltern kennenlernen«, fügte sie hinzu. »Wie würden Sie dazu stehen?«

Wir waren beide verblüfft. Ein solches Ansinnen hatten wir nicht erwartet, und es erschien uns sehr ungewöhnlich. Helen spürte unsere Überraschung und sagte: »Es ist völlig in Ordnung, wissen Sie. Sie müssen es nicht tun. Viele Paare wollen die leibliche Mutter nicht kennenlernen.«

»O nein«, erwiderte Chris sofort. »Ich glaube, es ist eine gute Idee. Ich hatte nur noch nicht daran gedacht.« Helen nickte.

In den darauffolgenden Wochen wurden uns schwierigere Fragen gestellt, Fragen, die ehrliche Antworten verlangten und die uns zwangen, über die moralischen und gesellschaftlichen Aspekte einer Adoption ebenso nachzudenken wie über die emotionalen. Auch die eventuelle Begegnung mit der leiblichen Mutter war etwas, worüber wir nachdenken mußten.

Eine lange, bange Wartezeit lag vor uns, die am Ende jedoch zu einer eigenen Familie führen könnte. Aber noch durften wir nicht zuviel erhoffen. Für den Fall, daß wir nicht als Adoptiveltern anerkannt würden, müßten wir auch damit leben können. Denn eines hatten wir inzwischen gelernt: akzeptieren. Jetzt konnten wir dem Frühling mit anderen Augen entgegensehen. Chris steckte voller neuer Ideen für den Garten, für neue Bilder, die sie malen wollte; wir schrieben unser erstes gemeinsames Theaterstück und führten eifrig Tagebuch. Auf der hinteren Weide grasten unsere Kühe, die alle bald kalben würden. Die Aufbruchsstimmung eines neuen Frühlings hatte uns erfaßt.

Wieder ist es April, unser dritter April in Irland. Wir gehen unserem dritten Sommer entgegen, und wehe, es wird kein guter dies Jahr. Märzenbecher und Primeln leuchten bunt auf der dunklen Erde draußen vor dem Küchenfenster, und der übrige Garten erwacht langsam zum Leben. Heute habe ich etwas Knochenmehl um die Pflanzen gestreut, die schon austreiben, und weil ich irgendwo gelesen habe, daß Hühnermist viel Stickstoff enthält und hervorragend für den Garten geeignet sei, streute ich auch davon etwas, gemischt mit etwas Torfstaub, den ich mir als Kompost für die Blumenrabatten aufgehoben hatte. Was man nicht alles lernen kann! Wenn ich mir überlege, was ich alles gelernt habe, seit wir in Irland sind... ich könnte ein ganzes Buch damit füllen! Angefangen von der Verwendung von Hühnermist für den Garten bis zum Wasserkochen über offenem Feuer, vom Backen brauner Hefebrötchen bis zum Enthornen von Kälbern, vom Torftreten bis zum Kartoffelernten, vom Entwerfen von Bühnenbildern für die Laienspielgruppe bis zum Mästen von Truthähnen. Auch das Malen selbst war ein ziemlicher Lernprozeß. Wie alles braucht auch das seine Zeit. Entdeckungen macht man langsam. Heute denke ich an die Bilder, die ich von unserem Garten malen werde, an all die Blumen, die dort blühen werden – wie Farben auf meiner Palette –, an schönes Wetter und kobaltblauen Himmel.

Aber insgeheim warte ich auf ein Baby.

Unsere Kühe waren trächtig. Mit ihren großen, wie Fässer gewölbten Bäuchen bewegten sie sich jetzt langsam über die hintere Weide. Sie waren gewaltige Matronen geworden. Jeden Morgen, wenn sie schwerfällig über die Weide zu der eisernen Futterraufe kamen, wo ich das Silofutter schnitt und mit der Gabel einfüllte, betrachtete ich sie wie eine nervöse Hebamme. Schließlich wuchs hier der Ertrag unserer Landwirtschaft heran – ihre Kälber würden unser Gewinn sein. Wir hatten uns darauf verlegt, Schlachtkälber aufzuziehen. Im vergangenen Sommer hatten wir täglich drei bis vier Inspektionsgänge gemacht, um bei keiner Kuh den Zeitpunkt zu verpassen, an dem sie »rindrig« wurde. Wir hatten den Stier von Michael Hereford ein halbes dutzendmal die Straße heraufgeführt, um unsere Kühe zu decken; wir hatten sie beobachtet und die Tage gezählt, um festzustellen, ob sie auch alle aufgenommen hatten, und so hatten Landwirtschaft und Viehhaltung im Lauf des Winters besondere Bedeutung für uns erlangt. Monatelang hatten wir kaum geglaubt, daß die Kühe trächtig waren und daß im Frühling der Tag kommen würde, an dem sie hier ihre Kälber zur Welt brächten. Trotzdem blickte ich jeden Morgen, wenn ich im Reif oder Nebel aufs Feld stapfte, um Futter vorzulegen, fürsorglicher als ich es für möglich gehalten hätte, auf die vier Kühe. Auf merkwürdige Weise hingen wir aneinander, wir waren voneinander abhängige Bestandteile der Farm. Und – verdammt, ich muß es sagen – wir *mochten* diese Kühe.

Chris hatte von dem Tag, an dem jede Kuh gedeckt worden war, neun Monate weitergerechnet und den voraussichtlichen Tag des Kalbens im Kalender vermerkt. Susie war als erste fällig, am 4. April. Ein paar Tage vorher bat ich Michael, mit mir auf die Weide zu kommen und sich Susie anzusehen. Er ging ruhig auf sie zu und streckte die Hand aus, um ihre Hüfte abzutasten. Vielleicht eine Sekunde lang strich seine Hand über ihren Rücken, dann schlug sie aus und lief in flottem Tempo davon in die entgegengesetzte Ecke der Weide. In diesem kurzen Augenblick hatte Michael seine Diagnose gestellt. »Sie ist noch nicht soweit, Niall. Es dauert noch ein paar Tage«, sagte er, während er einen prüfenden Blick auf die anderen drei Kühe warf und sich eine Zigarette anzündete. »Sie sind prima in Form. Gott segne sie«, fügte er hinzu. »Wirklich?« sagte ich und betrachtete sie mit einem Anflug von Stolz.

Der 4. April kam und ging. Kein Kalb. Wir gingen abwechselnd hinaus, um nach Susie zu sehen, entdeckten aber eine Woche lang keinerlei Anzeichen. Es ist kaum zu beschreiben, was für ein riesiges Ereignis das Kalben in unserer Vorstellung geworden war. Jeder Tag war davon ausgefüllt. Nachts schliefen wir bei offenem Fenster, damit wir Susie brüllen hörten, wenn die Wehen begännen, und morgens liefen wir als erstes hinaus auf die hintere Weide in der Hoffnung, daß vielleicht über Nacht leise und problemlos ein Kälbchen zur Welt gekommen war. Wir hatten natürlich auch Angst vor Komplikationen und daß das Kalb tot geboren werden könnte. Zehn Monate zuvor hatte ich einen kurzen Videofilm gesehen über Schwierigkeiten beim Kalben, doch jetzt, wo der wirkliche Vorgang so nah bevorstand, konnte ich mich nur vage an Bilder von Blut und Schleim, geplatzte Nachgeburten und strangulierte neugeborene Kälber erinnern. Seit einer Woche hatten wir einen Stall vorbereitet, ausgefegt, desinfiziert und frische Streu eingeschüttet. Wir hatten Kuhketten gekauft, neue Wassereimer, und hatten das Licht im Stall repariert. Und immer noch kein Kalb.

Fast genau eine Woche nach dem errechneten Datum begann es. Chris hatte eine Veränderung bei Susie bemerkt, und wieder wurde Michael gerufen und auf die hintere Weide geführt. Wieder schlichen wir uns an Susie heran, und es gelang Michael, kurz ihre Hüfte zu berühren, bevor sie davontrabte. »Jetzt ist sie soweit, Crissie«, verkündete er. »Heute kalbt sie.« Doch als es dunkel wurde, war von Wehen immer noch nichts zu merken. Michaels Anweisungen folgend, brachten wir Susie für die Nacht hinunter in den Stall. Wasser und reichlich Heu standen bereit. Wir ließen das Licht brennen. Wir sollten alle drei Stunden nach ihr sehen.

Elf Uhr. Nichts. Keinerlei Anzeichen, außer vielleicht, daß sie stark zu schwitzen schien. Hatte sie Fieber? Sollten wir das Fenster öffnen? Im Trog war kein Wasser mehr. Nachdem wir Wasser nachgefüllt hatten, gingen wir zu Bett und versuchten, ein wenig zu schlafen. Um ein Uhr – wir konnten weder schlafen noch die drei Stunden abwarten – standen wir auf, zogen unsere Gummistiefel an und gingen im Schlafanzug hinaus, um nach Susie zu sehen.

Sie atmete schwer und blickte verstört um sich. Unter ihrem Schwanz hing eine Schlinge aus durchsichtigem Zeug herab. Ich versuchte, mich zu erinnern, ob diese Schlinge da sein sollte oder nicht, aber vergeblich. Fast eine Stunde lang standen wir in Schlafanzug und Mantel an der Innenseite der Stalltür und beobachteten sie. Und dann geschah es.

Von irgendwo innerhalb ihres riesigen faßförmigen Leibes ging ein mächtiger Ruck aus, ein enormer Schub, der einen Strahl Flüssigkeit herauspreßte, und für einen kurzen Moment wurde in all dem Schleim ein weißer Huf sichtbar. Er kam und war wieder weg. Weil wir nicht wußten, was wir tun oder sagen sollten, redeten wir so, wie es die Leute in Büchern oder im Film tun. »Ruhig, altes Mädchen, nur ruhig, so ist's brav, fest drükken, pressen!«

Und sie preßte tatsächlich. Der weiße Huf kam wieder zum Vorschein, diesmal schon einen Zoll weiter. Ein lautes saugendes Geräusch drang aus den Tiefen ihres Bauchs, als sie uns den Kopf zuwandte, und dann brüllte sie. Wir murmelten tröstende Worte, tätschelten ihre Flanke und legten ihr frisches Heu unter. Eine halbe Stunde später waren die Beine sichtbar. Schwarz und glänzend standen sie heraus. Aber waren es nun die Vorder- oder die Hinterbeine? Im Stall wurde es plötzlich heiß und stickig, als ich mich bruchstückhaft an Einzelheiten von Steißgeburten erinnerte. Wenn es die Hinterbeine waren, könnte es schwierig werden; das Kalb könnte mit der Hüfte steckenbleiben und ersticken. Mehr fiel mir allerdings nicht ein, als ich diese zwei kleinen Hufe berührte und versuchte, sie mir am Tier vorzustellen: Vorder- oder Hinterbeine? Jeder Bauer hätte das mit einem Blick erkannt. Aber ich? Ich konnte mich nicht entscheiden. Die Wehen hatten anscheinend völlig aufgehört. Kein Drücken, kein Pressen. Ich wurde unruhig. »Es ist bestimmt alles in Ordnung«, sagte Chris, »aber wenn du meinst, geh hinunter und hole Michael.«

Es ist nicht ganz einfach, jemanden mitten in der Nacht aus dem Bett zu holen, weil man Probleme hat mit einer kalbenden Kuh. Andererseits hatten wir bei unserer allerersten Lektion, nachdem wir von Manhattan hierhergezogen waren, gelernt, daß Nachbarn Freunde sind. Helfen gehört zum hiesigen Lebensstil. Ich zog also einen Pullover und Jeans über meinen Schlafanzug, stieg in den alten Peugeot und fuhr zu den Downes. Das Haus war dunkel, die sieben kleinen Kinder schliefen. Im kalten Licht des Halbmonds schlich ich auf die Rückseite des Hauses und kam mir vor wie ein Rebell im Morgengrauen, der heimlich seine Mitstreiter weckt. Ich klopfte zweimal ans Fenster. Schemenhaft sah ich, daß Michael den Kopf hob.

»Hallo?«

»Sie kalbt, Michael. Ich habe das Gefühl, sie hat Probleme«, flüsterte ich laut gegen die kalte Glasscheibe.

»Ich bin gleich da«, sagte Michael und schlug die Decke zurück. Als ich wenig später seinen zerzausten Kopf in der Haustür auftauchen sah, tat es mir bereits leid, daß ich ihn geweckt hatte. Doch in der Art, wie er in den Wagen stieg, gab er mir sofort das Gefühl, daß ihm die Störung seiner Nachtruhe nichts ausmachte.

»Crissie ist auch auf, Niall?« fragte er, als ich über die dunkle, von Schlaglöchern übersäte Straße zum Kuhstall fuhr.

»Ja, sie ist mit mir aufgestanden.«

»Oh!« machte er und verdrehte belustigt die Augen über den Zirkus, den wir veranstalteten.

Bei uns angekommen, stieg er aus und ging auf Chris zu, die im hellen Stalleingang stand.

»Schöne Nacht, Mrs. Williams!« sagte er grinsend und betrat den Stall, um sich die Kuh anzusehen.

Wir beobachteten ihn besorgt. Die Geburt war nicht weiter vorangegangen, denn die zwei Beine standen noch immer starr und steif aus der Kuh heraus. Die Kuh hatte inzwischen Schaum vor dem Maul. »Ich wußte nicht, ob es die Vorderbeine...«, begann ich. »Es sind die Vorderbeine, Niall«, sagte Michael. Er ließ seine Hand tätschelnd über den Rücken der Kuh gleiten, dann trat er einen Schritt zurück. »Was meinst du, Michael?« fragte Chris von der Tür her. »Alles ist absolut tadellos«, sagte er. »Keine Panik.« Dann wandte er sich an mich und fragte beiläufig. »Hast du irgendwo einen alten Strick, Niall?«

Ein Stück Seil und frisches Wasser. Susie drehte den Kopf in ihrer Kettenschlinge und brüllte. Sie soff drei Eimer Wasser in Sekundenschnelle, während Michael den Strick um die Vorderbeine des Kälbchens band. Die Kuh begann wieder zu pressen. Die großen Blasebälge in ihrem Leib bliesen und saugten, während wir das Seil nahmen und uns bereit machten, zu ziehen. »Wenn ich *jetzt* sage, Niall«, lauteten seine Instruktionen. Ein paar Augenblicke lang herrschte in dem warmen nächtlichen Stall gespannte Konzentration.

»*Jetzt*, Niall, zieh!«

Und wir zogen. Das Kalb drängte vorwärts, und dann erschien der Kopf, flach auf die ausgestreckten Beine gelegt wie ein Taucher beim Sprung ins Meer. Augen und Maul waren geschlossen.

»Und jetzt noch einmal. Zieh!«

Diesmal kam es bis zur Hüfte frei – ein zerbrechlich wirkendes, schwarzglänzendes, von Schleim und Wasser bedecktes Tier. Halb tot, halb lebendig hing es zur Hälfte aus der Kuh heraus, bis wir es – *»Jetzt!«* – mit dem letzten Hauruck ganz herauszogen. Mit einem lauten Plumps fiel es auf den Boden ins Heu, und Chris und ich waren überzeugt, daß es tot war.

Michael war bereits bei ihm.

»Es ist ein schwarzes Weißkopfkuhkalb«, teilte er uns mit, als wären wir die stolzen Eltern. Dann nahm er das Kalb in die Arme und legte es in die Ecke vor Susies Kopf, und wir warteten darauf, daß die Mutter ihr Neugeborenes liebkosen und es mit ihrer großen warmen Zunge ablecken und zum Leben erwecken würde. Aber Susie tat nichts dergleichen. Sie glotzte uns nur an. Sofort griff Michael nach einem Büschel Stroh und wischte dem Kalb die Nüstern aus. Es atmete, aber die Mutter ignorierte es noch immer. Verschreckt und ohne zu wissen, was von ihr erwartet wurde, zerrte Susie an der Kette und wäre einige Male beinahe auf ihr Kalb getreten.

»Vorsichtig!«

»Ruhig, schön ruhig.«

»Schluß jetzt! Hör auf damit!« sagte Michael barsch. Dann bückte er sich unter das Euter und begann, die überaus wichtige und die natürlichen Abwehrkräfte aufbauende erste Milch abzumelken. Wir hörten es, bevor wir es sahen – das gleichmäßige Herausschießen der weißen Flüssigkeit, die auf den Steinboden spritzte. Mit der einen Hand hielt Michael das Euter, mit der anderen hob er das zitternde frierende Kalb in die Schußlinie des Milchstrahls. Die Milch lief ihm über das Maul, es leckte, und dann hob es schließlich den Kopf, um zu saugen.

»So, schon geschafft. Nur keine Panik, Niall«, sagte Michael und stellte sich zu uns an die Stalltür. Wortlos schauten wir eine Weile zu. Dann kam Michael mit ins Haus und trank eine Tasse Kaffee mit uns. Da saßen wir zu dritt mitten in der Nacht beisammen und genossen das befriedigende Gefühl, daß nun auf dieser Farm seit Jahren wieder ein Kalb geboren worden war. Eine wunderbare Wärme erfüllte unsere Küche, eine Freude, die sich auf die Tage des vor uns liegenden Frühlings übertrug und uns der Geburt von zwei weiteren Kälbern getrost entgegensehen ließ.

Es war ein wunderschöner Tag im Mai, ein sommerlich strahlender Mittag in Kiltumper, den keiner von uns je vergessen wird. Wir waren im Garten. Die vordere Haustür stand offen. Drüben, im Süden, leuchteten die Felder von Hayes' Farm im hellen Sonnenschein. Niemand kam oder ging auf der Straße ins Dorf, und die ganze Landschaft von West Clare schien erwartungsvoll zu verhalten, zum Schweigen gebracht durch das phantastische Versprechen eines frühen Sommers. Chris jätete Unkraut irgendwo mitten im Blumengarten. Ich war müde und rastete, auf die Gabel gestützt, bei den Kartoffelreihen, die noch angehäufelt werden mußten. Ich beobachtete die reglosen Gestalten von vier Pferden auf einer weit entfernten Koppel, als plötzlich im Haus das Telefon klingelte.

»Niall, gehst du?« fragte Chris.

Ich lief in Gummistiefeln in die Küche und nahm den Hörer ab.

»Hallo, Niall, sind Sie's?«

»Helen, guten Tag. Wie geht es Ihnen?« sagte ich und schaute durch das Fenster hinaus zu Chris, die auf dem Weg kniete und geduldig neben der üppig wuchernden Gänsekresse jätete. Es war Helen, die von St. Catherine's anrief. Mein Herz begann zu rasen. Ich konnte kaum atmen.

»Gut, danke, Niall«, sagte sie. »Niall, ich wollte Sie nur anrufen, um Ihnen die gute Nachricht mitzuteilen. Sie wurden gerade für geeignet befunden.«

Geeignet. Das Warten war vorbei. Jetzt würden wir doch noch Eltern werden. Wir waren anerkannt worden!

»Sie werden das in den nächsten Tagen natürlich noch schriftlich bekommen. Ich wollte es Sie und Chris nur schon vorher wissen lassen. Es wird wahrscheinlich Weihnachten werden, bis sich etwas tut. Ich melde mich wieder. Herzlichen Glückwunsch. *Bye.*«

Ich trat in diese mittägliche Stille des Gartens und der Landschaft ringsum und wußte nicht, wie ich es Chris sagen sollte. Es war so schnell gegangen, viel schneller, als wir erwartet hatten. Chris blickte von ihren Blumen auf.

»Wer war es?«

»Es war Helen«, sagte ich, und dann platzte ich einfach damit heraus: »Wir sind als Adoptiveltern anerkannt. Wir werden vielleicht schon an Weihnachten ein Baby haben.«

Einen winzigen Augenblick lang sah sie mich nur an mit ihrem sonnenbeschienenen Gesicht dort neben den Blumen. Nur einen Moment. Dann lächelte sie, ließ den Kopf vornüberfallen und brach in Tränen aus.

Maitag. Babytag. Wir bekommen tatsächlich ein Baby. Vielleicht nicht auf die übliche Weise, aber wir bekommen ein Baby. Ein Storch, verkleidet als Sozialarbeiterin, wird es uns bringen, einen Sean oder eine Deirdre. Die Namen haben wir schon. Wenn es ein Mädchen ist, werden wir es Deirdre May Williams nennen; das klingt irisch, mit einem kleinen Tupfer Amerika. (Bei Sean May Williams überlege ich allerdings noch.)

Maitag. Der erste irische Sommertag. Der erste Tag des Bauernjahres, an dem das neue Gras zu wachsen beginnt, und wenn an diesem Tag noch Heu in der Scheune übrig ist, spricht man von einem guten Landwirt. Wir haben noch Silofutter für unsere Kühe hinter dem Heuschuppen. Also müssen wir doch etwas richtig machen.

Maitag. Maibuschen. Der Brauch verlangt, daß man jetzt einen Buschen Weißdorn oder gelben Ginster pflückt, um damit feierlich die Hoffnung auf einen schönen Sommer zu bekunden. Wir feiern an diesem ersten Mai, daß wir als Adoptiveltern gutgeheißen wurden. Ich sollte das Haus mit Butterblumen, Himmelsschlüsseln und blauen Glockenblumen füllen, mit Weißdorn und Ginster in Hülle und Fülle. Vielleicht sollten wir das Baby Weißdorn nennen wie ein Indianerkind. Das wäre richtig amerikanisch!

Bealtaine, der Monat Mai. Voriges Jahr um diese Zeit hätten wir beinahe aufgegeben. Das Wetter hatte uns fast geschlagen. In den Tagen jenes nassen Sommers waren mir die alten gälischen Wörter eingefallen, die mir das Rauhe und Harte des hiesigen Lebens besonders gut auszudrücken schienen und in gewisser Weise sogar unsere persönliche Verfassung. *Fliuch* bedeutet naß, *baisteach* Regen. Zwischen diesen beiden Worten waren wir durch den Sommer gepatscht, und sie kamen mir immer wieder in den Sinn. *»Fliuch«*, fluchte ich vor mich hin, wenn ich über die aufgeweichten Wiesen stapfte. *»Fliuch.«* Es klang fließend und hart in einem; es war kalter, unaufhörlich den Horizont verdüsternder Regen und Wind. Es war das Wort für jenen Sommer.

Und als ich jetzt, im Mai dieses Jahres, im Sonnenschein über die trockene Wiese spazierte, gab mein Gedächtnis eine ganz neue Serie altirischer Worte frei. Sie kamen mir vor, als hätte die Landschaft selbst sie hervorgebracht. Ich hatte sie fast vergessen, diese Sprache, die fast ausschließlich aus Lauten für Wind und Licht, Sonne und Regen entlang einsamer Straßen im Westen zu bestehen scheint. Diese Tage waren wunderschön, *ailainn, tirim agus teo*, trocken und warm. Manchmal sagte ich diese Worte mit dem größten Glücksgefühl laut vor mich hin. Es ging aufwärts mit uns. Hier in Kiltumper fühlten wir uns wie Menschen, die es geschafft hatten, und während ich über das Moor wanderte und den federnden Boden unter den Füßen spürte, legte ich den Kopf in den Nacken und lachte laut. Die Sonne schien mir warm auf den Rücken, und den ganzen Tag lang war es *tirim, teo, agus ailainn*.

KAPITEL 3

Unter einem Himmel, so blau, wie ich ihn mir nur träumen konnte, eilte ich über die Weiden hinauf nach Tumper. Ich vermutete die Tiere dort oben, und während ich nach ihnen suchte und immer mehr an Höhe gewann, eröffnete sich mir der ganze Ausblick nach Westen bis zum glitzernden Ozean. Welch ein Tag! Mein Puls schlug schneller, und mein Herz frohlockte.

Ich war schon ein paar Minuten auf der Weide, bevor ich merkte, daß die Kühe und ihre Kälber verschwunden waren; um so schneller sah ich jedoch, wie sich unsere gleich nach dem Aufstehen geschmiedeten Pläne für einen Tag am Meer in Luft auflösten.

Wir waren früh aufgewacht, im ruhigen Schimmer eines märchenhaften Sonnenlichts. Nichts mehr erinnerte an das lärmende Trommeln des Regens gegen die Fensterscheiben, und wir eilten aus dem stillen, höhlenartigen Schlafzimmer mit seinen einen Meter dicken Wänden hinaus in den Garten, um den Himmel zu sehen. Es war ein herrlicher Tag. Der Sommer war da. Alles schien sich im Sonnenschein zu dehnen und zu strecken, und die warmen Farben von Chris' Blumengarten tanzten fröhlich den Gartenweg hinab. Keine einzige Wolke war zu sehen. Weit nach Süden hin erstreckten sich die Felder in leuchtendem Grün. Die plötzliche Wärme in der Luft hatte alles trunken gemacht vor Leben.

Chris hatte sofort angefangen, Pläne zu schmieden. Es gab tausend Dinge zu tun an einem Tag wie diesem (und hinter Kühen herzujagen gehörte entschieden nicht dazu). Sollte sie mit ihrer Staffelei und ihren Ölfarben ins Freie gehen? Hatte sie eine Leinwand vorbereitet? Nein. Daraufhin hatten wir uns entschlossen, ans Meer zu fahren, ein Picknick einzupacken, Bücher, Handtücher, Badeanzüge. Es war ein Sommerferientag.

»Ich werde die Hühner füttern und die Küken, und du siehst nach den Kühen und Kälbern«, hatte sie gesagt, und wir waren wie vom Hitzschlag getroffen in der Küche herumgesaust.

Aber sie waren alle weg, Kühe und Kälber, und nirgends ein Zeichen von ihnen, weder auf der oberen Tumperweide noch auf einer der unteren Wiesen. Wo konnten sie hingeraten sein? Die ganze Herde war weg. Ich begann an den Feldmauern entlangzulaufen und spähte in die grüne Ferne, wo jeder größere, in der Sonne weiß getrocknete Stein ein Kalb sein konnte. Nein. Nichts. Keine Spur von ihnen. Ich lief zurück und suchte weiter. Weil ich gehört hatte, daß Tiere manchmal in einen Entwässerungsgraben fallen, rutschte ich in den offenen Graben an der Grenze zu Melicans Weide und hastete weiter. Keine Spuren, keine Hufabdrücke. Ich stieg wieder den Hügel hinauf, um unser gesamtes Land und das der Nachbarn überblicken zu können. Ich muß ungefähr eine Stunde aus dem Haus gewesen sein, als ich Chris die Wiesen heraufkommen sah.

»Was ist passiert?«

»Die Kühe sind weg.«

Wir machten uns einzeln auf die Suche. Chris

ging nach Westen auf das Nachbarland, ich in Richtung Moor, und eine grauenhafte Vorstellung drängte sich mir auf, als ich mich an Erzählungen erinnerte von Kühen, die im Moor eingesunken waren. Sollte man uns in Zukunft als die Bauern kennen, fragte ich mich, die ihre gesamte Herde im Moor verloren hatten? Ich ging um die Torfbänke herum, wo der Torf gestapelt lag, und den breiten Graben entlang, der die oberste Weide vom Moor trennt.

Chris fand die Tiere. Sie hatten die Feldmauer an einer niedrigen Stelle überquert und waren geschlossen auf das Land unseres Nachbarn gezogen, um sich zwischen seinen Kühen niederzulassen. Während ich kreuz und quer durch das Moor irrte, versuchte Chris, bewaffnet mit einem kurzen Eschenast, unsere Kühe in einer Herde von vierzig Tieren auszusondern. Ich entdeckte sie, als ich den Hügel herunterkam. Daß sie überhaupt dort war, völlig allein, und geduldig Kühe von Ochsen weglenkte, erschien mir das reinste Wunder, denn noch vor einem Jahr wären wir beide vor einer einzigen frei umherlaufenden Kuh getürmt. Ich erreichte sie, als sie unsere Tiere durch die Mauerlücke auf unser Land zurücktrieb.

»Ich konnte Gerty nicht finden«, sagte sie.

»Bist du sicher?« In meiner Stimme schwang Panik.

»Ja. Sie war nicht dabei.«

»Und ihre zwei Kälber?« fragte ich, während ich rasch unsere kleine Herde zählte.

»Sie sind hier.«

Es ergab keinen Sinn. Normalerweise entfernt sich die Mutterkuh nicht weit von ihren Kälbern.

Wir wußten beide genug, um das genau zu wissen. Und zum zweiten Mal an diesem Morgen machten wir uns auf die Suche. Irgend etwas stimmte nicht.

Zwei Stunden lang gingen wir an diesem blauen, sonnendurchfluteten Morgen unsere Weiden ab und durchsuchten jeden Winkel von mehr als vierzig Hektar. Schließlich, als alles hoffnungslos erschien, ging ich die Straße hinunter zu Michael, um ihn um Hilfe zu bitten.

»Ihr könnt sie nicht finden?« sagte er. »Aber, Niall, sie muß dort irgendwo sein. Keine Angst, das kriegen wir schon. Peter! Francie!«

Die Jungen wurden gerufen und waren im Handumdrehen aus ihren Sonntagskleidern heraus und in Jeans und Gummistiefeln. Sie standen an der Tür, jeder mit einem Stück Hartgummischlauch in der Hand, das sie als Stock benützten, und sahen mich an.

»Kuh abhanden gekommen, Niall?« sagte Francie mit einem Lächeln, das von einem Ohr bis zum anderen reichte.

»Kuh abhanden gekommen, Francie«, sagte ich mit so gut wie keinem Lächeln.

Dieser schöne warme Junitag war der schönste Tag des Jahres. Wir waren zu fünft. Die Größe unseres Suchtrupps verringerte meine Angst. Trotzdem. Ich stieg mit sehr gemischten Gefühlen nach Tumper hinauf, einerseits erleichtert, andererseits kam ich mir vor wie ein Narr. Da holten wir Michael von seiner Tasse Tee und seiner Sonntagszeitung weg, weil *eine unserer Kühe verschwunden war*. Es war wichtigtuerisch und amateurhaft. Ich konnte mir nicht vorstellen, daß jemand anderem so etwas passierte. Aber Michael pfiff vergnügt vor sich hin, als wir zwischen den Kühen und Kälbern hindurchgingen. »Keine Angst, Niall«, sagte er. »Peter und Francie, ihr geht dort unten an Seans Feld entlang und dann rauf zur Moorweide. Ab mit euch.«

Als echte West-Clare-Cowboys galoppierten sie auf imaginären Pferden über die Hügel, während Michael, Chris und ich dem Moor zustrebten. Michael hatte Gertys Spur durch die noch ungemähte Wiese verfolgt, hatte das niedergetretene Gras entdeckt und den grünen mäandernden Pfad, den zu gehen sie aus unerfindlichen Gründen beschlossen und auf dem sie sich im Morgengrauen verirrt hatte.

Gerty, die rechthaberische, die dumpf vor sich hin brütende, die dicke alte Gerty. Wir kannten ihre Stärken und ihre Schwächen. Wir wußten, wie sie ihre Kälber am Saufen hinderte, sich von ihnen wegdrehte und ausschlug, bis es *ihr* paßte, daß sie gemolken wurde; wie sie die Herde führte und manchmal die jüngeren Tiere zurechtstauchte, wenn sie vor ihr auf das Gatter zuliefen. Wir kannten ihren damenhaften Gang, ihr kräftiges Brüllen, den besonderen Blick, mit dem sie uns bedachte, wenn sie uns kommen sah, und die Mischung aus Stolz und Wachsamkeit in ihren Augen, wenn wir täglich ihre zwei schönen Stierkälber inspizierten, die sie an ihrem riesigen Euter nährte.

Innerlich fluchend folgten wir ihrer Spur ins Moor. Sie war in den Entwässerungsgraben gelaufen, aber so weit Chris und ich am Graben entlanggingen, konnten wir nirgends Hufabdrücke entdecken, die uns gezeigt hätten, wo sie den Graben verlassen hatte. Die Sonne stand inzwischen hoch am Himmel, und der märchenhaft schöne Tag trudelte an uns vorbei. Drei Stunden waren bereits vergangen, seit ich voller Vorfreude auf unser Picknick am Meer das Haus verlassen hatte, um nach den Kühen zu sehen. Michael hatte aufgehört zu pfeifen. Drüben kamen Peter und Francie langsam auf uns zu. Von Gerty nirgends eine Spur. In diesen stillen Augenblicken jenes Sonntagvormittags, als jeder von uns fünfen dastand und sich in alle Richtungen umsah, wurde mir auf fast überwältigende Weise bewußt, wie klein wir doch waren. Wir waren entlarvt. Wir hatten das Tier verloren und empfanden diesen Verlust nicht nur in Pfund und Shilling, sondern auch als Einmischung der Wirklichkeit in einen Traum. Ich muß das noch einmal ausdrücklich sagen. Dieser Augenblick bedeutete Niederlage – mehr als das Wetter oder jedes andere Ungemach, das sich uns entgegengestellt hatte, seit wir hier lebten.

Und dann entdeckte Chris die Kuh.

»Da ist sie!«

Ihr Schrei drückte alles aus: Kampf, Versagen, Standhaftigkeit und Sieg. Da war Gerty. Weit drüben auf dem braunen, mit Purpur durchsetzten Moorland, noch hinter dem Stacheldrahtzaun, der die Fichtenschonung umgab, konnten wir gerade noch die schwarz-weiße Form ihres Kopfs ausmachen. Sie war im Moor eingesunken.

»Das ist sie, Crissie«, sagte Michael ruhig, blieb stehen, zündete sich eine Zigarette an und überlegte, was zu tun war.

»Sie ist eingesunken«, sagte ich, unfähig, mich

zu beherrschen und nicht eigens festzustellen, was offensichtlich war.

»Das ist sie, ja, das würde ich auch sagen«, stimmte Michael zu.

»Werden wir sie herausholen können, Michael?« fragte Chris einen Moment später.

»Oh, das werden wir, keine Panik«, sagte er, und wir gingen los.

Als wir näher kamen, enthüllte sich uns das volle Ausmaß des Problems. Gerty war in eine weiche nasse Ecke des Moors hineingetappt und augenblicklich bis zu den Hüften eingesunken. Nun brüllte sie uns entgegen und versuchte, ihren großen schwarzen Körper zu verlagern und zu heben, aber es war hoffnungslos. Ihre Beine steckten im weichen Moor, und bei jeder Bewegung drang ein tiefes, schmatzendes Geräusch aus dem Sumpf. Schließlich lag sie da und konnte sich nicht mehr bewegen. Peter und Francie waren als erste bei ihr. »Laßt sie eine Minute«, rief ihnen Michael zu, und zu Chris und mir sagte er: »Vielleicht schafft sie es von selbst, wißt ihr, wenn sie uns kommen sieht.« Sie brüllte wieder, und Chris' Herz schlug ihr entgegen – dem armen versinkenden Tier, das seinen natürlichen Wunsch herausbrüllte, befreit zu werden, das wieder bei seinen Kälbern sein wollte. Wir vergaßen unseren Zorn. Michael ging vorsichtig im Kreis um sie herum und prüfte, mit den Stiefeln stampfend, den Boden. Wir spürten, wie der ganze schwammige Moorboden zitterte.

Gerty war halb wahnsinnig vor Angst. Ihre großen braunen Augen rollten hin und her und schauten jeden von uns an.

»Sie kommt vielleicht von allein heraus, wenn wir sie erschrecken«, meinte Michael. Daraufhin begannen wir alle zu rufen und zu schreien, Peter, Francie, Chris, Michael und ich. Wir brüllten wie verrückt und schwenkten die Arme, bis uns die Luft ausging. Da waren wir, fünf Menschen, die an einem klaren Sommertag mitten in einem einsamen Moor schreiend um eine verängstigte Kuh herumsprangen. Und außerdem war es inzwischen Nachmittag.

Die Kuh stand nicht auf, sie konnte nicht aufstehen. Unsere Stimmen erstarben. »Gib mal her«, sagte Michael zu Francie und ließ sich das kurze Stück Hartgummischlauch geben. »Niall, nimm den anderen«, sagte er, und seine Stimme klang plötzlich eine Spur dringlicher. »Sie kommt so nicht heraus. Wir müssen es hiermit versuchen. Hau kräftig zu.« Damit hob er den Arm und ließ den Hartgummischlauch auf die Kuh niedersausen. Ich war verblüfft über die Härte des Schlags und war noch immer entsetzt, als ein zweiter Schlag auf sie niederklatschte. Einen Augenblick später machte ich mit. Wir mußten sie noch mehr in Angst versetzen. Die Schläge hagelten nur so auf sie nieder. Peter und Francie standen stumm dabei. Chris wandte sich ab. Ich schwitzte und mir war schlecht. Ich schrie und schlug auf die arme Kuh ein, bis rotes Blut aus ihrem schwarzen Fell hervorquoll. Dicke Striemen zogen sich über ihren Rücken, während sie hin und her schwankte und brüllte und versuchte, sich aufzurichten. Laut schmatzende, saugende Geräusche drangen aus dem Sumpf unter ihr hervor und öffneten den Boden, wo sie eingesunken war, noch mehr. Schaum drang aus ihrem Maul, ihr Kopf fiel erschöpft zur Seite. Wir ließen unsere Schläuche sinken und traten zurück.

»Peter und Francie, holt etwas Wasser. Dort, in diesen Plastiksäcken, seht ihr? Beeilt euch.«

Michael zündete sich eine Zigarette an. Eine Weile standen wir drei unter dem makellos blauen Himmel und schwiegen. Bei Michael zu Hause wurde das Sonntagsessen kalt. Und die Leute machten sich bereits auf den Weg zum Nachmittags-*cuaird* oder zu einem Besuch, oder sie fuhren zum Fußballspiel nach Kilmihil.

»Crissie«, sagte Michael schließlich, »geh zu Sean und bitte ihn, mit dem Traktor und einem Seil heraufzukommen. Sag ihm, sie steckt fest, gleich hinter der Schonung.«

Wir sahen ihr nach. Ich wußte nicht, was ich sagen sollte. Ich wollte mich bei Michael entschuldigen, weil er uns soviel Zeit opferte; ich wollte mich entschuldigen, weil ich so ein Amateurbauer war und weil ich Gerty hatte entkommen lassen, auch wenn ich nicht begriff, wie oder warum sie ihre grüne Wiese mit der graslosen Öde des Moors getauscht hatte. Ich fühlte mich schuldig und im Unrecht. Ich stand da, sah zu, wie Chris' hellrotes T-Shirt hinter dem Horizont verschwand, und empfand allmählich etwas Erleichterung. Mit Sean und einem Traktor würden wir Gerty sicherlich herausbekommen. Aber als Chris verschwunden war, trat Michael langsam seine Zigarette aus und wandte sich mit einem vorsichtigen Blick zu mir. »Du weißt, Niall, daß Sean Probleme bekommen könnte, wenn er mit dem Traktor bis zu der Kuh hineinfährt. Dieses Moor ist furchtbar weich.«

Eine eingesunkene Kuh und ein versinkender Traktor.

Der Rest des Tages verging in hektischer Betriebsamkeit und Plackerei. Das schöne helle Licht des Nachmittags kam und verblaßte. Am westlichen Horizont erschienen schaumige bleiche Wolken und zogen langsam über uns hinweg. Ein paar Augenblicke lang lagen die Felder in grünem Schatten; Vögel flatterten von den Bäumen auf, wenn sich die Traktorräder drehten und der Motor tuckerte, um Gerty aus dem Moorloch zu ziehen. Das Seil, das wir um ihre Vorderbeine geschlungen hatten, spannte sich sechs Meter über den mit Heidekraut bewachsenen Moorboden. Während Chris und ich zusahen, verständigten sich Sean und Michael durch Zeichen, der eine auf dem Traktor, der andere bei der Kuh; sie riefen einander zu und stimmten jede Aktion genau ab, während schließlich Zoll für Zoll die schlammbedeckten Beine der Kuh aus dem Moor auftauchten. Sie war gerettet!

Wieder auf festem Grund, stand sie sofort auf, und als das Seil abgenommen war, lief sie von selbst auf dem richtigen Pfad zurück und wartete am Gatter, das zu ihren Kälbern führte.

Was sollten wir zu Michael und Sean sagen? In unserem ersten Jahr hatten wir bereits einiges von dem gegenseitigen Vertrauen und der Hilfsbereitschaft unter den Nachbarn kennengelernt, und doch befürchteten wir, daß wir sie allzusehr in Anspruch genommen hatten. Wie lästig waren wir für sie gewesen? Ich wandte mich ihnen zu, um mit meinen Entschuldigungen und Danksagungen zu beginnen.

»Danke, Michael. Danke, Sean. Es tut mir so leid.«

»Keine Ursache, Niall«, sagte Sean und schnitt mir das Wort ab. »Gar nicht der Rede wert.«

»Keine Panik, Crissie. In Ordnung?« sagte Michael und stieß eine Wolke von Zigarettenrauch aus, um sein mühsam unterdrücktes Lachen zu verbergen.

Tag und Nacht begleitete uns nun die Vorstellung von einem Baby in Kiltumper. Nachdem wir erfahren hatten, daß wir als Adoptiveltern in Frage kamen, fanden wir es zunächst beinahe unmöglich, uns das Zusammenleben mit einem Kind vorzustellen. Dann wieder erschien uns die Vorstellung so wirklich und nah, daß wir aus lauter Nervosität gleichsam auf Zehenspitzen um unsere bevorstehende Elternschaft herumtrippelten. Wie würde es sein? Wie sollten wir uns vorbereiten? Würde es ein Mädchen oder ein Junge sein? Eine Unzahl solcher Fragen ging uns täglich durch den Kopf, bis Helen wieder anrief.

»Nun, haben Sie darüber nachgedacht?«

»Ja. Die ganze Zeit«, sagte Chris. »In der einen Minute sehe ich überhaupt kein Kind, und in der nächsten ist sie schon da, genau hier in der Küche.«

»Sie denken, es wird ein Mädchen sein?«

»Also, ich habe tatsächlich an ein Mädchen gedacht. Ich weiß nicht, warum. Aber ich möchte ein Puppenhaus bauen.«

»Wie wäre es, wenn *sie* schon eher als Dezember kommen würde?«

»Eher? Was meinen Sie? Wann ungefähr?... im November?«

»Wie wäre es mit nächstem Monat?«

»Nächsten Monat!«

Wir konnten es nicht glauben. Die Welt schien einen Satz zu machen und über dem Küchenfußboden in einer Flut von Helligkeit zu explodieren. Wir glühten vor Aufregung, Verwirrung und Glück.

»Nächsten Monat, Niall!« wiederholte Chris.

»In einem Monat!« sagte ich schwach und wußte nicht, ob ich vor Freude lachen oder weinen sollte.

Aber noch war nichts definitiv. Irgendwo dort draußen gab es die leibliche Mutter, die sich wünschte, daß ihre kleine Tochter von einem liebevollen Paar aufgezogen würde, und die die Adoptiveltern kennenlernen wollte, bevor sie sich zu irgend etwas entschloß. Das teilte uns Helen am Telefon mit. Wären wir mit einer Begegnung einverstanden? Wir überlegten und stimmten zu.

Die Begegnung sollte in der kommenden Woche in St. Catherine's stattfinden, und im Verlauf dieser sieben Tage gingen Chris und ich wieder einmal jeden möglichen Aspekt des gesamten Adoptionsprozesses durch. Einerseits wäre es wunderbar, die Mutter eines Kindes, das man adoptiert, kennenzulernen; man könnte dem Kind später viel mehr über sie sagen, und man könnte ihm ein vollständigeres Bild von seiner Herkunft geben. Auf der anderen Seite würde eine solche Begegnung außerordentlich schwierig werden, denn obwohl wir uns beide innigst wünschten, ein Kind zu lieben und großzuziehen, wollten wir keiner Mutter das Gefühl geben, wir würden ihr ihr Baby wegnehmen oder sie auf irgendeine Weise unter Druck setzen. Wir würden einfach versuchen, wir selbst zu sein und so offen und ehrlich wie möglich zu sagen: So sind wir, und so, wie wir sind, würden wir Ihr Kind lieben. Und dann würden wir abwarten, wie sie sich entschied.

Der Vormittag, an dem wir uns trafen, war bedeckt und wolkig. Schweigend fuhren wir nach Ennis und gingen hinauf in den großen Warteraum. Was danach geschah, ist zerrissen von schmerzlichen Gefühlen und nur noch als Erinnerungsfetzen vorhanden. Eine schöne, große, dunkelhaarige Frau betrat, begleitet von Helen, den Raum. Sie trug ein weiß-blaues Sommerkleid. Sie hatte geweint, und als wir uns in einem kleinen Kreis zusammensetzten und Helen uns gegenseitig nur mit den Vornamen vorstellte, wußte ich, daß dies eine der schwierigsten Erfahrungen unseres Lebens werden würde. Eine Stunde lang, in der die emotionalen Wunden so grausam offenlagen, daß ich mich kaum dazu bringen kann, sie zu beschreiben, sprachen Chris und ich darüber, warum wir ein Kind adoptieren wollten, und Elizabeth, wie wir sie nannten, sprach von ihrer innigen Liebe zu dem kleinen Mädchen, dem sie das Leben geschenkt hatte, und von dem neuen, liebevollen Zuhause, das sie sich für ihr Kind wünschte. »Sprechen« ist eigentlich nicht das richtige Wort für das, was wir taten, denn es war für uns drei eine Stunde voller Tränen, voller angefangener Sätze und schrecklich unangebrachter Worte, die in hilfloser Stummheit endeten. Es war für Chris und mich in mancher Hinsicht schwer, uns nicht wie Kindesräuber zu fühlen. Und, wie Chris ganz offen zu Elizabeth sagte, wir nahmen nicht für uns in Anspruch, daß wir ihr Kind besser erziehen würden als sie, und dafür schien Elizabeth wirklich dankbar zu sein. Wir sagten ihr, daß wir wünschten, daß sie für sich die richtige Entscheidung treffe; doch wenn sie das Kind über St. Catherine's adoptieren lassen wolle, seien wir überglücklich. Elizabeth' größte Sorge galt dem Kind, für das es nach ihrer Meinung in Irland nach Lage der Dinge einen ernsthaften Nachteil bedeuten würde, mit einer alleinstehenden Mutter aufzuwachsen. Chris nahm Elizabeth' Hände in die ihren; wir alle hielten uns irgendwie aneinander fest und versuchten in diesem großen leeren Raum in Ennis Dinge zu sagen, die eigentlich unsagbar waren.

»Wenn es dazu kommen sollte, daß wir sie adoptieren, gibt es da irgend etwas...« Chris Stimme verlor sich. Elizabeth sah sie direkt an.

»Ich hätte gern, daß Sie ihren Namen nicht ändern«, sagte sie leise. »Ich habe sie Deirdre genannt.«

Deirdre. Es war derselbe Name, den wir ausgesucht hatten. Schließlich stand Elizabeth auf, um zu gehen, und wir drei umarmten uns innig. Sie ging mit Helen. Chris und ich blieben eine Weile allein, erschöpft, nur noch Hüllen unserer selbst.

Helen sagte, die Begegnung sei sehr gut verlaufen. Aber Elizabeth brauche noch eine Weile, um sich zu entscheiden. Helen wollte auf jeden Fall warten, bis sich die durch das Treffen aufgewühlten Gefühle bei Elizabeth etwas gelegt hätten, bevor sie wieder mit ihr sprach. Auf diese Weise würde Helen sichergehen, daß sie Elizabeth nicht drängte und daß diese ihre Entscheidung, wie immer sie ausfiele, frei treffen konnte. Für Chris und mich war die Adoption jedoch plötzlich eine reale Möglichkeit. Wir hatten sogar Fotos von dem Baby gesehen. Wir konnten nichts dagegen tun: Alles wurde uns zur Vorbereitung. Wir schwirrten in unserem kleinen Haus herum, um es für ein Baby herzurichten. Das kleine Zimmer gegenüber dem großen Schlafzimmer sollte das Kinderzimmer werden. Es mußte isoliert und gestrichen werden. Seit einem halben Jahrhundert hatte in diesem Haus kein Kind mehr gelebt, und manchmal schien uns sein Alter mit der Vorstellung von einem modernen Kinderzimmer zu kollidieren. Die Mauern hier waren einen Meter dick und ragten schief und krumm fünf Meter in die Höhe zu einer Decke aus Holzlatten, wo der Wind durch das dünne Dach hereinblies. Spinnweben hingen in den Ecken, und an einem langen Kabel baumelte ein verstaubter Lampenschirm mit einer nackten Glühbirne. Der gegossene Zementfußboden hatte an mehreren Stellen Risse, so daß sich der neue billige Teppich, den wir gekauft hatten, sanft hob und senkte wie die Oberfläche eines Meeres.

An einem sonnigen Tag strichen wir die Wände in Pfirsichrosa, wodurch der Raum – bislang eine leere Vorratskammer und entsprechend kühl – heller und freundlicher wirkte. Nun würde das Kind durch das kleine, weiß lackierte Nischenfenster den ersten Ausblick auf die leuchtenden Morgendämmerungen dieses Sommers haben. Es würde alles sehr viel anders werden.

Aber nicht nur das Haus mußte hergerichtet werden, sondern auch Hof und Garten, obwohl kein Kind davon Notiz nehmen würde. Noch vor einem halben Jahr hätte ich das Ganze vielleicht für absurd gehalten, aber jetzt durfte für das Baby kein Tier auf unserem Hof krank sein, kein Unkraut durfte zwischen den Kartoffelreihen wuchern. Alles mußte am richtigen Platz sein, vorschriftsmäßig und ungewohnt ordentlich.

Chris wachte morgens auf und stürzte sich sofort in die Arbeit. Der friedliche Trott unserer Tage hatte plötzlich eine neue, zielstrebige Gangart angenommen. Nach zwei Gartenjahren hatte Chris den Garten gebändigt. Sie kannte ihn inzwischen wie einen Freund – oder einen Feind – und wußte, was hier gedieh und was nicht. Im Augenblick war sie eifrig dabei, neue bunte Pflanzen für den Blumengarten zusammenzustellen. Es sollte ein Blumengarten im Festkleid werden.

Ich schaute ihr vom Schreibtisch aus zu oder gesellte mich zu ihr, um mitzumachen. Mir schien, als läge in der Schlichtheit dieser Arbeit des Wiederauflebenlassens und Umgestaltens dieses Gartens eine Art persönliche Geschichte unseres hiesigen Lebens. Es war etwas, das jeder Gärtner kennt. Wie die Jahreszeiten die Dinge ordneten; wie man auf die jedes Jahr neue Blüte hinausblickte und dachte: Die Pfingstrosen haben wir in unserem ersten Jahr gepflanzt und nie geglaubt, sie würden überdauern; und dort die Flockenblume, die uns Mary gegeben hat, sie breitet sich aus wie verrückt; und drüben die voriges Jahr gepflanzte neue Rose, die rosaroten Tulpen, der sibirische Goldlack.

Während dieser warmen Tage in Kiltumper, in denen wir auf ein Baby warteten, pflanzten wir neue Blumen und stellten uns die Blütenpracht des nächsten Jahres vor, und wir sahen sie mit den Augen eines Kindes.

Es ist lange her, seit ich ein Baby im Arm hielt. Während all der langen Gespräche, die unserer Anerkennung als Adoptiveltern vorausgingen, hatte mich keiner gefragt, ob ich wisse, wie man ein Baby versorgt. Ist das etwas, was Mütter intuitiv wissen? Von dem natürlichen Lernprozeß, der anscheinend mit Schwangerschaft und Geburt eines Kindes einhergeht, sind wir ausgeschlossen. Was essen sie? Was zieht man ihnen an? Und nachdem Wegwerfwindeln in diesem Teil der Welt ein Statussymbol für Wohlhabende sind – wie legt man eine *echte* Windel an? Als Quadrat oder als Dreieck? Man möchte annehmen, daß ich mich als älteste von sechs Geschwistern noch an ein paar Dinge erinnere; trotzdem habe ich heute Angst.

Brid Cotter von der Cotterfamilie unten an der Straße besuchte mich gestern. Sie lebt und arbeitet als ausgebildete Hebamme in Schottland. Da sie selbst eine zweijährige Tochter hat, verstand sie meine Ängste sofort. Sie fragte mich, ob ich wisse, wie man ein Baby badet. Zunächst konnte ich mir nicht vorstellen, was dabei so besonders sein sollte, doch als ich darüber nachdachte, sah ich ein, daß es wohl nicht damit getan ist, das Kind einfach in die Wanne zu stecken. Schließlich würde das Baby, das wir vielleicht bekommen, erst zehn Wochen alt sein und nicht schon soweit, daß es in der Wanne sitzen kann.

Heute stand Brid mit einer von Tessie geborgten Babybadewanne und einer nackten, fünfundvierzig Zentimeter großen Gummipuppe vor der Tür. Gemeinsam badeten wir die Puppe, die schön stillhielt und nicht zappelte, wie mir Brid mahnend in Erinnerung rief; wir wickelten sie in ein Handtuch und legten ihr eine Windel an.

Das ist alles, was ich bis jetzt an Einführung erhalten habe, und ich bin sehr dankbar dafür.

Besucher. Fast gleichzeitig trafen Cyndi und Matt, zwei gute Freunde aus Amerika, und Chris' Bruder Sean für einen längeren Aufenthalt bei uns ein, und wir freuten uns, zum ersten Mal in diesem Jahr das Haus voll zu haben. Besucher im Sommer bedeuteten für uns natürlich Hilfe bei der Feldarbeit. Seit der Episode mit Gerty waren die Kühe und Kälber friedlich auf Tumper geblieben – ein idyllisches Bild vollkommener Harmonie. Hilfe benötigten wir vor allem im Moor, und alle Besucher waren »eingeladen«, uns dort Gesellschaft zu leisten.

Kiltumper hat einen zeitlosen Reiz. Chris und ich waren nicht die einzigen, die die Qualität unseres Lebens hier schätzten und Vergleiche anstellten. Weit weg von den unzähligen Zerstreuungen des Lebens in Manhattan bilden die Tage und Nächte in Kiltumper einen idealen ländlichen Hintergrund, um in aller Ruhe über eine berufliche Karriere, eine Liebe, ein Leben nachzudenken. In dieser grünen Abgeschiedenheit kann einem vieles im Leben plötzlich ganz unwichtig erscheinen. Ein Spaziergang über die Felder im Abendlicht kann ganze Philosophien für immer verändern. Es war der Geist dieses Ortes, der Sean veranlaßte, seine Termine in New York abzusagen und länger bei uns zu bleiben, um das Tor zur Tumperweide zu reparieren, eine abgefallene Regenrinne wieder anzubringen und das Holz von drei Eschen für unseren Wintervorrat zu spalten. Es war dieser Geist, der die Abende am Feuer gestaltete. Anfangs saßen Cyndi, Matt und Sean nach dem Abendessen in der Küche mit den erwartungsvollen Gesichtern von Leuten, die gewohnt sind, um diese Zeit auszugehen. Aber hier gibt es keine Kinos und noch weniger Restaurants oder Nachtclubs, in die man hätte gehen können.

»Nachtleben bedeutet hier natürlich etwas völlig anderes«, sagte ich.

»Und was bedeutet es, Niall?« fragte Matt und beugte sich gespannt vor, um etwas von einer dramatischen, wahnsinnig geheimen irischen Unterhaltung zu erfahren. Auf seinem Schoß lag eine Ausgabe von W. B. Yeats' *Folk and Fairy Tales of Ireland*.

»Nachtleben«, sagte ich, »ist Geisterleben. Und die Geister kommen aus den Feenfestungen.«

»Aus den was?«

»Den Feenfestungen«, sagte ich. »Nun sag nicht, du hättest noch nie etwas von Feenfestungen gehört? Chris, kannst du dir das vorstellen? Sie wissen nicht, was Feenfestungen sind!«

Es entstand eine Pause, und dann folgte die übliche zynische Reaktion der New Yorker. Ich hatte kurz zuvor etwas über die Geschichten im alten Irland gelesen und darüber, welche Macht sie auf die Menschen ausübten, bevor es das Kino und das Fernsehen gab. Die *seanachais*, die Geschichtenerzähler, sind im Westen fast alle verschwunden; aber die Fähigkeit, eine gute Geschichte zu erzählen, wird noch immer bewundert und geachtet. Mir ging es im Augenblick nicht um das Sonderbare dieser Feengeschichten; ich hatte es nicht nötig, unseren Gästen das Land schmackhaft zu machen; ich wollte lediglich ausprobieren, welche Glaubwürdigkeit phantastische Dinge erlangen können, wenn sie nachts vor dem offenen Herdfeuer erzählt werden. Ich wollte sehen, ob Worte ein wenig wie Zauberei wirken können – selbst auf drei eingefleischte New Yorker.

»Sicher, Niall«, sagte Sean. »Feenfestungen! Nur zu.«

»Hört zu.« Ich senkte meine Stimme zu einem ernsten, eindringlichen Flüstern. »Es ist mir egal, ob ihr mir glaubt oder nicht, aber Feenfestungen gibt es.« Ich hielt inne und blickte ins Feuer. »Es gibt eine auf dieser Farm.«

»Wo?« Das war Matts Stimme.

»Auf der Fort-Wiese«, sagte ich, »unten bei den Downes.«

»Wirklich, Sean«, sagte Chris. »Sie ist da. Du kannst sie von der Straße aus sehen.«

»Aber ja, Chris. Ich weiß doch, daß ihr diese Nummer eigens für die Yanks abzieht.«

»Heißt es wirklich ›Fort-Wiese‹?« fragte Cyndi. »Wieso sind wir nicht hinuntergegangen, um sie uns anzusehen?«

Darauf hatte ich nur gewartet. »Ich will euch ein paar Dinge über Feenfestungen erzählen«, sagte ich, »bevor ihr euch aufmacht, um dort draußen herumzustapfen. Um die Feenfestungen rankt sich viel Geisterglaube. Seit wir hier sind, haben Chris und ich etliche wahre Geschichten gehört, und ehrlich gesagt, euch würden die Haare zu Berge stehen, wenn ihr hörtet, was Leuten widerfahren ist...« Und so begann an diesem Abend am Herdfeuer das Märchenerzählen. Wir hatten die Geschichten von besseren Erzählern, als wir sie waren, gehört, und beim Wiedererzählen wurden sie neu gemischt und neu gestaltet – passend zu diesem Abend, und dennoch übten sie eine merkwürdig reale Macht aus. Chris unterstützte mich, indem sie Matt, Sean und Cyndi zwischendurch immer wieder versicherte, daß »diese hier tatsächlich wahr ist«, und ich erzählte von einem Mann namens Pat O'Mahon, der ein leidenschaftlicher Tänzer war.

»Pat ging jede Nacht ins Dorf, um zu tanzen, bis die Pubs schlossen und er nach Hause gehen mußte. Das ging so etliche Jahre, und überall im Sprengel war er bekannt als tanzwütiger Mann. Als er eines Nachts wieder von Kilmihil nach Hause ging, sah er eine Feenschar in ihrer Festung tanzen. ›Pat, komm herein und tanz einen Clare Set für uns‹, riefen sie ihm zu, und natürlich stieg er über den Graben und ging zu den Feen hinüber. Sogleich vernahm er die schönste Tanzmusik, die er je in seinem Leben gehört hatte. Er konnte nicht genau feststellen, woher die Musik kam, aber er warf seine Mütze auf den Boden, nahm den Arm der nächstbesten Fee und begann wie verrückt zu tanzen.«

Ich hielt einen Augenblick inne. Sie hörten mir zu.

»Also Pat O'Mahon tanzte die ganze Nacht bis zum Morgen, und dann befand er sich plötzlich, ohne recht zu wissen, wie, wieder auf der Straße und auf dem Heimweg. In seinem Kopf spielte noch immer die wunderschöne Musik, und doch hatte er nur eine verschwommene Erinnerung, wo er gewesen und was mit ihm geschehen war. Zu Hause angekommen, setzte er sich zu seiner Frau in die Küche und versuchte, seine Gedanken zu ordnen. ›Wo hast du deine Mütze gelassen?‹ fragte sie. Und natürlich, das war es! Er griff sich auf den Kopf – keine Mütze. Und dann erinnerte er sich. ›Ich habe mit den Feen getanzt‹, sagte er. Die Frau brach in schallendes Gelächter aus. Sie war eine dicke, freundliche Frau. Ihre Schwester lebt noch unten im Dorf. Aber, wie dem auch sei, Pat überkam eine schreckliche Traurigkeit, und er beschloß, nie wieder tanzen zu gehen, weil er nie wieder eine so schöne Musik hören würde wie die bei den Feen. Er legte sich ins Bett und wollte nicht mehr aufstehen. Alle im Dorf sprachen über den Zauber, der Pat O'Mahon in jener Nacht gebannt hatte. Der Priester kam und versuchte, ihn zum Aufstehen zu bewegen, aber nein, Pat wollte im Bett bleiben bis zum Tag seines Todes.

Jahre vergingen. Pat wurde ein alter Mann. Und dann, an einem schönen Morgen im Hochsommer, hörte seine Frau im Schlafzimmer ein ungewohntes Geräusch. Auf schwachen, gekrümmten Beinen kam Pat zum ersten Mal seit Jahren heraus in die helle Küche. ›Was tust du?‹ fragte sie ihn verwundert, während er die neue Tapete betrachtete, die Stühle und alles, was sie im Lauf der Zeit verändert hatte. ›Ich gehe tanzen‹, verkündete er, und dabei versagten ihm die Beine fast den Dienst, weil er das Stehen nicht mehr gewohnt war.

Pat O'Mahon ging tanzen, von mittags bis tief in die Nacht. Er war wie besessen. Und diejenigen, die ihn sahen – einige Leute im Dorf erinnern sich noch daran –, sagten, die ganze Zeit, während er tanzte – und er tanzte auch, wenn keine Musik spielte –, habe ein entrückter, glücklicher Ausdruck auf seinem Gesicht gelegen. Er tanzte den ganzen Heimweg, er tanzte im Mondschein in der offenen Haustür, und das erste, was seine Frau bemerkte, war die alte Mütze auf seinem Kopf. Er legte sich ins Bett und tanzte sogar noch im Schlaf. Pat O'Mahon tanzte und tanzte bis zum ersten Schein der Morgendämmerung, als die nur für ihn vernehmbare Musik plötzlich zu verstummen schien und er, als wären alle Schnüre einer Marionette mit einem Mal gerissen, tot zusammenbrach.«

Ich endete flüsternd und stand auf, um Torf nachzulegen. Für einen Augenblick herrschte absolute Stille im Raum. »Nun denn, ich gehe jetzt ins Bett«, sage ich und ging hinüber zum Badezimmer. Drei Minuten, dachte ich, werde ich ihnen geben.

Drei Minuten später kam ich zurück in die Küche.

»Niall«, sagte Sean, »würdest du uns zu der Feenfestung führen?«

»Wann?«

»Jetzt. Wir würden sie gern jetzt gleich sehen.«

»Ich würde nachts nicht dorthin gehen. Du vielleicht, Chris?«

»Nein, nie«, sagte sie.

Wir ließen unsere Worte ein paar Sekunden wirken, während wir beobachteten, wie die Geschichte unsere Besucher immer stärker in ihren Bann zog. Dann griff ich, ein gewisses Zögern vortäuschend, nach meiner Jacke und führte Sean, Matt und Cyndi zur Hintertür hinaus in eine stockfinstere Nacht. Mitternacht war schon vorbei, der Mond untergegangen, kein Licht weit und breit. Wir stolperten über eine schlammige, von Löchern übersäte Straße, die drei Zweifler dicht beieinander, und sobald ich ein paar Schritte zu weit voraus war, riefen sie, ich solle auf sie warten. Die Phantasie blühte natürlich in dieser absoluten Finsternis. Bis wir die Feenfestung erreicht hatten, hörten wir von überall her das Echo von Feen und vereinzelte Klänge ihrer märchenhaften Musik. Wir überquerten das Feld – wobei wir nicht mehr als drei Schritte weit sehen konnten. Das Fort, ein kleiner, kreisrunder Hügel, gekrönt von einem unheimlich krumm gewachsenen Weißdorn, lag im tiefsten Schatten. »Ist es das?« flüsterte Cyndi ehrfurchtsvoll. »Ich gehe nicht mit euch hinein, aber ihr habt ein sehr schönes Haus«, sagte sie. Hinter mir hörte ich Matt murmeln: »Nette Feen, sehr nette Feen…«

In diesem Moment glaubte ich, etwas auf der Wiese zu hören. Zumindest sagte ich das. »Wartet!« flüsterte ich scharf. »Bleibt hier! Nicht bewegen!« Und ich trat rasch ein paar Schritte von dem Fort zurück, wo sich meine drei Besucher dicht aneinanderdrängten. Neben dem Graben, praktisch unsichtbar, blieb ich stehen und spähte zurück.

»Niall? Niall, wo bist du?« Ihre Rufe klangen dringend. »Niall, das ist nicht komisch, weißt du. Komm jetzt wieder zurück!« Und dann sah ich ihre undeutlichen Gestalten auf dem dunklen Feld umherirren. Sie wissen, daß es ein Scherz ist, oder nicht? fragte ich mich, während ich zusah, wie sie ängstlich und sich jeweils am Mantel des Nebenmanns festhaltend durch die Dunkelheit tappten. Vielleicht stellten sie sich doch einen Moment lang vor, mit mir sei etwas passiert und ich sei mit den Feen auf und davon. Ich lachte leise.

Das ist die Macht einer Geschichte, dachte ich. Das war Nachtleben Kiltumper-style.

Heute rief Helen an. Endlich! Elizabeth scheint bereit, sich zu entscheiden; und es sieht so aus, als wollte sie *uns* als Adoptiveltern für Deirdre. Wenn alles gutgeht, könnten wir sie tatsächlich schon in zehn Tagen bekommen! Helen sagte, es sei noch nicht endgültig entschieden, aber doch sehr wahrscheinlich. Halten Sie sich bereit, sagte sie.

Das lange Warten auf ein Baby ist vielleicht bald vorbei, und doch geht es jetzt schneller, als wir es uns vorgestellt hatten. Wir hatten damit gerechnet, bis Weihnachten warten zu müssen, aber nun steht das freudige Ereignis praktisch vor der Tür. Das sehnsüchtige Warten hat uns Geduld gelehrt. Doch wie sollen wir in der kommenden Woche, während wir auf Helens endgültigen Anruf warten, bei dem sie sagen wird: Ja, kommen Sie und holen Sie das Baby ab, oder: Tut uns leid, diesmal wird es nichts – wie sollen wir jetzt Geduld bewahren? Wir müssen versuchen, nicht zuviel zu erhoffen, aber praktisch *müssen* wir uns rüsten. Wir haben nichts für das Baby außer einem lachsfarben und weiß gestrichenen Zimmer und ein paar Kinderbüchern.

Werden wir in zehn Tagen ein kleines Mädchen nach Kiltumper Cottage bringen? Wie läßt sich die Vorbereitungszeit einer vollen Schwangerschaft in zehn Tage pressen? Wir sind schrecklich besorgt. Was brauchen wir? Alles! Wo sind die Unmengen an Babygeschenken? Als Pauline neulich das Kinderzimmer bewunderte und in den großen leeren Raum hineinblickte, meinte sie: »Es ist wunderschön, Crissie, aber worin wird sie schlafen?«

Worin wird sie schlafen, was wird sie essen, was werden wir ihr anziehen? »Hast du Windeln gekauft?« fragte mich Lucy gestern.

»Windeln? Oh, du meinst Pampers...«, sagte ich.

»Pampers! Großer Gott! Hier – ich hab' dir diese hier für den Anfang besorgt«, sagte sie und holte aus ihrem Wäscheschrank einen Stapel zwölf ordentlich gefalteter, blütenweißer, samtweicher Baumwollfrottewindeln. Soviel zu Wegwerfwindeln! Vielleicht ziehe ich einen Einwegwindelservice auf.

Nachdem meine Mutter und meine Schwester im weit entfernten New York leben, sind Lucy, Tessie, Mary und Pauline meine Ratgeberinnen und Helferinnen in allen Dingen. Sie sind verläßliche Verbündete, wenn ich mutlos bin oder niedergeschlagen oder wenn ich mich einfach fürchte bei der Vorstellung, ein weinendes Kind im Arm zu haben. Lucy sagte, es würde bestimmt alles gutgehen. »Wenn du das Kind erst einmal im Arm hast, wirst du wissen, was du zu tun hast.« Und Tessie, bereits Mutter von zwei wunderbaren adoptierten Mädchen, ist in diesen kurzen Tagen meiner Nichtschwangerschaft ständige Gefährtin meiner Seele.

Gestern kam ein Päckchen von meiner Mutter. Sie schickte mir eine große Flasche meines Lieblingsparfüms Poison und erinnerte mich daran, daß ich genauso etwas Besonderes bin wie jede andere Mutter, die ein Kind erwartet. Vielen Dank, Mom. Und Niall kam heute mit einem Strauß Schwertlilien aus Kilrush nach Hause. Ob ich ein besonderes Verlangen nach irgend etwas Bestimmtem hätte?

Ja, sagte ich, nach einem Hot dog!

KAPITEL
4

Wir erwachten früh an diesem Morgen, nachdem wir beide sehr unruhig geschlafen hatten. Ich machte ein kräftiges Feuer im Stanley-Herd, um genügend heißes Wasser zu haben und den Heizkörper im Kinderzimmer warm zu bekommen. Chris fegte in aller Eile noch einmal die Ecken aus, entfernte jede übersehene Spinnwebe und spülte das Frühstücksgeschirr. Gekleidet in unsere besten Sachen, warfen wir einen letzten prüfenden Blick auf das Haus, schlossen die Tür und verließen Kiltumper – zum letzten Mal als kinderloses Ehepaar. Wir fuhren nach Ennis, um mit einem kleinen Mädchen zurückzukehren. Es war ein Dienstag, der letzte Tag im Juni. Das Wetter war mild. Auf dem Rücksitz des außen und innen geputzten Peugeot lagen eine von Tessie geborgte Babytragetasche und ein paar Babydecken, und während wir wie in einer Art Trance dahinfuhren, erinnerte uns ein Blick in den Rückspiegel immer wieder daran, daß es wirklich geschah, nach all dieser Zeit.

Wir sprachen kaum. Wir hatten beide das ganz starke Gefühl, daß es da war, irgendwo vor uns, ein kleines Mädchen, zehn Wochen alt. Sie war im April geboren, am 16., vier Tage nach Chris' Geburtstag. Wir wußten bereits, dieses Kind war für uns bestimmt. Es zog uns mit jedem Augenblick näher zu sich heran. Als Chris zu sprechen anfing, klang ihre Stimme gepreßt und zittrig.

»Ich glaube, sie war schon immer für uns bestimmt, Niall«, sagte sie. »Manchmal gibt es keine Zufälle. Ich wußte die ganze Zeit, daß sie Deirdre heißen würde. Deirdre May Williams.«

Als wir durch die engen Straßen von Ennis fuhren, hatten wir das Gefühl, als wüßte jeder, warum wir hier waren. Ich parkte in der O'Connell Street, und wir blieben einen Augenblick sitzen, weil wir schreckliche Angst hatten. Sollten wir die Babytasche mitnehmen? Das könnte sich als tragischer Fehler erweisen. Ich nahm statt dessen Chris bei der Hand und eilte die Straße entlang.

Am Empfangsschalter begrüßte uns eine Frau und führte uns zwei Treppen hinauf zu dem großen, hellen Raum im zweiten Stock, der uns bereits vertraut war. Hier hatte das Ganze vor vielen Monaten begonnen. Heute waren Tische und Stühle ordentlich in einer Ecke übereinandergestapelt. Nachdem uns die Frau eingelassen hatte, lächelte sie uns noch einmal an und ging zurück nach unten. Helen würde in einer Minute hier sein.

Die Geräusche der verkehrsreichen Straßen von Ennis waren plötzlich verstummt. In dem großen Raum, dicht nebeneinander am Fenster stehend, im Schein eines winzigen Sonnenstrahls, fühlten wir uns klein und armselig.

»Was wird jetzt passieren?« fragte Chris. »Wird Helen einfach mit dem Baby hereinkommen?«

»Ich weiß es nicht.«

»O Gott, was tun wir, wenn es uns ansieht und zu weinen beginnt?«

»Sie wird nicht weinen, Chris.«

»Sie hat keine Ahnung, wer wir sind.«

Helen öffnete die Tür. Sie trug kein Baby auf dem Arm.

»So. Wie geht es Ihnen?« fragte sie und lächelte strahlend, als sie auf uns zuging und uns herzlich die Hand drückte.

»Wir haben Angst«, sagte ich.

»Warum, Niall? Haben Sie auch Angst, Chris?« fragte sie. »Sie brauchen vor nichts Angst zu haben. Sie ist ein süßes kleines Baby.«

Chris stieß einen kleinen Schrei aus. »Wo ist Deirdre jetzt?« fragte sie besorgt.

»Sie ist unten und schläft. Soll ich sie holen?«

Wir nickten.

Helen verließ das Zimmer. Wenn sich die Tür wieder öffnete, in genau diesem Moment würde Klein Deirdre in unser Leben treten. Es war ein Augenblick, der sich dehnte und jeden Tag unserer sechsjährigen Ehe und unserer zweijährigen Wartezeit umfing. Wir hörten und sagten nichts. Ich nahm Chris' Hand. Als Helen auf der Schwelle erschien mit einem kleinen Bündel im Arm, fühlte ich, wie sich unsere Finger spannten.

Da war sie, Klein Deirdre.

»Nun, wer von Ihnen will sie mir abnehmen?« Wir standen beide wie angewurzelt. Chris sah mich an, und ich streckte die Arme aus.

Fast eine ganze Stunde lang verbrachten wir in diesem Raum mit Deirdre; so vieles, was da passierte, schien sich in einem unglaublichen traumähnlichen Nebel abzuspielen. Ich erinnere mich undeutlich, daß uns Helen für ein paar Minuten allein ließ. Wir nahmen abwechselnd das schlafende Baby auf den Arm und drückten es an uns; wir rochen den süßen Babygeruch, der uns so warm und rein und neu erschien. An diesen Geruch erinnere ich mich mehr als an alles andere. Ich erinnere mich daran, wann immer ich an sie denke, an diesen so wunderbar reinen Atem und an das herrliche Gefühl, sie ganz nah bei mir zu haben und Leben zu spüren. Als sie erwachte, brüllte sie, und Helen kam rasch wieder ins Zimmer, zusammen mit Father Geoghegan, dem Vorsitzenden der Adoptions-Gesellschaft. Sie standen neben uns, während wir verzweifelt versuchten, Deirdre zu beruhigen. Sie hörte auch kurz auf, schaute uns an, schien zu kichern, und dann schrie sie wieder. Unsere Herzen schlugen ihr mit so tief empfundenem Mitgefühl entgegen, als sie weinte, daß ihr Schmerz beinahe der unsere zu sein schien. Chris nahm sie mir ab, und plötzlich wurde es still im Raum.

Man sprach mit uns, Helen, Father Geoghegan, aber wir hörten kaum zu. Deirdre gehörte uns. Jedenfalls für den Augenblick. Sie war zehn Wochen alt, hatte eine helle Haut und blaue Augen. Ich schlüpfte hinaus, um die Babytasche zu holen.

Wie benommen schloß ich den Wagen auf und nahm die leere Tasche heraus. Die Passanten schienen mich neugierig anzusehen. Ich fand es peinlich und eilte mit der Tasche in der Hand verlegen an den vielen Menschen vorbei zurück nach St. Catherine's. Ein leichter Regen setzte ein, als die Glocken der Kathedrale Mittag läuteten.

Oben schlief Deirdre in Chris' Armen. Helen wiederholte noch einmal ihre letzten Anweisungen; sie würde abends anrufen, um zu hören, ob wir klarkämen, und in ein oder zwei Tagen würde sie bei uns vorbeischauen.

»Hier sind die Notizen der Pflegemutter zu Deirdres Schlaf- und Eßgewohnheiten. Okay?« Sie reichte uns einen kleinen blauen Umschlag.

Und damit sowie mit einem kräftigen Händedruck von Father Geoghegan und Küssen von Helen verabschiedeten wir uns. Zum ersten Mal nahm ich die Kindertrage mit Deirdre darin in die Hand und stieg, Chris neben mir, sehr vorsichtig die Treppen hinunter, und dabei war ich mir plötzlich jeder winzigen Kleinigkeit bewußt, die ihr schaden oder sie stören könnte. Wir öffneten die Eingangstür. Mittäglicher Straßenlärm und kühle Luft schlugen uns entgegen, und wir empfanden beides, als wären wir selbst neugeboren. War sie warm genug eingepackt? Während ich mich vorsichtig auf die Straße hinausschob, fiel ein Sonnenstrahl auf ihr winziges schlafendes Gesichtchen. War sie glücklich oder traurig? War das ein Lächeln, das sie im Traum lächelte?

Als wir im Wagen saßen und uns klar wurde, daß wir jetzt tatsächlich ein richtiges Baby nach Hause brachten, hätten wir beide am liebsten ein Freudengeheul angestimmt, aber wir blieben still aus Angst, sie zu wecken. Wir waren schon hinter Lissycasey und hatten mehr als die Hälfte des Heimwegs zurückgelegt, als Chris die Anweisungen der Pflegemutter herausnahm. Auf einem kleinen Stück blauem liniertem Papier stand unter der Überschrift BABY DEIRDRE folgendes zu lesen:

»Deirdre muß vier- bis fünfmal am Tag gefüttert werden. Bei jeder Mahlzeit trinkt sie eine ganze Flasche, manchmal braucht sie sogar etwas mehr. Als Zusatz bekommt sie zur Zeit Eisentabletten. Sie ist etwas wund.

Deirdre schläft in einem Kinderbett in ihrem eigenen Zimmer. Sie schläft ab zehn Uhr abends und muß nachts einmal gefüttert werden. Sie ist hin und wieder schlecht gelaunt. Sie fährt jeden Tag im Kinderwagen spazieren. Gegen neun Uhr morgens macht sie ein Schläfchen.«

Chris las das Briefchen zu Ende und sah mich an. Ein Satz war uns beiden gleichzeitig aufgefallen, und als wir von der Hauptstraße abbogen und am Knockalough-See vorbei nach Kilmihil fuhren, las Chris ihn noch einmal laut. »Sie ist hin und wieder schlecht gelaunt.« Was konnte das heißen? Schreckensvisionen von einem brüllenden Kind in unserer Küche bauten sich vor uns auf. Besorgt fuhren wir nach Hause.

Deirdres erster Abend in unserem Haus. Und wir hatten jede Menge Besuch. Lauter Gratulanten. Tessie und Lucy kamen, um uns zu helfen und um zu sehen, wie sich die nervösen frischgebackenen Eltern anstellten. Sie kamen mit Glückwunschkarten und Geschenken. Pauline brachte zwei kleine gelbe Strampelanzüge. Mary und Breda brachten Karten, und in jeder steckte eine Fünfpfundnote. Eine Weile saßen fünf liebe Freundinnen auf unserem einzigen Sofa und begleiteten mein Tun (ich hob Deirdre in ihre kleine Badewanne und begann, sie zu baden) mit ermunternden Worten. Ich war mit den Nerven am Ende und wußte, daß ich alles falsch machte. Ich war unbeholfen und ungeschickt, aber keiner sagte etwas. Sie sagten, es sei gut, sie zu baden. Dieser einen Bemerkung schienen sie alle zuzustimmen: Bade sie jeden Tag. Das würde sie müde machen, sagten sie, und sie würde danach gut schlafen. Und Gott sei Dank badet sie gern. Sie schreit nie dabei. Dann zog ich sie langsam und umständlich an, ständig in der Angst, ihr Köpfchen würde abbrechen, wenn ich es nicht vorsichtig genug handhabte.

Dann gab ich ihr ihre Flasche und ließ sie nach jeweils zwei Unzen ein Bäuerchen machen, begleitet vom mütterlichen Gegurre meiner Freundinnen. Um Mitternacht legten wir sie in ihr Körbchen und rechneten damit, daß wir um vier Uhr aufstehen müßten, um sie zu füttern. Außerdem wartete ich immer noch darauf, daß sie schlechte Laune bekäme. Aber sie schlief sofort ein. Wir gingen ins Bett und erwarteten, um vier Uhr von einem hungrigen, übellaunigen Baby geweckt zu werden. Ich lag im Bett und wartete und wartete und fragte mich, ob sie noch atmete. Sie war in der Küche gleich nebenan, und ich konnte jedes kleine Gurgeln hören, das sie im Schlaf von sich gab. Aber sie schlief tief und fest. Der kleine Schatz wachte um vier Uhr nicht auf, nicht um fünf, nicht um sechs oder sieben, sondern regte sich erst mit dem Rest der Welt zu der sehr angemessenen Uhrzeit von acht Uhr morgens! Wer war das schlecht gelaunte Baby?

Plötzlich bestand das Leben in unserem Haus aus Windeln und Sicherheitsnadeln und Milchflaschen, aus Lachen, guten Ratschlägen von allen Seiten, Bewegung, Ausdruck, Auskunft an jeden, der fragte, daß sie, o ja, die ganze Nacht durchgeschlafen habe; aus nicht enden wollendem Schütteln der Babyklapper, das Kind Aufnehmen und wieder Hinlegen, aus einfach Dasein, zu dritt in der Küche Sein und den über den blauen Himmel treibenden Wolken Zuschauen. Bis jetzt war alles einfach. Und die kleine »schlecht gelaunte« Deirdre mit dem wunden Po und dem Kopfschorf war schlichtweg ein Wunder. Natürlich veränderte sie unseren Tagesablauf in Kiltumper total. Wir konnten beide nicht mehr so frei über unsere Zeit verfügen wie in den vergangenen zwei Jahren und uns ohne weiteres an die Maschine setzen oder den

Garten und die Tiere versorgen. Und trotzdem befanden wir uns in vieler Hinsicht in einer einzigartigen Situation. Wir wollten zwar nach der traditionellen Methode vorgehen, wie Chris das nannte, und das Kind an feste Essens- und Schlafenszeiten gewöhnen, und wir wollten uns selbst strikt daran halten, weiterhin zu Hause arbeiten und uns dabei in Deirdres Betreuung abwechseln – das heißt, ich wollte mich genausoviel um sie kümmern wie Chris, damit wir beide unsere Arbeit fortsetzen konnten. Wir wußten, daß auch die Arbeit im Freien für uns beide gleich wichtig war, ob nun im Garten beim Unkrautzupfen oder vor der Staffelei oder oben im Moor oder auf den Weiden. Also legten wir in den ersten Wochen unseres neuen Elterndaseins Tagesabläufe fest und schmiedeten Pläne. Soweit es ging, sollte ich die Vormittagsschicht übernehmen und Chris die Nachmittage. Das Haus war inzwischen voll mit Babysachen – eine Babytragetasche und ein Kinderbett, geborgt von Tessie, eine Kinderbadewanne, geborgt von Maura Cotter, eine Babywippe und ein Korbkinderwagen, geborgt von Evelyn Johnston, Babydecken und ein Babykissen von Lucy, Anziehsachen und Spielzeug von praktisch allen.

Chris' Stiefmutter Polly hatte Deirdre einen wunderschönen neuen Laufstall geschenkt. Und wenn Deirdre gefüttert und frisch gewickelt war, lag sie darin in einer Art neugieriger Zufriedenheit und ließ ihre Welt an sich vorüberziehen. Von Danna, Chris' Schwägerin in Kalifornien, war ein kleiner blauer Rucksack gekommen, und in den vor uns liegenden Wochen würden Chris oder ich ihn umhängen, Deirdre hineinsetzen und sie auf den hügeligen Weiden von West Clare zwischen unseren Tieren herumtragen.

Als plötzlich das warme sonnige Wetter einsetzte, brummten von morgens an ringsum die Traktoren. Während die Kühe friedlich grasten oder faul an den warmen Hängen lagen, arbeiteten unsere Nachbarn von früh bis spät, um die Heuernte einzubringen. Auch uns stand die Heuernte bevor. Doch als ich mit Michael durch das zwei Hektar große Blütenmeer, das unsere große Weide im Juli darstellt, watete, meinte er, mit dem Heu könnten wir noch zehn Tage warten. Wir setzten darauf, daß das schöne Wetter anhielt oder wiederkam. In der Zwischenzeit rief das Moor.

In diesem Jahr, in dem wir zum dritten Mal auf dem Tumpermoor Torf stachen, hinkten wir mit allem ein wenig hinterher. Ende Mai war ich zum ersten Mal wieder oben im Moor gewesen, das eine Meile oberhalb unseres Hauses beginnt, zwei halbe Tage lang, und Martin und Brendan, zwei Burschen aus dem Dorf, hatten mir geholfen. Amüsiert nahmen sie zur Kenntnis, mit welcher Hast ich versuchte, Paddy Cotters Schubkarren, dessen einziges Rad von einem Fahrrad stammte und noch dazu einen Platten hatte, über den mit Heidekraut bewachsenen Moorboden zu schieben. Schon die *pisogs* – feste kleine Grasbüschel – reichten aus, um den Schubkarren aus dem Gleichgewicht zu bringen, und meistens kippte er meine Ladung, bevor ich sie kippen wollte. Es war schwere Arbeit, aber eine, die guttat. In zwei Jahren hatten wir diese für uns lebenswichtige

Torfgewinnung auf dem Moor von Kiltumper recht gut kennengelernt. Wir kannten die Plackerei des Torfstechens, wenn der Torf Schicht für Schicht vom *sleadoir*, dem Torfstecher, mit dem *slan*, einem dreieckigen Spaten, aus dem Boden geholt wurde. Wir wußten, wie der Torfstecher eine Treppe in den Torf schnitt, während er mit jeder Schicht tiefer in den weichen, matschigen Grund des Moores vordrang, wo der beste Torf lag. Wir kannten den für die rechte Hand gemachten Handschuh, den man trug, damit man keine Blasen bekam von der ungewohnten Bewegung von rechts unten nach links oben, wenn man den abgestochenen Soden nach oben auf die Torfbank beförderte. Wir kannten das Umsteigen des Torfstechers von Stiefeln auf Gummistiefel, wenn er in einer knapp zwei Meter tiefen Grube in Moorwasser und schwarzem Torf stand. Wir kannten inzwischen auch die Beschaffenheit unserer Torfbank genau. Wir wußten, wo sich zwischen der Torfbank und der Stelle, wo wir den gestochenen Torf abluden, die weichen Stellen befanden, die der Schubkarren bei dem ständigen Hin und Her aufwühlte. Wir kannten die besten Stellen, um die Soden auszulegen, wo sie jeden Luftzug und jeden Sonnenstrahl bekamen für den so wichtigen Vorgang des Trocknens. Wir waren mit dem Ort vertraut geworden. Im Mai hatte ich zusammen mit Martin und Brendan so viel Torf gestochen, daß ich meinte, es wäre mehr als genug, um das Haus im Winter zu wärmen. Ich hatte daran gedacht, daß wir im Winter vielleicht nicht nur zu zweit, sondern zu dritt sein würden, und mit dieser Vorstellung im Kopf hatte ich die frisch gestochenen, im Licht glänzenden Soden betrachtet. Nebeneinandergelegt bedeckten sie eine Fläche von vierzig mal zwanzig Metern. Nach zwei nassen Sommern, in denen wir gut eintausend Torfstücke sieben- bis achtmal von Hand wenden mußten, damit sie langsam an der Luft trockneten, hatte ich gehofft, daß es in diesem Jahr anders werden würde. Aber war es nicht schon zu spät, wenn wir jetzt, in der zweiten Juniwoche, noch einmal Torf stachen?

Alles hängt hier vom Wetter ab. Bis Juli wäre der Torf noch längst nicht trocken genug, um ihn einzufahren. Doch als plötzlich die langen, hellen Sommertage über den Feldern glänzten, schöpften wir wieder Hoffnung. Jetzt war es Zeit, um die *grogans*, die Torfmännchen – vier bis fünf hochkant gestellte Torfstücke und eines quer darüber –, die wir bereits mit Martins und Brendans Hilfe aufgerichtet hatten und die jetzt teilweise trocken waren, umzustellen, damit sie in Wind und Sonne völlig durchtrocknen konnten.

Früh am Morgen ließ ich Chris mit Deirdre im Haus zurück und stieg zwischen unseren Kühen den Hang zum Moor hinauf. Die Bauern waren bereits auf den Feldern, und als ich von der Hügelkuppe nach Süden schaute, hinüber zu den in sonnigen Dunst gehüllten Bergen von Kerry, breitete sich die Landschaft wie ein gewirkter Teppich vor mir aus; grün und gold gemustert, von Feldmauern durchzogen: Heuernte in West-Irland. Da und dort waren die abgemähten Wiesen gesprenkelt von frischen Heuhaufen, und in der wunderbaren Stille zogen die Traktoren wie mechanisches Spielzeug scheinbar mühelos ihre Kreise und schnitten mit ihrem Mähwerk gelbe Muster in das Grün der Wiesen. Näher bei uns sah ich die Gehöfte unserer Nachbarn. Michael mähte heute die Wiese unterhalb unseres Hauses. Sean hatte zwei Wiesen gemäht. Michael Dooley und Michael Donnellan waren bereits seit einer Stunde auf ihren Feldern. Den ganzen Monat würden sie mit der Heuernte beschäftigt sein, mit Mähen, Wenden, noch einmal Wenden und Aufhängen. Auch die Frauen halfen mit, und solange das Wetter hielt, würden sie jeden Abend todmüde heimkehren. Als ich an jenem Morgen ins Moor hinaufging, wünschte ich, auch wir würden jetzt unser Heu ernten, denn ich hatte die schlimme Ahnung von einem vorzeitigen Ende des Sommers. Aber vor den Gedanken an hungrige Kühe schob sich das Bild meiner kleinen Tochter in einem kalten Haus im Dezember und Januar. Torf, hatte Chris gesagt, kümmere dich um den Torf. Und als sie es sagte, hielt sie das fröhliche Baby im Arm, und durch das Küchenfenster fiel ein warmer Lichtstrahl auf das Kind.

Energisch zog ich meinen Pullover aus, denn die Sonne schien warm, und bückte mich, um den Torf umzuschichten. Ich war allein dort oben, wie schon viele Male zuvor. Und doch begleitete meine Arbeit jetzt ein ganz anderes Gefühl. Ich war mir nicht nur all der Arbeit im Moor und auf den Feldern bewußt, die wir und die Menschen ringsum unaufhörlich zu leisten hatten, sondern fühlte mich darüber hinaus als Teil von etwas Größerem. Ich arbeitete mit einer unglaublichen Freude und handhabte die Torfstücke, als wäre jedes ein Stück meines Tages. Die Zeit verging, es war windstill, und das Moor lag schwelgend im warmen Licht der Julisonne. Schon brachen die ersten getrockneten Kanten von den Soden in meinen Händen, und ich spürte eine Welle der Zuversicht über die purpurne Heide und das grüne Moos hingehen: Dieser Torf wird richtig trocknen, hörte ich mich sagen. Dieser Sommer wird ein guter Sommer sein.

Den ganzen Morgen über erfüllte mich diese heitere und hoffnungsfrohe Stimmung. Während ich dort auf dem Moor von Kiltumper arbeitete, fühlte ich mich so schwindelerregend glücklich wie nie zuvor. Ich arbeitete gleichmäßig, bückte mich, richtete mich auf, bückte mich in einer Art von ruhiger, heiterer Entrücktheit, und plötzlich dachte ich: Alles ist neu geworden. Ich sehe und fühle jetzt alles neu. In dieser Arbeit lebt das Kind. Jetzt bin ich Vater.

Ich danke Gott für dieses warme Wetter. Heute mußte ich tatsächlich nach Ennis fahren, um für Deirdre einen Sonnenhut zu kaufen! Er ist ihr noch ein bißchen zu groß, aber sie sieht phantastisch damit aus. Die Sonne ist zu grell für ihre Augen, aber es gefällt ihr, draußen zu sein. An diesen schönen sonnigen Nachmittagen stecke ich sie in ihr Tragekörbchen und befestige einen Schirm daran. Ich *weiß*, daß es ihr guttut, im Freien zu sein. Wir haben mit Dr. Harty gesprochen, dem jungen Arzt, der mit seiner schönen Frau und drei Kindern in Kilmihil wohnt; er nimmt die Impfungen vor und berät uns bei der Ernährung. Wir wissen, daß viele Eltern ihren Kindern, schon bevor sie ein halbes Jahr alt sind, Breikost geben, aber nachdem Deirdre mit ihrer Flasche sehr zufrieden ist, befolgen wir Dr. Hartys Rat und geben ihr viermal am Tag eine Flasche mit 230 ml. Mit festerer Kost werden wir warten, bis sie ein halbes

Jahr alt ist. Da wir Neulinge sind auf diesem Gebiet, sind wir auf unseren gesunden Menschenverstand angewiesen. Der nächste Kinderarzt wohnt in Limerick, eine Autostunde von hier entfernt. Hoffentlich werden wir ihn nie brauchen. Aber wer weiß? Besonders wenn man bedenkt, was wir hier alles nicht bekommen, im Vergleich zu der Überfülle an Produkten, wie es sie speziell für Babys in den USA gibt. Alles, was ich im Augenblick sagen kann, ist, daß es Deirdre gutgeht, daß sie gesund ist und gedeiht.

Gestern ging ich mit ihr zum Hühnerstall, um ihr die Hühner zu zeigen, die herumspazieren und im Gras picken. Wir haben diese Hühner seit über zwei Jahren, und weil sie nicht regelmäßig legen wollen, bot ich sie Breda an für Michaels Windhunde. Das klingt grausam, ich weiß, aber es ist kostspielig, sie nur zum Spaß zu füttern. Ich werde Annette O'Leary um ein paar neue Junghennen bitten. Deirdre sollte bald einmal ein frisches Eigelb bekommen, so sagen sie hier jedenfalls, und die Junghennen könnten im Herbst schon legen. Wir winkten den Hennen zum Abschied, als Niall sie einfing und in einen alten Futtersack steckte. Wohin gehen unsere Hühner? Ich sage es ihr lieber nicht so genau. Winke, winke, ihr Hühner! Sag *»bye, bye«*, Deirdre.

Veränderungen. Gestern las ich in der Zeitung, daß überall im Westen von Irland die traditionellen Cottages verschwänden und größtenteils durch moderne einstöckige Häuser oder Bungalows ersetzt würden. Das Gesicht des Westens verändert sich, schrieb der Journalist; mit dem Verschwinden der alten Bauernhäuser gehe wieder ein Teil des alten Irland verloren, und er schob die Schuld denen in die Schuhe, die in einigen der landschaftlich schönsten Gegenden des Landes leben.

Mir wollte die Sache den ganzen Tag nicht aus dem Kopf, und während ich meiner Farmarbeit nachging, dachte ich ständig darüber nach. Auf der einen Seite stimmte uns das allmähliche Verschwinden der reetgedeckten Häuser traurig, wie jeden, der die verrottenden und einstürzenden Dächer der Häuser sah, die in großartiger Lage entlang der atlantischen Küste nur noch als Unterstände für Kühe dienen. Die alten Lebensweisen sterben aus, Strohdachdecker gibt es fast keine mehr. Das Bild des Mannes im weißen Hemd, der mit Haselruten und Messern im Sommer den ganzen Tag auf dem Dach eines Hauses arbeitet, um es für den Winter in Ordnung zu bringen, gehört der Vergangenheit an; aber desgleichen die Zugluft in den Häusern zwischen Fenster und Tür, der Platz vor dem Feuer, auf dem man vorne schmort und hinten friert, das Rheuma, das Wasserholen aus dem Brunnen bei Wind und Wetter, das qualmende Torffeuer, der Ruß und die Hagelkörner in der Küche, das spärliche bräunliche Licht, das durch die winzigen Fenster dringt – die ganze Litanei der Beschwernisse in einem Cottage von einst. Sie werden allmählich Folklore, aber das wird von den Touristen mehr bedauert als von den Cottagebewohnern, obwohl auch sie dem einen oder anderen nachtrauern.

Auch wir hatten Kiltumper auf gewisse Weise verändert. Seit dem Tag, als wir das Haus zum ersten Mal betraten, hatte ein Anpassungsprozeß stattgefunden, ein allmähliches Aneinandergewöhnen und Sichauseinandersetzen. Und obwohl wir beide vom Äußeren sowie von der Atmosphäre von Kiltumper Cottage soviel wie möglich erhalten wollten, kamen wir jetzt, mit Deirdre im Hinterzimmer und weil wir ein warmes und trockenes Haus brauchten, trotz unserer Zweifel nicht an Veränderungen vorbei. Wir hatten wegen der Zugluft bereits in allen Räumen die Fenster und Türen abgedichtet. Oben im verstaubten Speicher hatten wir ein altes Foto von der Familie von Chris' Großvater gefunden. Der verlorene Sohn, der es in Amerika zu etwas gebracht hatte, schickte ein Familienbild nach Hause, damit es vor dem Herdfeuer herumgezeigt werden konnte, wenn die Nachbarn auf den *cuaird* kamen. Wir hatten das Foto zusammen mit einem ähnlichen der Familie O'Connell aus dem Jahr 1914 (Chris' Familie mütterlicherseits) neben dem Küchenfenster aufgehängt. Zwei sepiabraune Porträts von irischen Familien in Amerika schauten auf die allmählichen Veränderungen herab, die wir in dieses Haus in Clare brachten – den Ort, den die Breens hinter sich gelassen hatten.

Im Juli kletterte ich mit zwei Rollen Isoliermaterial, das ich in Kilrush gekauft hatte, in den engen Raum zwischen den alten Zimmerdecken des Hauses und dem Dach. Die großen, mit Pech geschwärzten Tragbalken, die unverputzten schiefen Mauern, die kleinen Holzkeile oder Papierknäuel, mit denen man Ritzen zugestopft hatte, alles seit Jahrzehnten unberührt – auf einmal betrachtete ich das Haus mit anderen Augen. Pudriger Staub bedeckte die Steine, dicke Spinnweben füllten die Ecken. Das Alter und die besondere Eigenart des Hauses, gesehen von hier oben, bereiteten mir leichtes Unbehagen. Denn wir würden es verändern müssen; das schien unvermeidlich. Ein neues Zimmer für das Kind wäre wärmer; es würde während der feuchtkalten Wintertage die Wärme halten und jene komischen, eisigen Nächte unseres ersten Winters in Kiltumper in die Erinnerung verbannen, als wir mit rotgefrorenen Nasen und Ohren im Bett lagen und Handschuhe anziehen mußten, wenn wir im Bett lesen wollten.

Es würde für uns alle bequemer werden. Trotzdem hatten wir manchmal das Gefühl, als würden wir etwas verraten. Wir waren drauf und dran, uns in der schlimmsten Art von Nostalgie zu verlieren, in einer Romantik, die so lästige Dinge wie Zugluft und Feuchtigkeit, Spinnen und Mäuse ignoriert. Und dennoch vernahmen wir das Flüstern, die Frage, vorgebracht von jedem einzelnen der Menschen, die hier früher gelebt hatten, die hier am Herdfeuer überwintert hatten, ohne Badezimmer oder fließendes Wasser. Waren wir weniger abgehärtet als sie? Ja. Wir hielten weniger aus. Wir mußten diese sanft einlullende Kraft überwinden, die immer alles so lassen wollte, wie es ist. Es war etwas, womit wir rechnen mußten. Wir waren vor zwei Jahren hierhergekommen, nicht, um ins neunzehnte Jahrhundert zurückzukehren oder um ohne Wasser und Licht im Haus auszukommen – so argumentierte ich mit mir selbst, während ich die Isoliermatten auslegte –, sondern um eine neue Lebensweise zu finden für die heutige Zeit, ein Leben in Frieden und Stille, ohne Hektik, in einem alten Land, das langsam im Regen älter wird. Wir waren gekommen, um zu schreiben und zu malen – und jetzt, um ein Kind großzuziehen. Vielleicht sind wir nur deshalb hier.

Dort oben im Speicher, im staubigen Kopf des Hauses, versuchte ich, mit den Stimmen der Vorfahren, den Geistern von Kiltumper, vernünftig zu argumentieren: Durch Deirdre würde neues Leben in diese Räume kommen. Alles Alte würde wieder neu. Zum ersten Mal seit einem halben Jahrhundert würden diese dicken Steinmauern wieder ein Kind beherbergen.

Mit dem Geld von Chris' Vater und einem Zuschuß der Regierung, die auf diese Weise die Renovierung solcher alten Häuser unterstützt, gingen wir daran, ein neues Schlafzimmer zu bauen. Es sollte über der Küche liegen; durch die aufsteigende Wärme des Stanley-Herds würde es das wärmste Zimmer im ganzen Haus werden. Während der Sommertage schauten wir besorgt zu, wie ein Maurer aus unserer näheren Umgebung mit seinen Söhnen die Küchendecke abschlug und, sorgfältig die Schieferplatten abnehmend, das Haus den Elementen öffnete. Ungedeckt und offen wirkte das Haus seltsam zerbrechlich. Helles Tageslicht fiel auf Stellen, wo es nie hell gewesen war; Staub und Spinnweben glänzten silbrig in der Sonne, und tagelang holten die Männer schubkarrenweise Steine, Holz und Schutt aus dem Haus. Als dann die Wände des neuen Zimmers an der Rückseite des Hauses emporwuchsen, schien es, als hätten wir, die neuen Bewohner, dem Haus eine spürbare neue Kraft verliehen.

Doch einen Tag, nachdem das neue Zimmer fertig war, standen Chris und ich oben und blickten verzweifelt die steile Speichertreppe zur Küche hinunter. Das Haus hatte ein wunderschönes

Schlafzimmer dazubekommen, hell und geräumig, aber als wir beschlossen, die Veränderungen auf ein Minimum zu beschränken und die alte Stiege zu erhalten, hatten wir etwas übersehen: Die Treppe, die wie früher in spitzem Winkel zu der jetzt etwas herabgezogenen Küchendecke emporstieg, führte durch eine Öffnung, die nur knapp einen Meter zwanzig breit war. Das Bett – das berühmte weiße Eschenbett, unser erstes Möbelstück in diesem Haus, auf das wir so lange gewartet hatten –, würde, auch wenn man es zerlegte, nicht durch die Öffnung passen. Keiner, der zu uns kam, um sich die Sache anzusehen, weder Mary noch Michael noch Larry noch Lucy, konnte sich vorstellen, wie wir das Bett nach oben bringen sollten. Wir hatten ein warmes Schlafzimmer, aber kein Bett darin.

Das Wetter hielt zehn Tage lang. Mit der Heugabel arbeitete ich auf Michaels Wiesen auf der anderen Seite der Straße, beobachtete den Himmel und machte mir Sorgen. Unsere Wiese war jetzt fast soweit, daß gemäht werden konnte. Jeden Morgen ging ich auf das hintere Feld mitten durch die reifen goldgelben Gräser und die Wiesenblumen, um zu messen, wie hoch das Gras stand. Im kniehohen Gras stehend, blickte ich auf all die gemähten Felder ringsum, alle fröhlich mit Heuhaufen getüpfelt. Nur unsere Scheune war noch leer. Chris und ich wurden inzwischen mit jedem Tag nervöser. Wir besaßen noch nicht die Ruhe und das Gottvertrauen unserer benachbarten Bauern. Wir interpretierten den Rhythmus des ländlichen Jahres noch viel zu sehr so, wie wir es bei unserer früheren Arbeit in den Büros von Manhattan gelernt hatten – nach Ablieferungsterminen und Zeitplänen: Die Kühe kalbten im April, weideten in Upper und Lower Tumper im Mai und Juni, Heuernte in der ersten Juliwoche. Wir waren noch nicht daran gewöhnt, Bauern zu sein, und wir hatten die Lektion, die uns immer und immer wieder erteilt wurde, seit wir in Clare angekommen waren, doch noch nicht ganz gelernt: Zeit bedeutet hier etwas ganz anderes. Die Dinge geschehen, wenn die Zeit reif dafür ist, und keinen Tag eher. Ich verließ die Wiese, sorgfältig denselben Weg zurückgehend, auf dem ich gekommen war, um nicht noch mehr Gras niederzutreten. Eine Stunde später hörte ich den Traktor kommen, der unsere Wiese mähen sollte.

Was wird aus unseren Hühnern? hatte ich gefragt, als Deirdre und ich ihnen nachwinkten. Nun, sie sind komischerweise lebendig und wohlauf. Martin Keane kam gestern abend vorbei, und als er ging, sagte er: »Es wird euch freuen zu hören, daß es euren Hühner gutgeht.« – »Woher weißt du das?« fragte ich ganz erstaunt über die Wiederauferstehung meiner Hennen. »Zwei sind drüben bei mir.« – »Legen sie denn?« fragte ich. »Sie legen«, antwortete er, und ich freute mich darüber. Inzwischen konnte ich mir den Weg meiner drei Hennen stückchenweise zusammensetzen. Als sie zu Breda kamen, stellte sich heraus, daß Michael sie nicht für seine Windhunde brauchte. Also gingen sie weiter an die Keanes, die einen ganzen Tierpark an Haus- und Hoftieren haben, und während sie einen oder zwei Tage im Stall darauf warteten, geschlachtet zu werden, begannen sie plötzlich zu legen. Ihrem Schicksal vorübergehend entronnen, scheinen sie dort jetzt ein fröhliches Leben zu führen.

Im Zeitlupentempo trieb der sanfte Wind kleine Heubüschel über das Feld. Schwarzdrosseln ließen sich nieder und flogen vor dem Mäher auf, Frösche hüpften, wohin man trat. In einer halben Stunde war die Wiese gemäht, und in großen konzentrischen Kreisen lagen die Heureihen auf dem Feld. Jetzt zählte jeder Sonnenstrahl, jeder Hauch einer trockenen Brise. Wir brauchten zwei Tage gutes Wetter. In zwei Tagen wäre das Heu drei- oder viermal gewendet (per Traktor mit Heuwender), und jedesmal würde es trockener und leichter sein. Dann würde es zu Ballen gepreßt und in die Scheune gefahren. Ein einziger Regenschauer würde bedeuten, daß man noch einmal ganz von vorn anfangen müßte mit der Prozedur. Ein Regentag könnte die Ernte vernichten.

Eben noch schien die Zeit träge dahinzuschleichen, und nun war sie plötzlich eng in zwei Erdumdrehungen gepackt. Dies waren die zwei wichtigsten Tage in unserem Bauernkalender; sie bedeuteten gutes oder schlechtes Winterfutter für unsere Kühe.

Am Abend ging Chris mit Deirdre auf dem Arm hinaus auf die Wiese.

»Ich glaube, es wird regnen, Niall«, sagte sie.

»Nein, bestimmt nicht. Es hat seit zehn Tagen nicht geregnet.«

»Ich weiß. Und gerade deshalb befürchte ich es. Was meinst du, Deirdre? Wird es regnen?« Sie hob das Kind hoch gegen das Licht der untergehenden Sonne, und Deirdre stieß ein lautes, kehliges Kichern aus.

»Siehst du«, sagte ich, »der Regen hat keine Chance!«

Doch in der Nacht schlief ich so schlecht wie kaum je zuvor und wachte immer wieder auf, weil ich glaubte, die ersten Tropfen eines Regengusses zu hören.

Als am nächsten Morgen der Frühtau getrocknet war, erstreckte sich nach Westen hin, so weit das Auge reichte, ein klarer blauer Himmel. Nach meinem Gang über die Heuwiese kehrte ich ins Haus zurück, frühstückte und wartete. Nach einer Stunde begann ich unruhig zu werden: War es nicht allmählich Zeit, das Heu zu wenden? Ungeduldig, wie Städter eben sind, packte uns mit jeder halben Stunde, die ungenutzt verstrich, immer größere Verzweiflung. Dann holte ich in einer Art gut gemeinter Anmaßung unsere einzige Heugabel und ging hinaus auf die zwei Hektar große Wiese, um das Heu von Hand zu wenden. Ich hatte kaum angefangen, als ich einen Traktor die Straße heraufkommen hörte, und ich mußte mich beeilen, die Beweise meines närrischen Unterfangens zu verstecken, während Paul O'Shea, einer unserer Nachbarn, laut singend auf die Wiese fuhr, den Schnellgang einlegte und mit einem Affenzahn das Heu hinter sich hochwirbelte. Es schien, als wüßte jeder, wo gerade gemäht worden war, und als gäbe es einen nirgends niedergeschriebenen Vertrag zwischen den Menschen entlang unserer Straße, daß Hilfe geleistet wurde, wo Hilfe nötig war. Michael war zur Wiese eines anderen Nachbarn gefahren; er würde später zu mir kommen und noch später noch einmal zu ihnen. Er würde unterwegs sein, bis das letzte Traktortuckern in der Abenddämmerung verstummen würde. Die Zeit der Heuernte ist eine Zeit, die

Chris und ich inzwischen lieben, denn in der Heuernte leben die wundervolle Großzügigkeit und das feste Gemeinschaftsgefühl des alten Irland fort.

Die Tage der Heuernte sind lang. Und jeder nimmt daran teil. Die Frauen machen für die Männer auf dem Feld große Stapel mit dick gebutterten Schinken- oder Käsesandwiches zurecht und schneiden dicke Scheiben von den frischgebackenen Broten ab. Tee und Milch werden in Flaschen auf die Wiesen gebracht, und die Männer setzen sich für eine Weile auf einen Heuhaufen und machen Pause. Die Heugabeln stecken im Boden. Danach geht es wieder an die Arbeit. Am Nachmittag bringen die kleineren Kinder Flaschen mit Wasser; die Frauen kommen auf das Feld und binden, hinter den Männern hergehend, die Heuhaufen zusammen. Die Wiese ist abgeerntet, die Haufen werden gezählt. Es gibt nichts Vergleichbares. Ein Gefühl liegt in der Luft, so intensiv, daß es fast körperlich spürbar ist. Es ist wie der Lohn des Gottvertrauens; das Land vergilt die naßkalten Frühlingstage, die aufgeweichten Felder, den Dreck und den Schlamm.

Als das Heu auf unserer Wiese an jenem Morgen gewendet war, hielt Paul den Traktor an und sprang herunter. Er schob seine rote Baseballmütze zurück und bückte sich, um eine Handvoll Heu aufzuheben. Während er es begutachtete, sang er sein Lied zu Ende.

»Das ist prima Heu, Niall«, sagte er.

»Meinst du?« erwiderte ich.

»Du lieber Gott, ja. Phantastisches Heu.«

»Wann, meinst du, werde ich es einfahren können, Paul?«

»Machst du Ballen oder Haufen?«

»Ballen, wenn es trocken genug ist.«

»Ja, wenn es trocken genug ist. Also, ich meine, noch ein trockener Tag, und es könnte klappen.«

Noch ein trockener Tag. Mir war, als würde ich das Schicksal herausfordern. Wenn wir zu früh Ballen machten, würde sich das Heu in der Scheune erhitzen und faulen. In den zwei vergangenen nassen Sommern hatten wir gehört, daß sich ganze Ernten in schwarzes glitschiges Zeug verwandelt hatten, das für nichts mehr zu gebrauchen war. Das Trocknen war das Wichtigste. Und da ich nichts dazu tun konnte, blieb mir nichts anderes übrig, als zurück ins Haus zu gehen oder in den Garten und zu versuchen, nicht mehr an das Wetter zu denken.

Vielleicht eine Stunde später hielt ein Wagen am vorderen Tor, anscheinend hatte jemand einen Motorschaden. Ich ging hinaus, um zu helfen. Auf dem Rücksitz saß Sabra, eine gute Freundin – mein ehemaliger Boß aus Manhattan. »Überrascht?!«

Sie war mit ihrem Mann David in Shannon zwischengelandet und hatte beschlossen, sich mit eigenen Augen davon zu überzeugen, was aus ihrem stillen, sauber rasierten Texter, den sie einst ganz schön gezwiebelt hatte, geworden war.

»Sie sehen richtig wie ein Landmann aus, Niall«, sagte sie, als ich sie ins Haus führte. Deirdre war wach und lag friedlich in ihrem Körbchen, und so saßen wir eine oder zwei Stunden beisammen, tranken Tee und sprachen über Babys, Kühe, Gärten, Bücher und die wenigen Leute, die noch aus meiner Zeit bei ihr arbeiteten.

»Also, Sabra«, sagte ich nach einer Weile, und ich hatte noch nicht ganz vergessen, daß ich zu meiner früheren Chefin sprach, »Sie sind zu einer Zeit gekommen, wo wir hier am meisten zu tun haben. Wie wäre es, wenn Sie morgen ein paar alte Sachen anziehen und uns helfen würden?«

Sabra sah David an, David sah mich an. »Mit Vergnügen«, sagte er. »So gegen zehn sind wir hier.«

Am nächsten Morgen war Michael schon vor mir auf der hinteren Wiese. Wir standen in der vollkommenen Stille des heraufziehenden Tages. Die Wiese war voller Vögel. »Siehst du ihn, Niall?« sagte Michael und deutete auf einen großen Feldhasen, der durch das Gras hoppelte. Wir beobachteten ihn eine Weile, dann wandte sich Michael ab, um zu seinem laufenden Traktor zurückzugehen. »Das ist sehr gutes Heu. Das kann heute bestimmt noch eingefahren werden.«

»Wann wird er mit der Maschine kommen?« fragte ich.

»So gegen Mittag, nehme ich an«, sagte er. »Ich komm' wieder vorbei. Jetzt muß ich rüber zu Paul.« Und damit tuckerte er los.

Punkt zehn Uhr trafen Sabra und David ein, voller Arbeitseifer, und ich mußte ihnen erklären, daß die Maschine, die die Ballen machte, nicht vor Mittag dasein würde. »Was heißt das genau?« fragte Sabra unschuldig, und Chris antwortete: »Irgendwann zwischen elf und drei.«

Um unseren Besuch zu unterhalten – und um ihre wundervolle Arbeitsbereitschaft nicht zu verlieren –, schlug ich einen Ausflug ins Moor vor. Eine halbe Stunde später standen wir gebückt auf dem Moor von Tumper und wendeten unseren Torf! Als sich mir Bilder von Konferenzen, rosaroten Korridoren und Bergen von Memos vor dem Hintergrund des windigen Moorlandes von West Clare aufdrängten, brachte mich dieser Kontrast fast zum Lachen. Zwei Stunden später, als Sabra und David stolz beim letzten Torfmännchen angelangt waren, empfand ich nur noch Bewunderung. »Das muß man euch lassen«, sagte ich mit meinem besten West-Clare-Akzent, »ihr seid prima Leute im Moor!«

Nach dem Mittagessen warteten wir auf die Ballenpresse. Der Himmel war nicht mehr blau und klar; von Westen her näherte sich eine käsig weiße Dunstschicht. Zwei Uhr: Keine Ballenpresse in Sicht. Drei Uhr: Nichts. Ich begann, unseren Besuchern zu erklären, daß die Zeit in Irland keine genau meßbare Größe sei und daß den Bauern während der Heuernte jede Zeit recht sei, wenn sie nur käme, die Ballenpresse. Chris öffnete die Haustür, und wir saßen in der Küche und horchten auf jeden Laut von der Straße. Dieses Warten, dieses endlose Herumhängen zwischen der abgemachten Zeit und dem tatsächlichen Zustandekommen der Abmachung waren für Chris und mich beinahe schon das, was wir erwarteten. Sich darauf einzustellen war bei weitem das Schwierigste gewesen – die vergeudete Zeit, die mittags geschlossenen Geschäfte, die einmal in der Woche nur halbtags geöffneten Geschäfte und Behörden in Stadt und Land, der Mann, der sagte, er komme dann vorbei, die ganze zeitlose, gemächliche Art, in der das Land dahinzockelte. Nun saßen wir hier in der Küche, die Hilfskräfte waren einsatzbereit, und die Ballenpresse ließ sich nicht blicken. Um fünf Uhr mußten Sabra und David nach Ennis zurück. Chris wurde ärgerlich, und ich ging die Straße hinunter, um vielleicht herauszufinden, wo zum Teufel die Ballenpresse abgeblieben war. Auf der Straße traf ich Francie. »Er hat eine Panne, hinten bei Cree«, sagte er. »Daddy hat gesagt, er wird in 'ner Weile hier sein.«

In einer Weile. Vom blauen Sommerhimmel war inzwischen nicht mehr viel übrig. Ich schaute hinüber zu unserem Heu, und mir war, als sähe ich die ersten Anzeichen für Regen. Um sieben Uhr fuhr wieder ein Auto vor mit Martin Murray, Martin Dunne und Brendan Sheedy. »Wir sind gekommen, um eure Ballen einzufahren«, sagte Martin fröhlich. Wir marschierten in die Küche. Zehn Minuten später kam Martin Keane dazu. Nun hatten wir vier Helfer und keine Arbeit. Ich dachte: Ich halte das nicht aus! Es schien so idiotisch, so fürchterlich hinterwäldlerisch. Ich brachte es nicht fertig, einfach so herumzusitzen.

»Du könntest das Heu in Haufen schichten, und wenn er morgen kommt, breitest du es wieder aus, damit er Ballen machen kann«, schlug Martin Keane vor. »Wenn es dann heute nacht regnet, ist der Schaden nicht so groß.«

Plötzlich hatten wir es alle eilig, mit unseren zweizinkigen Gabeln zur Heuwiese zu kommen. Dieser sehr normale Teil des Sommers wurde für uns zu etwas Außergewöhnlichem. Die ersten Heuhaufen bildeten sich wie von Zauberhand, und goldgelbe Heubüschel segelten durch die Abendluft. Big Martin Murray handhabte seine Forke wie ein Spielzeug; er spießte riesige Heubüschel auf, warf sie auf einen Haufen, und weiter ging's zum nächsten. Wir hatten ein halbes Dutzend Haufen beisammen, als wir schließlich und endlich die Ballenpresse kommen hörten. Der Fahrer kurvte in rasendem Tempo über die Wiese und warf die Ballen hinter sich aus. In einer Dreiviertelstunde hatte er die Arbeit getan, für die ich Tage gebraucht hätte. Gegen Mitternacht, im letzten verblassenden Licht, brauste er die Straße hinab zum nächsten Bauern, der auf ihn wartete.

Noch eine ganze Stunde lang arbeiteten die drei Martins und Brendan bei uns weiter und halfen mir, die Ballen in die Scheune zu bringen. Sie wurden in Blöcken bis hoch unters Scheunendach gestapelt. Trotz unserer Erschöpfung waren wir hoch befriedigt und in geradezu übermütiger Laune. Als der letzte Heuballen unter Dach und Fach war und wir ins Haus gingen, begann es zu tröpfeln. Auf dem Küchentisch standen Berge von belegten Broten, frisches Braunbrot, ein mit Marmelade und Schlagsahne gefüllter Biskuitkuchen und ein noch warmer Madeirakuchen. Chris hatte ein Festmahl aufgetischt und servierte den Tee.

KAPITEL 5

Wir hatten ein wunderschönes Schlafzimmer, aber kein Bett darin. Ungefähr einen Monat lang hatten wir nach einer Lösung gesucht, wie man in das helle, warme neue Zimmer im Obergeschoß ein Bett bekäme. Wir schliefen noch immer in unserem höhlenartigen Schlafzimmer in der Ecke des Hauses, das selbst im August ein kaltes Zimmer war. Trotz all unserer Verbesserungen nistete weiterhin die Feuchtigkeit in den Zimmern abseits des Kamins. Unsere Sachen aus dem Schlafzimmerschrank mußten ständig gelüftet werden, und trotzdem entdeckten wir auf den Wolljacken immer wieder grüne schaumähnliche Schimmelflecken. An den weißgestrichenen Wänden bildeten sich häßliche braune Feuchtigkeitsflecken. Das komme von den dicken Wänden, sagte man uns, oder vom undichten Dach. Die Wände weinten. Es gab viele Erklärungen, aber kein Heilmittel. Ähnlich viele Vorschläge und einander widersprechende Ratschläge, wie wir sie für den Transport unseres Bettes ins obere Schlafzimmer bekommen hatten, schwirrten uns nun im Kopf herum, wenn wir uns schlafen legten.

»Jetzt weiß ich's«, sagte Chris eines Abends, als wir in der Küche saßen und horchten, wie der Wind vom Atlantik her durch das dunkle Laub unserer Eschen rauschte. »Ein Futon und ein Entfeuchter!«

»Was?« entfuhr es Martin Murray, der bei uns auf dem *cuaird* war.

»Ein Futon für das obere Zimmer, und ein Entfeuchter gegen die Feuchtigkeit hier unten.«

»Und was ist ein Futon, wenn ich fragen darf?« fragte Martin. Er war an Chris' amerikanische Vorschläge gewöhnt, lächelte aber noch immer über sie, so absonderlich kamen sie ihm vor.

»Ein japanisches Bett.«

»Ein *japanisches* Bett!«

»Sie sind aus gezupfter Baumwolle, und man rollt sie zusammen«, erklärte sie. »Man bekommt sie bestimmt auch irgendwo in Irland, vielleicht in Galway. Und ein Entfeuchter ist ein Apparat, der Feuchtigkeit entzieht. In Amerika werden sie viel benützt, und in einer Gegend wie Irland *muß* es sie einfach geben.«

Ein japanisches Bett und eine Maschine, die Feuchtigkeit entzieht. Am nächsten Morgen verstauten wir Deirdre auf dem Rücksitz und fuhren auf Suchfahrt nach Ennis. Die Stadt bedeutete uns inzwischen sehr viel. Dort hatten wir das hübscheste kleine Mädchen der Welt, unsere Tochter, zum ersten Mal gesehen. Städte wie Ennis gibt es nur wenige. Die engen gewundenen Straßen beherbergen unzählige kleine Geschäfte, einige mit modernen Glasfassaden, viele haben jedoch noch die alten, bunt gestrichenen hölzernen Ladenfronten. Chris fährt manchmal in die Stadt, nur um Menschen zu sehen oder so extravagante Dinge zu tun, wie zum Beispiel am Kiosk einen Hamburger zu essen, »französische« Baguettes in einer der vielen Bäckereien zu kaufen oder in einem Supermarkt einzukaufen.

Im Lauf unserer ersten zwei Jahre hatten wir gelernt, daß hinter diesen Dörfern und Städten im

Westen häufig mehr steckt, als auf den ersten Blick erkennbar ist, und wer konnte wissen, ob sich zwischen all den phantastischen Dingen, die einige der alten Kaufhäuser auf Lager haben, nicht auch ein Entfeuchter befand? Weniger sicher waren wir uns wegen des Futons, aber wir würden ja sehen.

Während wir mit unserem alten Peugeot an jenem schönen Augustmorgen losgondelten, fiel mir ein, was Thackeray in seinem *Irish Sketch-Book* von 1843 über Ennis geschrieben hatte:

»Ein emsiges, fremdländisch aussehendes Städtchen mit engen Gassen, das mehr einer halben Meile aneinandergereihter Strohdachhäuser gleicht, in dem ich – und ich schäme mich nicht, das zu gestehen – einige so hübsche Gesichter gesehen habe wie in keiner anderen halben Meile eines Landes, das ich im Lauf meines Lebens bereist habe... Natürlich gab es in Ennis wie überall in Irland die übliche Anzahl herumstolzierender Gekken und die ihre verblichene Eleganz zur Schau tragenden Müßiggänger... In der Stadt wimmelte es von Menschen; die dunklen Sträßchen, die sich in alle Richtungen winden, sind voll billiger Ware und ihren Verkäufern. Ob es auch viele Käufer gab, kann ich nicht sagen. Ich habe im Verlauf der letzten drei Stunden gewiß einhundertmal zu einem Verkaufsstand hinübergeblickt und doch nicht gesehen, daß Geld eingenommen worden ist...«

Die halbe Meile aneinandergereihter Strohdachhäuser ist verschwunden, statt der umherstolzierenden Gecken und vornehm verarmten Müßiggänger sieht man heute arbeitslose Jugendliche, Bauern und Verkäuferinnen, aber in den emsigen, engen Gassen von Ennis wimmelt es immer noch von Menschen, die mehr am Reden als am Kaufen interessiert sind. Die Straßen sind noch immer krumm und eng mit zahlreichen Seitengassen und versteckten Durchgängen. An jeder Ecke sieht man bekannte Gesichter, und im Lauf eines Vormittags trifft man dieselbe Person dreimal wieder. Aus den Bäckereien der Parnell und O'Connell Street dringt der Duft ofenwarmer Brote und frischer Cremetorten. Frühmorgens, sobald die ersten Autos durch die Straßen brummen, stehen die Metzger unter ihren Ladentüren. Die Stadt hat etwas Anheimelndes. Unter den Geschäften von Ennis gibt es noch einige von der Art der alten Kolonialwarenhandlungen, die Eisenwaren, Kleider, Wäsche, Kurzwaren, Fahrräder, Samen und alles übrige verkauften. Früher bekam man in diesen Geschäften alles, dann wurden sie zum großen Teil zu Supermärkten umgewandelt, und alle Waren wurden in Plastik verpackt. Aber manchmal hängt hier noch eine große Rolle braunes Packpapier an der Wand hinter dem Ladentisch, und von irgendwo darunter wird eine anscheinend endlose Schnur hervorgezogen.

Wir befanden uns zwei Minuten im ersten Laden, in dem wir unser Glück versuchten, als ein ungefähr sechzigjähriger Mann in einem blauen Kittel auf uns zukam.

»Wieder ein schöner Tag heute, Gott sei Dank«, sagte er und rieb sich die Hände.

»Ja«, sagte ich lächelnd, während ich die Reihe glänzender Kindergummistiefel betrachtete, die gegenüber der Tür aufgestellt war.

»Ah, ist er nicht ein niedlicher kleiner Bursche«, sagte er und streckte Deirdre einen Finger entgegen, damit sie danach greifen konnte.

»Hast du das gehört, Deirdre?«

»Jeder denkt, sie sei ein Junge«, erklärte Chris freundlich und drückte das Baby an sich.

»Bestimmt, weil sie so kräftig ist, Gott segne sie«, sprach der patente Geschäftsmann und blieb bei uns, als wir auf den hinteren Teil des Ladens zusteuerten. Über unseren Köpfen hing aller möglicher Krimskram von der Decke herab: zehn zusammengebundene Rasenscheren, Gartenhandschuhe, Eisenketten in verschiedenen Stärken, Angelruten, Plastikfingerhüte auf buntem Karton, ein Netz mit Fußbällen, eine Kindergitarre, mehrere Fahrradreifen und ein halbes Dutzend mit einem Gummiband gebündelte Luftpumpen. Die Borde waren ähnlich sortiert; Kissen und Decken neben Tassen und Untertassen, Wasserkesseln und Kochtöpfen. Es folgten Elektroöfen, Gasöfen, Heizlüfter, Stoffballen, Vinylbodenbeläge, kleine Teppiche, Fußabtreter, Besenbürsten und Wärmflaschen. Staunend glitt das Auge über all diese Dinge, ohne irgendwo haltzumachen, es sei denn vielleicht bei dem bewundernswerten Mann, in dessen Kopf all dies genau katalogisiert war. Er spielte noch immer mit Deirdres Finger, als wir bei den Heizöfen anlangten.

»Ich hätte gern gewußt«, sagte ich, und es tat mir fast leid, ihn bei dem Spaß, den er mit Deirdre hatte, zu stören, »ob Sie etwas gegen Feuchtigkeit haben.«

»Habe ich«, sagte er lächelnd und ohne den

Blick von Deirdre abzuwenden. Dann entfernte er sich gemessenen Schritts und kehrte mit einer kleinen Dose zurück.

»Hier, bitte schön«, sagte er und nahm sein Spiel mit dem Baby wieder auf.

»Was ist das?« fragte Chris.

»Das ist gegen Feuchtigkeit«, sagte er.

Ich hielt die kleine Plastikdose in der Hand und fragte: »Haben Sie schon einmal von etwas gehört, das man Entfeuchter nennt?«

Es entstand eine ziemlich lange Pause, während er mich, ohne auch nur eine Miene zu verziehen, anblickte.

»Habe ich«, sagte er beinahe reflexartig, aber ohne das geringste Anzeichen, daß ihm dazu etwas eingefallen wäre. Es war fast so, als durchwühlte der arme Mann, während er diese zwei Worte sagte, in rasender Eile das in seinem Gehirn gespeicherte Warenlager, als öffnete er im Geist unzählige staubige Schachteln mit Bügeleisen, elektrischen Messern, Waagen und Schreibmaschinen, um einen Artikel mit der Beschriftung *Entfeuchter* zu finden. Es dauerte ein Weilchen, und dann wiederholte er mit demselben ausdruckslosen Gesicht: »Habe ich.«

»Es ist ein Gerät, das Feuchtigkeit austrocknet«, erklärte ich hilfsbereit.

»Ach ja?« sagte er. »Also, das Mittel, das Sie da in der Hand halten, ist gegen Feuchtigkeit. Es hilft am besten.«

Chris betrachtete die blaue Plastikdose mit den weißen, salzähnlichen Körnchen darin, und Deirdre streckte das Händchen danach aus.

»Sehen Sie, sie weiß Bescheid«, kicherte der

Verkäufer. »Das ist das beste Mittel gegen Feuchtigkeit.«

Ein nochmaliger Versuch, ihm zu erklären, daß das, was wir suchten, vermutlich ein etwas größeres Gerät sei, erschien sinnlos. »Also, ich denke, wir könnten es versuchen«, sagte Chris.

Der Verkäufer nahm ihr die Dose ab, marschierte damit zum Ladentisch, zog ein Stück braunes Packpapier von der Rolle ab und begann, die Dose einzuwickeln. Er benützte keinen Tesafilm, sondern schlang mit geschickten Händen ein Stück Schnur um das Päckchen, hielt beim Verschnüren mit dem kleinen Finger den Knoten fest, und als er fertig war, hielt er Deirdre das Päckchen wie ein Spielzeug entgegen.

»Sie wissen nicht zufällig, was ein Futon ist?« sagte ich auf gut Glück.

»Aber ja«, antwortete er und schnitt lustige Grimassen für Deirdre. »Ich würde sagen, Maguire's hat sie.«

»Maguire's?« sagte ich und konnte unser Glück kaum fassen. »Wo ist das?«

»Gleich rechts nebenan«, sagte er. »Ich würde sagen, die haben solche Sachen. Bestimmt. Sie haben lauter solche Ware. Fiji und Fuji und so.«

Ich schaute Chris an und sie mich, und erst in diesem Augenblick begriffen wir: Maguire's war ein Fotogeschäft.

Heute trafen wir Paddy Cotter im Dorf und fragten ihn um Rat, wie man die Mauern unseres Hauses austrocknen könnte.

»Paddy«, sagte ich, »was tut man am besten gegen diese braunen Flecken, die immer wieder unter der weißen Farbe hervorkommen? Ich habe in Ennis diesen

Ölanstrich bekommen, aber er scheint auch nichts zu nützen. Man sieht die Flecken immer noch.«

Paddy sagte zuerst gar nichts. Aber ich merkte, daß irgendwo in ihm ein Lachen nach einem Ausgang suchte. »Ich werd's dir sagen«, meinte er, »aber du wirst mir kaum glauben. Das einzige, was du tun kannst, um mit diesen Flecken Schluß zu machen, ist, die Wände zu streichen, und zwar mit Kuhmist!«

Ich geriet nicht in Versuchung, den Rat zu befolgen.

Der Garten steht in voller Blüte. Der August ist warm und trocken gewesen und hat uns für die zwei Jahre, in denen Chris den Garten plante und ihn nur in Träumen vor sich sah, mit einer einzigartigen Farbenpracht direkt vor dem Küchenfenster belohnt. Jeden Morgen blicken wir auf ein Gemälde aus vielerlei Gelb und Purpur, aus Grün und Blau und Rot in allen Schattierungen, das die dicht zusammengewachsenen Pflanzen der Blumenrabatten entlang des Gartenwegs bis zur Fuchsienhecke bilden. Bei unseren Frühstücken im August dachte ich daran, wie Chris im Frühjahr den Gartenplan aufgestellt hatte. Sie hatte genau eingezeichnet, was herausgenommen, zurechtgestutzt, geteilt und gepflanzt werden sollte, und aus den kleinen Kreisen auf einem weißen Blatt Papier war nun dieser herrlich blühende Garten geworden. Er erfüllte uns mit tiefer Befriedigung. Eine Idee hatte ein kleines Stück Land geprägt. Was uns so freute, war nicht so sehr die Zähmung des Unkrauts, sondern daß wir einen dem Untergang geweihten Garten wieder zum Leben erweckt hatten.

In Manhattan waren die Jahreszeiten an uns vorbeigezogen wie zu schnell abgespielte Filme von rasenden Wolken und fallenden Blättern, kurz wahrgenommen und schon vorbei. Hier war das Aufgehen der winzigsten neuen Blüte ein untrennbarer Teil unseres Bewußtseins. Nach zwei nassen Sommern mit breiiger Erde und verregneten Blüten war der Garten im Juli und August für uns ein Triumph. Im vorigen Februar hatten wir beschlossen, nur organischen Dünger zu verwenden, und hatten im Frühjahr gewissenhaft schubkarrenweise Hühnermist, gemischt mit Torfstaub, gestreut. Und es hatte sich gelohnt. Lupinen und Rittersporn schossen bis zu einem Meter achtzig in die Höhe und verloren trotzdem keine Blüten. Abwechselnd trugen wir Deirdre im Garten umher und zeigten ihr die Kornblumen und die wilde Schafgarbe, die sich wie Wolken in einem blauen Himmel ausnahmen. Ihre Aufmerksamkeit galt jedoch mehr den hochroten Pompon-Dahlien. Ich denke, jeder Gärtner kennt die Freude, wenn er sieht, wie der Zauber der Blumen die Augen eines Kindes zum Strahlen bringt.

Gegen Mitte August machten sich jedoch einige unangenehme Nebenwirkungen des organischen Gartenbaus bemerkbar. Im Gemüsegarten gab es eine Invasion von Raupen. Weil wir den Kohl nicht mit Gift besprühen wollten, hatte Chris wegen der Schädlinge in verschiedenen Büchern über biologischen Gartenbau Rat gesucht. »Über Nacht aufgestellte Untertassen mit Bierresten locken Schnecken an, und sie ertrinken darin«, las sie vor. »Aber bei Raupen heißt es, man müsse die Pflanzen mit Seifenlauge waschen oder die Raupen einzeln entfernen. Igittigitt!«

Also schleppten wir am nächsten Morgen eimerweise Seifenwasser aus der Küche zu unseren Kohlbeeten. Einen Tag lang hatten wir insektenfreie Pflanzen, aber ein kleiner Regenschauer am Abend machte unsere Arbeit zunichte. Die Seife war von den Pflanzen abgewaschen, und bis zum nächsten Sonnenaufgang kehrten die grünen Raupen in Scharen zurück. Uns blieb nichts anderes übrig, als den Kohl den Raupen zu überlassen oder sie Stück für Stück abzuklauben. Den Rosenkohl hatten wir bereits an die Insekteninvasion verloren. Chris war entschlossen, die hundert übrigen Kohlpflanzen, die wir gesetzt hatten, zu retten. Am frühen Morgen und späten Abend ging sie gebückt zwischen den Kohlpflanzen umher und füllte, ihren Ekel vor den sich windenden, kriechenden Tieren tapfer hinunterschluckend, alte Marmeladengläser mit einer grüngelben zappelnden Masse von Kohlweißlingraupen. Weil sie nicht das Herz hatte, sie einfach zu Brei zu zerstampfen und nicht genau wußte, welche Entfernungen Raupen zurücklegen können, leerte sie ihre Marmeladengläser in einen Graben außerhalb des Gartens in der Hoffnung, die Raupen würden nicht zurückfinden.

Inzwischen schien sich ein anderes Experiment in unserem Garten recht gut zu entwickeln. Chris hatte irgendwo einen Gärtnertip gelesen über eine neue Art, Kartoffeln anzubauen. Voller Aufregung berichtete sie: »Man legt die Kartoffeln auf die Erde, bedeckt sie mit einer schwarzen Plastikplane, und angeblich wachsen sie viel schneller als die, die man in die Erde setzt.« Außerdem würde unter der Plastikfolie, da sie das Licht abhält, kein Unkraut wachsen. Keinerlei Unkraut! Man brauche nur Löcher in die Folie zu schneiden, sobald die ersten Kartoffelkeime die Plane von unten hochdrücken. Außerdem könnte man mit dieser Methode einen bisher brachliegenden oder verkrauteten Boden nützen. Zum Erstaunen unserer Nachbarn legte ich in der ersten Maiwoche fünf Reihen Saatkartoffeln auf ein kleines Stück Land in unserem Garten, das voller Quecken- und Flohknöterichwurzeln steckte. Ich legte jede Kartoffel sorgfältig auf die Erde und breitete eine vom vorigen Jahr übriggebliebene schwarze Siloplane darüber. Schon nach ein paar Wochen drängten die Keime ans Licht.

»Schöne Triebe haben sie, das stimmt«, sagte Joe, der am unteren Ende der Straße wohnte, als er sie betrachtete. »Du hast sie nur so auf die Erde gelegt, sagst du?«

»Ja. Ich hab' ein bißchen Kuhmist dazugegeben, aber ich habe keine Furchen gezogen, ich hab' sie nicht mit Erde bedeckt und nicht angehäufelt. Wenn du ein paar Kartoffeln zum Essen brauchst, hebst du nur eine Ecke der Plane hoch, greifst hinein und nimmst heraus, was du brauchst.«

»Du nimmst einfach heraus, was du brauchst«, sagte er ruhig und blickte gelassen auf die Kartoffeltriebe. »Greifst einfach hinein und nimmst dir, was du brauchst«, sagte er noch einmal und ging seiner Wege.

Eines Abends, Anfang September, ging ich vor dem Essen hinaus, um die ersten »Plastikkartoffeln«, wie wir sie nannten, zu ernten. Sie waren ungefähr einen Monat weiter als unsere auf herkömmliche Weise in Furchen gepflanzten Kartoffeln an der Ostseite des Gartens. Sie hatten sehr schön im Kraut gestanden, wie Kartoffelstauden aus dem Bilderbuch. Ich bückte mich, um eine Ecke der Folie hochzuheben, und griff zum ersten Mal unter die Abdeckung. Meine Finger tasteten über den unangenehm warmen Boden und berührten die erste Kartoffel. Ich konnte es kaum glauben: Sie war riesig! Sie war so lang und so breit wie meine Hand. Als ich sie unter der Plastikfolie hervorzog, war ich schrecklich aufgeregt. Wir hatten vielleicht die ersten Plastikkartoffeln in ganz West Clare gezogen. Von nun an würden unsere Nachbarn ihre Kartoffeln vielleicht für immer auf unsere Weise anbauen. Und wir hatten vielleicht mit diesen riesig großen Kartoffeln Pionierarbeit geleistet, die allen hier zugute kommen würde. All das schoß mir durch den Kopf, als ich die erste Knolle herausnahm. Ich hielt sie im Abendlicht hoch, und dann stöhnte ich laut. Die Knolle hatte Löcher wie ein Schweizerkäse. Schnecken! Die zweite sah genauso aus und auch die dritte. Riesige kerngesunde Kartoffeln, durchlöchert wie Siebe! Als ich mit einem einzigen verzweifelten Ruck die ganze Plane wegzog, lag die gesamte Ernte wundervoller Kerr's-Pink-Kartoffeln vor mir auf der Erde, und keine einzige davon war für den Verzehr geeignet.

Endlich habe ich mit einem neuen Bild begonnen. Seit Deirdres Ankunft am 30. Juni blieb nicht viel Zeit zum Malen. Nicht, daß es mir etwas ausgemacht hätte. Sie beansprucht sogar weniger Zeit, als ich erwartet hatte. Seit sie bei uns ist, warte ich auf die schlechte Laune, das Weinen und das Aufstehen in der Nacht. Aber umsonst. Trotzdem gibt es mit einem kleinen Kind viel zu tun. Und selbst wenn ich an manchen Tagen die Gelegenheit hätte, um zu malen oder zu schreiben, fehlt mir die Inspiration. Heute jedoch nahmen wir uns die Zeit, denn es war ein herrlicher Tag, und ich hatte das Gefühl, ich müßte anfangen, wieder zu malen, und gleichzeitig versuchen, Mutter zu sein.

Das neue Bild zeigt den Blumengarten und das Haus mit zwei Fenstern. Es hat zwei volle Sommer gedauert, bis ich hier draußen malen konnte; aber diese Tage jetzt sind herrlich. Ich stellte meine Staffelei auf den Weg neben die Lupinen und begann zu malen. Nicht lang danach kamen Una, Colette und Evelyn Downes durch das Gartentor. Sie kommen oft, um das Baby zu sehen. Besonders Una, gerade selbst aus dem Babyalter heraus, ist sehr an Deirdre interessiert. Die Downes-Mädchen sind entzückend. Colette schaut mir beim Malen zu, und Evelyn macht mit mir Blumennamen-Quiz, wobei sie mir die Namen von denen, die sie bereits kennt, vorsagt. Una, mit ihren gelben Lokken, ist schüchtern und beobachtet still, was um sie herum vorgeht. Aber das Bild der kleinen Mädchen, die um mich herumstehen, während ich auf meinem Hocker sitze und die Lupinen male, die größer sind als wir alle, treibt mir fast die Tränen in die Augen. Ich denke mir, wie glücklich Deirdre in dieser Umgebung aufwachsen wird, und stelle mir vor, wie sie neben den hoch aufragenden Blütenstengeln der Lupinen und ihren sternförmigen Blättern steht. Was wird sie dann denken? frage ich mich. Was denkt die kleine Una jetzt, während sie die Hand ausstreckt, um über die bunten Säulen zu streichen, die über ihr in den Himmel ragen?

In unserem Pfarrbezirk wimmelt es von Michaels. Während unserer ersten Zeit in Kiltumper witzelten Chris und ich darüber, so ähnlich wie in diesen entsetzlichen pseudoirischen Geschichten, in denen Mick zu seinem Bruder Pat sagt und Pat zu Mick sagt und ewig so weiter. Michael, Mike,

Mick, Mehaul, Mikey und Mickey – es gibt sie scharenweise im Ort, was sich durchaus erklären läßt, denn der Name unseres Dorfes Kilmihil heißt nichts anderes als Kirche von St. Michael, dem Erzengel. Im Lauf unserer ersten zwei Jahre haben wir uns an die verschiedenen Abwandlungen des Namens ganz gut gewöhnt, und wir versuchen, niemanden Mick zu nennen, der in Wirklichkeit Mikey heißt, oder jemanden mit Mike zu begrüßen, der unter dem vollen Namen Michael läuft. Es ist eine knifflige Sache, und natürlich haben wir, Gott weiß wie oft, von Mick Considine oder Mickey Brew gesprochen, wenn wir eigentlich ihre Vettern Mikey Considine und Michael Brew meinten.

Bei diesem Überangebot an Michaels kann man sich vorstellen, welche Bedeutung in Kilmihil *Michaelmas*, das Fest des heiligen Michael, hat. In diesem Jahr sollte es noch feierlicher begangen werden, denn es war gleichzeitig der fünfzigste Jahrestag der Errichtung von *St. Michael's Shrine* unterhalb des Friedhofs. Vor dieser Kapelle fand jedes Jahr eine Messe statt. Es ist ein stiller, hübscher Ort, gleich neben der Hauptstraße und vis-à-vis von Sean Fitzpatricks Pub, mit einem geweihten Brunnen, Reliefs von den Kreuzwegstationen an den Wänden und einem steinernen Altar, den Father Tom, der Gemeindepfarrer, und auch seine Pfarrkinder häufig am frühen Abend oder am späten Nachmittag aufsuchen, um dort zu beten. Sobald man das kleine Tor mit dem Drehkreuz passiert hat, befindet man sich in einer anderen Welt. Die Gebete, die hier in fünfzig Jahren gesprochen wurden, scheinen den Steinen und der Luft hier eine Seele gegeben zu haben. Der Brunnen ist schon viele Jahrhunderte alt und hat eine merkwürdige Geschichte, wie ich in der wundervollen Chronik der Pfarrei von Kilmihil gelesen habe – ein Buch, das in unermüdlicher Arbeit von einigen Frauen der hiesigen Irish Countrywomen's Association, insbesondere von Annette Collins, Marian Moran und Maura Cotter, zusammengestellt wurde. Annette Collins erzählt die Geschichte so:

»Um das Jahr 1632 AD träumte einer Mrs. Mary MacGorman aus Tullycrine in drei aufeinanderfolgenden Nächten, wenn sie zur Kirche von Kilmihil ginge, würde sie auf der Südseite des Grundstücks ein Büschel Binsen finden, und wenn sie die Binsen ausgrübe, würde Wasser hervorsprudeln, das sie, wenn sie es trinken würde, genesen ließe. Als sie bei der mittelalterlichen Kirche (die jetzige Ruine im Friedhof von Kilmihil) angekommen war, geriet das Pferd, auf dem sie hergeritten war, etwas abseits auf sumpfigen Boden und zupfte an einem Büschel Gras; dabei löste sich das Büschel mitsamt den tropfnassen Wurzeln aus der Erde. Das Pferd schüttelte den Kopf, wie Pferde es tun, wenn sie Erde von einem Grasbüschel abschütteln, und ein paar Wassertropfen fielen auf Mrs. MacGorman, die augenblicklich von ihrer Gicht genas sowie von allen anderen Beschwerden, unter denen sie lange gelitten hatte. Daraufhin suchte sie mit ihrem Sohn Tom den damaligen Gemeindepfarrer von Kilmihil auf, Father Dermot O'Quealy, der, wie die Überlieferung berichtet, ebenfalls von einer Krankheit geheilt wurde. Bald sprach man weit und breit von dieser merkwürdigen Entdeckung und der Heilkraft dieses Wassers, und viele Tausende strömten zu dem Brunnen.«

In der Chronik von Kilmihil fand ich ein vergilbtes Schwarzweißfoto von der Einweihung der Kapelle vor fünfzig Jahren. Frauen mit Hüten und barhäuptige Männer schauten mir über ein halbes Jahrhundert entgegen, in dem sich so vieles verändert hat; doch die Gebete an der Michaelskapelle sind die gleichen geblieben.

Schon in den letzten Septembertagen schien sich winterliche Stille über das Dorf zu breiten, das sich auf das lange Warten auf den Frühling einrichtete. Die von emsigem Traktorgebrumm widerhallenden Tage des Hoch- und Spätsommers waren vorbei, die hundert hochbeladenen Heuwagen, auf denen Kinder und Frauen saßen und mit zufriedenen Gesichtern über ein glücklich zu Ende gebrachtes Bauernjahr auf Nachbarn und Passanten niederblickten, waren eingefahren und von den Straßen von West Clare verschwunden. Wer Gänse hatte, würde in dieser Woche die erste Gans des Jahres schlachten. Im alten Irland war *Michaelmas* ein Fest des Teilens und des Gebens, an dem man die Armen beschenkte.

In diesem Jahr wurden in der Woche vor Michaelis täglich zwei Messen in der Kapelle gelesen. Man brachte Stühle aus dem Gemeindesaal; P. J. Lernihan (er war bereits über siebzig und seit den Tagen der ersten Tonbandgeräte der Tonspezialist des Dorfes bei allen Konzerten, *ceilis* und Theateraufführungen) montierte die Lautsprecher. An der einen Seite des Altars wurden zwei Plastikplanen befestigt zum Schutz gegen den von Westen kommenden Regen. Die Legion Mariens sorgte für frische Blumen.

Je näher der Tag heranrückte, um so rauher wurde das Wetter. Heftige Windböen fegten vom Meer herein, und der Regen trommelte auf die Wellblechdächer der vollen Scheunen. Es gab kräftige Schauer und Regenbögen.

Tag und Nacht kamen die Menschen, von jedem Hügel und jedem Weiler. Sie saßen oder standen hinter dem kleinen Tor und lauschten den Gebeten der Messe, die im pfeifenden Wind nur schwer vernehmlich aus dem Lautsprecher drangen. Am Morgen des St.-Michael-Tages standen auch Chris und ich dort zwischen den Andächtigen. Die Gemeinde feierte eine Art Kirchweih und Erntedank. Father Linnane ging durch die Menge, schüttelte allen die Hand und begrüßte die Schulkinder. »Ich freue mich, daß ihr alle heute gekommen seid. Ich hätte gern gewußt, wie viele von euch schon bei der Einweihungsfeier vor fünfzig Jahren dabei waren. Könnten alle die, die damals schon dabei waren, wohl einmal die Hand heben?« fragte er. »Man hat mir gesagt, damals sei es genauso kalt gewesen wie heute. Erinnert sich jemand daran?« Viele Männer und Frauen hoben die Hand.

Da waren sie wieder, hier unter freiem Himmel, unweit des alten Friedhofs, eingemummelt in ihre Mäntel und Hüte, und sie hoben die Hände zum Zeichen, daß sie fünfzig Jahre in diesem Dorf gelebt hatten, daß sie fünfzig Jahre Frühling und Ernte, Geburten und Tod, kranke Kühe, neugeborene Kälber, guten Torf, schlechten Torf, kalte Winter und feuchte Winter erlebt hatten, Töchter und Söhne aufgezogen hatten und fortgehen sahen, daß sie sahen, wie Pferd und Pflug vom neuen Traktor abgelöst wurden, der neue Traktor ein alter wurde, daß sie im selben Haus und auf denselben wenigen Feldern gelebt, ausgeharrt und sich behauptet hatten. Als sie an jenem Morgen dort ihre Hände hoben, dachte ich: Aus welchem Stoff sind diese Menschen gemacht! Als sie die Hände sinken ließen, fegte ein kalter Regen über den Friedhof, und Father Linnane breitete die Arme aus und sagte: »Gott weilte damals bei der Einweihung dieser Kapelle unter uns. Und wenn wir jetzt diese Woche der Andacht und Verehrung mit einer heiligen Messe beschließen, ist Gott wieder bei uns. Lasset uns beten...«

Während mir der Regen ins Gesicht schlug und der Wind das Gemurmel der Betenden hin und her wehte, hallten in mir die Worte von Father Linnane nach: Gott ist bei uns.

Deirdre Breen (die ich nicht mehr schlicht Deirdre nennen kann, seit es die kleine Deirdre gibt) ist zu ihrem dritten Besuch nach Kiltumper gekommen. Die große Deirdre ist hellauf entzückt von Klein Deirdre. Sie bleibt nur eine Woche, und so hoffe ich, daß das gute Wetter hält. Deirdre hat noch kein sonniges Irland erlebt. Wir haben nichts Besonderes vor; wir wollen nur unser Zusammensein genießen. Klein Deirdre kräht und lacht in ihrem Ställchen. Sie ist gerade vier Monate alt geworden, und alle sagen, sie ist ein Schatz! Sie schläft die Nacht durch, macht zwei Nickerchen während des Tages und lacht, wenn sie wach ist. Nur auf dem Bauch liegen mag sie nicht. Sie schreit eigentlich nur dann. Ich habe ihr ein Mobile gebastelt aus einem blauen Gummiband, rosa und grünem Stickgarn, einem Champagnerkorken, einem grünen Plastikring, einer blauen Plastikflügelschraube, mit der man die Stollen von Fußballschuhen abschraubt, und noch einem Stück rotem Plastik, und es macht ihr großen Spaß zuzusehen, wie es sich dreht und dreht.

Gestern bekamen wir vier kleine weiße Puten geliefert, die wir großziehen wollen. Wir beschlossen, zwei selbst zu behalten und die zwei anderen Lucy und Tessie zu Weihnachten zu schenken. Wir streuten etwas Sägemehl in den Stall und ließen sie einen Tag lang eingesperrt, damit sie sich eingewöhnten. Seit wir in der Geflügelzucht »alte Hasen« sind – wenn wir sie auch nur in sehr kleinem Stil betreiben –, wachsen mir die Tiere nicht mehr so ans Herz. Sie sind zum Essen da, sage ich mir, also mach keine lieben Haustiere aus ihnen. Allerdings droht bei Puten in dieser Hinsicht wenig Gefahr, denn sie neigen sowieso nicht zu Zärtlichkeit! Und schon gar nicht so wie die Kälbchen auf der hinteren Wiese. Als das erste Kalb bei uns zur Welt kam, ging ich immer wieder zu ihm hinaus auf die Weide. Susie, seine Mutter, begriff schließlich, daß ich nur Freundschaft schließen wollte, und ließ uns allein. Doch Niall sagte, Susie könnte auf die Idee kommen, ich wollte ihr ihre Aufgabe, für das Kalb zu sorgen, abnehmen, und es bestünde die Gefahr, daß sie ihr Kalb verstößt. Daraufhin mußte ich meine Freundschaft mit dem Kalb aufgeben und beobachtete es nur noch traurig von der Feldsteinmauer der hinteren Wiese aus. Mit den Puten wird es mir nicht so gehen, nehme ich mir vor. Ich werde nicht das geringste für sie empfinden. Und doch – wenn ich morgens hinausgehe, um die Sonne zu ihnen hineinzulassen, glucke ich wie eine Bruthenne und schaue ihnen zu, wie sie durcheinanderrennen und wie verrückt vor Aufregung mit ihren kleinen weißen Flügeln schlagen.

Zehn Jahre lang hatte es in Kiltumper keine Hochzeit gegeben, und jetzt sollte eine ganz große Hochzeit gefeiert werden. Martin Hehir, unser

Nachbar unten an der Straße und der einzige junge Junggeselle im ganzen Dorf, hatte sich verlobt. Es war eine großartige Neuigkeit, die von allen unseren Nachbarn begeistert aufgenommen wurde, denn sie bedeutete nicht nur, daß nach langer Zeit wieder einmal eine Hochzeit stattfand, sondern auch, daß neues Leben in die Dorfgemeinschaft kam. In einer Zeit, in der aus unserem Pfarrbezirk jedes Jahr eine große Anzahl junger Menschen auswandert und wir überall im Westen die Ruinen verlassener Häuser sehen, ist die Absicht eines jungen Mannes, zu heiraten und seinen Lebensunterhalt in West Clare zu verdienen, Grund zur Freude.

Von Anfang an, gleich nachdem die Nachricht von der bevorstehenden Hochzeit bekannt wurde und als man plante, einen Kleinbus zu mieten, um alle unsere Nachbarn zum Empfang nach Ennis zu kutschieren, war die Rede von einem *bacachs*.

Bacachs (baahox gesprochen) war ein Wort, das ich noch nie zuvor gehört hatte, und es dauerte eine Weile, bis ich das alte festliche Ritual verstand, das damit verknüpft war. Ich sagte das Wort, konnte es jedoch nicht buchstabieren, und erst nach mehreren Tagen fand ich jemand, der mir das Wort erklären konnte. »Es ist eine alte Tradition hier in der Gegend«, erklärte mir Mary dann eines Tages. »*Bacachs* ist so etwas Ähnliches wie die Strohbuben«, sagte sie.

»Strohbuben?« wiederholte ich, nicht klüger als zuvor.

»Du wirst schon sehen, Niall«, sagte sie, und ein Lächeln glitt über ihr Gesicht. »Auf Martins Hochzeit werden wir, so Gott will, ein *bacachs* haben. Vielleicht siehst du dort sogar ein paar Augenbetrüger!«

»Augenbetrüger, Mary?«

»Augenbetrüger! Du weißt doch – die Dinger, die man vor dem Gesicht trägt, damit sie einen nicht erkennen. Masken. Wir nennen sie Augenbetrüger«, sagte sie und lachte über mein ungläubiges Gesicht.

Was für ein wunderbar passender Name, dachte ich. Etwas später fand ich mehr heraus. Bei Hochzeiten in West Clare, in der Hochzeitsnacht oder der Nacht, in der Braut und Bräutigam von einer Hochzeitsreise zurückkommen, verkleiden sich ein paar ihrer Nachbarn mit Stroh, alten Kleidern und Masken – die Männer als Frauen, die Frauen als Männer – und kommen nach Einbruch der Dunkelheit zum Haus der Neuvermählten. Einer betritt, mit einem Stock bewaffnet, als erster das Haus und fegt wie ein Wilder durch das Zimmer, wo schon die Besucher sitzen und auf den Beginn des *bacachs* warten. Sobald alle still sind, beginnt die *ceili*-Musik, und die übrigen Strohbuben kommen herein. Sie beginnen zu tanzen, einen traditionellen Clare Set, der aus zwei Jigs, zwei Reels und einem Hornpipe besteht. Während die Zuschauer herauszufinden versuchen, wer die verkleideten Tänzer sind, wird die Braut in den Tanz mit einbezogen und von den Maskierten im Zimmer herumgeschwenkt. Das Ganze ist ein Riesenspaß und soll dem jungen Paar Glück bringen. Sobald der Tanz zu Ende ist, verschwindet die kleine Gruppe der *bacachs*, und meistens kommen sie kurz danach normal gekleidet zurück und vertanzen den Rest der Nacht.

Was wir von den *bacachs* bis zu Martins Hochzeit wußten, hatten wir aus Erzählungen unserer Nachbarn und ein paar gelehrten Artikeln aus Büchern der öffentlichen Bibliothek erfahren. Zunächst konnten wir kaum glauben, daß der Brauch noch existierte. Aber als schließlich der Tag kam, an dem Martin und Pauline getraut werden sollten und wir in Ennis zusammen mit allen unseren Nachbarn an einer langen, märchenhaft gedeckten Tafel saßen, lag etwas in der Luft. Martins Bruder James aus Dublin hatte Mary ins Ohr geflüstert: »Machen sie ein *bacachs* in Kiltumper?« Und sie flüsterte zurück: »Ja.« Und schon wurden Pläne geschmiedet. In vierzehn Tagen würde das junge Paar aus den Flitterwochen zurückkehren. James würde Mary Bescheid geben, wann sie nach Hause kämen, und Mary würde die anderen informieren. Mrs. Hehir würde aus Ballynacally kommen, und zusammen mit Paulines Familie aus Ennis würden sie das Fest vorbereiten.

In den zwei Wochen, während Martin und Pauline in der Sonne Europas ihre Flitterwochen feierten, tauchten in den Gesprächen vor den Kaminen von Kiltumper immer wieder die *bacachs* auf, und man schwelgte in Erinnerungen an frühere Strohbuben. »Also, Michael Dooley spielt einen ganzen Zirkus an die Wand«, sagte Mary kichernd. »Er zieht sich irgendeinen alten Rock an, und dann – oh, ihr fallt um vor Lachen!« Wir lachten schon jetzt, als wir nur dasaßen und uns die ganze Sache vorstellten.

Wir konnten es kaum erwarten. Wie versprochen, rief James Hehir bei Mary an, als die Neuvermählten in Dublin eingetroffen waren und sich auf dem Heimweg nach Clare befanden. Der Plan war einfach: Martin und Pauline würden am frühen Abend in Kiltumper eintreffen. Bis dahin wäre alles ruhig und normal. Dann würden nach und nach die Besucher bei ihnen eintrudeln. In der Zwischenzeit würden sich Michael und Breda Dooley, Michael und Pauline Downes, Paul und Kathleen O'Shea und Joeso Breen und Josie in Marys Haus versammeln, sich verkleiden und dort warten, bis der Abend so weit fortgeschritten war, daß sie zu Hehirs *bacachs* aufbrechen konnten.

An jenem Abend war es bewölkt, und es schien kein Mond. In Marys großer Küche wurden alte Hosen und Röcke und Pyjamas aus den Schränken geholt. Michael Dooley krempelte kichernd und albernd seine Hosenbeine hoch und zog eine alte, fleischfarbene Strumpfhose an. »Sieh dir die hübschen Beine an«, sagte Marys Tante Josie, eine wunderbare, lebhafte Frau von über siebzig, die bei Mary zu Besuch weilte. »Laß mich das hier mal probieren«, sagte Michael Downes und nahm Paul ein gewagtes hochrotes Kleid aus der Hand. »Ich denke, das ist mein Stil«, sagte er grinsend. Als Mary in einen weiten gestreiften Herrenschlafanzug stieg, prustete sie los. »Also, darin seh' ich aus wie ein Elefant«, rief sie lachend. »Weiß Gott«, sagte Josie, »und. nicht nur wie einer.«

Grüne Hüte, rote Hemden, blaue Hauskittel, orangefarbene Blusen, lauter Klamotten, die nicht zusammenpaßten, waren in der Küche verstreut, während alle immer mehr in die richtige Stimmung kamen. Es gab Nylons und dichte Strumpfhosen, um das Gesicht zu verstecken, Schleier und Schals. »Jetzt langt's aber«, sagte Michael Downes, als sich Paul einen immer größeren Busen in das Oberteil eines schwarzweiß gemusterten und mit Herzen bestickten Kleides stopfte. »Mit so was mußt du vorsichtig sein«, meinte er grinsend, »sonst kriegst du noch Brustdrüsenentzündung!«

Es war fast Mitternacht, als sie endlich fertig waren und im Regen die Straße hinunter zu Hehirs eilten. Flüsternd sammelte sich das übermütige Grüppchen der *bacachs* vor Hehirs Haustür. Bernadette Dooley zog sich den Schal bis zur Nase und platzte in die Küche. Die Musik setzte ein, und zu den Klängen eines lebhaften Jig hüpften und tanzten die Kiltumper *bacachs* herein. Es gab Applaus, Gekicher und lautes Juchhu, als sie umherwirbelten und Pauline, die Braut, packten und in ihrer eigenen Küche im Takt der rhythmischen irischen Musik wie eine Puppe herumschwenkten. Das ganze Haus schien mitzuhüpfen. Mitternacht war schon vorbei, und die Party kam gerade richtig in Schwung. Michael Garvey hatte seine Flöte mitgebracht. Ein *bodhran* (eine Ziegenfelltrommel) war plötzlich zur Hand, und John Joe Russell spielte auf seiner Tinwhistle. Die Musik war phantastisch. Die *bacachs* sollten eigentlich nur ihren Tanz beenden und dann in der Dunkelheit verschwinden, um wieder in ihre eigenen Kleider zu schlüpfen. Aber kurz vorher trafen neue Besucher ein, und sie baten die *bacachs*, noch einmal zu tanzen. Und es wurde weitergetanzt und gelacht. Dann erschienen plötzlich *bacachs* aus Ennis und nahmen mit ihrem Kontertanz von der

Küche Besitz. In der guten Stube entdeckte jemand einen großen gedeckten Tisch mit zwei gebratenen Putern, Bergen von belegten Broten, ofenfrischen Quiches, Brötchen und Kuchen aller Art. Das ganze Haus füllte sich mit Gratulanten. Überall brannte Licht, die Jigs und Reels klangen hinaus in die stürmische Nacht, und im Jubel und Trubel der nach jedem Tanz applaudierenden Nachbarn begannen die frisch Vermählten ihr gemeinsames Leben in Kiltumper.

KAPITEL 6

Wie ist es mit uns allen hier weitergegangen?

Es ging sehr gut weiter. Die Kühe und Kälber gediehen auf den Weiden am Hang, auf Upper und Lower Tumper, auf der Wiese hinter dem Haus. Die Truthühner wurden jeden Tag schwerer, und die neuen Hennen legten Eier. Deirdre schlief die Nächte durch, und tagsüber füllte sie das Haus mit den weichen, gurgelnden Lauten ihrer Lallmonologe. Chris hatte Zeit zum Malen gefunden, und ein fröhliches Bild von Blumen und hellem Licht hing in der guten Stube. Wir hatten beide auch Zeit zum Schreiben gefunden. Und in zwei Wochen würden wir zur Präsentation unseres ersten Buches nach New York fliegen.

Um all dieser Dinge willen waren wir hergekommen, dachte ich, als ich im ruhigen grünlichen Licht eines Septemberabends den Hügel hinaufstieg, um nach den Tieren zu sehen. Ich liebte es, dort oben zu stehen und nach Westen zu schauen, wo das Meer blinkte, und hinunter zum Haus, wo der Torfrauch aus dem Kamin in den Abendhimmel stieg. Unser Leben hatte sich so verändert. Wir waren beinahe nicht wiederzuerkennen, dachte ich. Und plötzlich bekam ich Angst vor der Reise nach Manhattan, vor meinem ersten Wiedersehen mit New York. Chris war schon einmal »nach Hause« geflogen und freute sich wie ein Kind auf eine Kauforgie bei F.A.O. Schwarz's. Doch ich dachte daran, wie zerbrechlich und unwirklich unser Leben hier war. Hatten wir uns hier wirklich eine pastorale Idylle aufgebaut, wenn auch eine sehr regnerische? Würde sie im heißen weißen Licht von New York bestehen? Und es gab noch einen Grund zur Sorge: Wir würden Deirdre zurücklassen. Da sie noch nicht rechtskräftig adoptiert war, durften wir sie nicht außer Landes mitnehmen, und obwohl wir wußten, daß sie nirgends besser aufgehoben sein konnte als unten im Dorf bei Lucy, Larry und ihren Kindern, machten wir uns Sorgen, wie sie reagieren würde. Würden wir die neue Bindung, die zwischen uns dreien gewachsen war, gefährden? Wir hatten ein schlechtes Gewissen, weil wir sie einfach so zurückließen. Wir grübelten, litten, machten uns Sorgen. Dann nahm uns die Arbeit ein paar Tage voll in Anspruch, doch abends, als Deirdre tief und fest im Hinterzimmer schlief, standen wir an ihrer Tür, schauten zu ihr hinein und sorgten uns noch mehr.

Mit den letzten Sommertagen erwachte ein leicht verändertes, herbstliches Gefühl in Kiltumper. Plötzlich schien Eile geboten, um alles unter Dach und Fach zu bringen, bevor die Winterregen einsetzten. Dieses hastige Zuendebringen in letzter Minute war jetzt auch Teil unseres Lebensrhythmus geworden. Es gehörte so unbedingt zum täglich kühler werdenden Wind und dem früheren Untergehen der Sonne, daß es mir vorkam, als gäbe es jetzt eine feste und natürliche Bindung zwischen uns und dem Leben der Farm. Sie war nicht nur ein Teil *unseres* Lebens geworden, sondern wir waren jetzt genauso ein Teil des Hofes. Ein frischer Wind schüttelte die Blätter der Platane hinter dem Haus, daß sie raschelten und tanzten, und ich dachte, dieser Wind ist einer der letzten trockenen Sommerwinde; wir müssen unseren Torf einfahren, bevor der Regen kommt.

Ende September trugen wir Deirdre über die Hangweiden von Tumper hinauf ins Moor, um unseren Torf zu inspizieren. Wie immer waren wir ein wenig später dran als unsere Nachbarn. In den Ställen und Scheunen ringsum sah man bereits große Torfstapel aufgeschichtet, und in den Läden im Dorf hatte man aufgehört zu fragen: »Habt ihr euren Torf daheim?« Statt dessen hieß es nun: »War es nicht ein prächtiger Sommer für das Heu und den Torf?« Ich sagte ja und verschwieg, daß unser Brennstoff für den Winter noch oben auf dem Moor lag. Wir hatten unseren Torf gewendet und wieder gewendet, und einen Tag, nachdem wir Deirdre ihr erstes Stück trockenen schwarzen Torfs gezeigt hatten, begann ich, ihn in Säcke zu füllen. Über eintausend Torfstücke, von denen wir jedes einzelne bereits sechs- oder siebenmal in der Hand gehalten hatten, wurden nun Stück für Stück in alte Kunstdüngersäcke gefüllt und über den schwammigen Moorboden bis zu einer Stelle getragen, wo sie auf einen Traktor geladen werden konnten. Um die Säcke von dort hinunter zum Haus zu bringen, brauchten wir die Hilfe unserer Nachbarn. Aber zunächst mußte ich die Säcke füllen. Ich arbeitete flott im Rhythmus, den mir der Herbst diktierte, der täglich schärfere Wind, der weniger blaue Himmel, das letzte zitternde Laub der Bäume. Zwei Tage lang stapfte ich im Wind auf dem Moor hin und her zwischen den purpurnen Spieren des Heidekrauts und dem verdorrten Farn, während der kleine Haufen meiner Torfsäcke allmählich zu einem Berg heranwuchs. Weit und breit war kein Laut zu hören, kein Mensch zu sehen. Ich sang laut vor mich hin, was mir gerade so einfiel, und sagte mir Verse aus halbvergessenen irischen Gedichten vor. Ein Hase, zwischen Wiese und Wald unterwegs, blieb wie erstarrt dreißig Meter von mir entfernt stehen. Er hob den Kopf, schien mich anzusehen und rannte weiter quer über einen Horizont, an dem dunkle Wolken aufzogen. Die Mooroberfläche war von den ersten, wenn auch geringen Regenfällen im September bereits etwas aufgeweicht. Meine Gummistiefel sanken bei jedem Schritt ein und hatten schon einen deutlichen braunen Pfad getrampelt. Wir hatten in diesem Jahr reichlich Torf gestochen, und er war gut getrocknet. Bei jedem Sack, den ich füllte, spürte ich die Wärme, die er uns im Winter spenden würde, und sah das Bild von Deirdre in der Badewanne vor dem Feuer. Doch wenn jetzt der Regen einsetzte, wären die Säcke hier oben ausgesetzt wie auf einer fernen Insel. In der Nacht nieselte es, aber der Regen blieb aus. Und gegen sechs Uhr am Abend des nächsten Tages, als ich die letzten Säcke von der hintersten Ecke der Torfbank holte, hörte ich das Tuckern von Michaels Traktor, der mit dem Anhänger über die Weiden heraufkam. Weder Chris noch ich hatten ihn darum gebeten. Doch als er mich grüßte und sein Sohn Francie winkte, wußte ich, daß es gar nicht nötig gewesen war.

Der Sommer ist zu Ende.

Es war ein gutes Gartenjahr. Jetzt, wo die Herbstastern zu blühen beginnen und die einjährigen Sommerblumen noch nicht ganz abgeblüht sind, kann ich den Erfolg meines dritten Sommergartens richtig ermessen. Es gibt wirklich einiges zu bewundern seit jenem ersten Sommer, als die Kapuzinerkresse und die Montbretien viel zu üppig wucherten und die riesigen Brennesseln wie feindliche Soldaten alles umstellten. Nun ist der Gartenweg ein farbiges Karussell, eingefaßt von Mohn, Dahlien, Rittersporn und sogar Goldrute, die sie hier als mehrjährige Staude verkaufen. Vor dem Haus haben wir die Blumenrabatte rechts und links vom Mittelweg fortgesetzt. Stück für Stück erobern wir den Garten zurück und ringen ihn den Unkräutern ab. Im Gemüsegarten haben die Zuckererbsen sehr gut getragen – Deirdre Breen hatte uns dieses Jahr die kleine Sorte geschickt, die sich mit ihren kurzen zähen Ranken besser am Erbsengitter festhalten kann. Die grünen Bohnen gediehen gut bei dem warmen Wetter und dank des Torfstaubs, mit dem ich gedüngt hatte. Und zum ersten Mal konnten wir Möhren ernten. Möhren seien hier nie gut gewachsen, hatte mir Mary immer und immer wieder gesagt. Aber dieses Jahr mischte ich Sand und Torf in die Erde des Möhrenbeets, um den Boden möglichst locker und durchlässig zu machen, und es hat geholfen. Der Boden hier in West Clare ist zum größten Teil ein klebriger, blaugrauer und nahezu undurchlässiger Lehmboden. Das einzige, was wirklich gut wächst, sind Binsen, die denn auch zur typischen Vegetation von West Clare gehören und dem Land in der EG-Wirtschaft das Prädikat »schwer benachteiligt« eingebracht haben. Auch in unserem Garten finde ich oft Binsen an Stellen, wo der Boden naß und fest ist und vollständig neu aufgebaut werden muß. Aber Stück für Stück verwandeln wir den Garten von Kiltumper in einen Landhausgarten, und der Lohn dieses schönen Sommers war alle Mühe wert.

Heute wurde Deirdre in der Kilmihil Clinic untersucht. Die Gesundheitsbehörde schickt alle paar Monate einen Arzt, der die Babys, die ungefähr ein halbes Jahr alt sind, untersucht. Deirdre mit ihren fünfeinhalb Monaten wurde zu einer Untersuchung bestellt. Die Untersuchung ist kostenlos und wird nur einmal angeboten, also beschlossen wir, hinzugehen und zu sehen, was es damit auf sich hatte. Die Ärztin und Mrs. Carey, unsere Gemeindeschwester, untersuchten Deirdre gemeinsam auf eine eventuelle Schädigung der Hüfte; sie wogen sie und erkundigten sich, was und wieviel sie zu sich nimmt. Sie prüften ihre Reflexe und maßen ihren Kopf. Sie legten sie auf den Boden, um zu sehen, ob sie krabbeln kann, und wir sahen zu, wie sie den rechten Arm ausstreckte und sich im Kreis auf dem Bauch drehte. Die Ärztin sagte, so begännen die meisten Babys zu krabbeln – indem sie sich im Kreis drehten. Dann prüften sie ihr Gehör. Deirdre saß auf meinem Schoß, und die Gemeindeschwester, eine große, vergnügt lachende Frau und Mutter von fünf Kindern, versuchte, Deirdres Aufmerksamkeit auf eine winzige nackte Gummipuppe zu lenken, die sie in der Hand hielt, während die Ärztin eine kleine Klapper neben Deirdres Kopf hielt und schüttelte. Es gab ein ganz leises, aber hörbares Geräusch, und ich sah, daß Deirdre es gehört hatte, aber sie machte keine Anstalten, sich umzudrehen, um zu sehen, wo es herkam. Die große Schwester mit der kleinen Puppe war viel interessanter. Die Ärztin schüttelte die Klapper noch einmal und noch einmal, und als sich Deirdre schließlich danach umwandte, hatte sie diesen Ausdruck auf dem Gesicht, als ob sie sagen wollte: »Ist ja schon gut, ich höre dich.« Ich lachte. Sie ist so drollig und aufgeweckt. Die Ärztin sagte, sie sei völlig gesund und sehr aufmerksam. »Ich weiß«, sagte ich und fuhr mit meiner kleinen vollkommenen Prinzessin nach Hause zu Niall.

In Amerika. *Freitag, 16. Oktober*

Es ging so unglaublich schnell. Sechs Stunden, und plötzlich umgeben uns statt der grünen Felder am schier endlosen Horizont von Kiltumper die weißen Wände eines langen Korridors im Ankunftsgebäude des Kennedy Airport. »Amerikaner hier entlang«, ruft eine schwarze Frau in blauer Uniform immer wieder über die Köpfe dreier Flugzeugladungen von Passagieren hinweg, und plötzlich ist Chris nicht mehr an meiner Seite. Mit meinem irischen Paß in der Hand stehe ich in einer Schlange vor der Einwanderungskontrolle und fühle eine schreckliche Bedrohung auf mich zukommen. Hier und da in der langen Reihe algerischer und deutscher Reisender sehe ich Landsleute. Man erkennt sie leicht; viele an ihren sommersprossigen Gesichtern und wie sie in ihrem Sonntagsstaat dastehen und hoffen, mit einem Touristenvisum an den Kontrollen vorbei in die Staaten zu kommen. Dieser neonbeleuchtete, künstlich klimatisierte Ort ist ein Niemandsland, und während man wartet, befindet man sich irgendwo zwischen den Schlangen der Arbeitslosenunterstützungsempfänger des ländlichen Irland und der großartigen Verheißung New York. Hinter den Kontrollschaltern steht ein Einwanderungspolizist und paßt auf; an der Hüfte trägt er eine Pistole und einen Schlagstock. Trotz Ulster und all der Unruhen und Terroranschläge habe ich in Irland nie eine Handfeuerwaffe gesehen. Ich rücke mit der Schlange vor, und als ich auf den grünen Deckel meines Passes blicke, sehe ich meine schweißigen Fingerabdrücke darauf.

Als ich schließlich an die Reihe komme, bin ich nervös; dabei habe ich gar keinen Grund dazu. In meinem Paß liegt die grüne Karte für ausländische Einwohner (eigentlich ist sie blau), aber die unerforschliche Dame hinter dem Glasfenster macht mir noch immer angst. Ich versuche, entspannt zu wirken, als ich ihr meine Papiere reiche. Sie blättert in meinem Paß; meine blaue Karte fällt heraus.

»Sind *Sie* das?« fragt sie mit einem Blick auf das Foto.

»Ja«, sage ich und nehme die Brille ab.

»Sieht nicht so aus, als wär'n Sie das«, sagt sie und blickt mich unentwegt an.

»Es wurde vor ein paar Jahren gemacht. Damals hatte ich noch keinen Bart«, sage ich freundlich und spüre förmlich, wie ihre Augen zu meinem Kinn wandern. Als sie nicht darauf antwortet, werde ich noch nervöser und füge wie ein Idiot hinzu: »Ich lebe jetzt in Irland, auf dem Land, deshalb rasiere ich mich nicht…«

»Tatsächlich«, sagt sie und blickt wieder in meinen Paß. »Wenn Sie in Irland leben, wie kommt es dann, daß Sie einen US-Ausweis für ausländische Einwohner haben? Wie lang waren Sie außer Landes?«

»Nur zwei Jahre.«

»Zwei Jahre?«

»Ja.«

»Mein Gott«, sagt sie und schüttelt verärgert den Kopf. Sie spricht plötzlich lauter. Ich werfe einen Blick auf den Polizisten hinter dem Schalter und möchte am liebsten im Erdboden versinken. »Diese Karte ist ungültig. Sie können nicht zwei

Jahre außer Landes gehen und eine blaue Karte behalten. Eine blaue Karte ist für Einwohner des amerikanischen Staates!«

»Ich habe hier gewohnt...«

»Hören Sie«, sagt sie, nimmt meinen Paß und steht auf, »Sie rühren sich hier nicht von der Stelle, verstanden?«

Ich versuche, mich nicht von der Stelle zu rühren. Ich versuche, nicht zu den Leuten hinter mir in der Schlange zu blicken, während die zornige Beamtin mit meinem Paß ihren Platz verläßt und in den angrenzenden Einwanderungsbüros verschwindet. Kurz danach kommt sie zurück – ohne meinen Paß.

»Sehen Sie den Schalter dort drüben?« sagt sie zu mir. Sie zeigt auf einen mit roter Farbe gekennzeichneten Bereich. »Sie gehen dort hinüber. Dort ist eine Lady, die Sie sprechen will.«

»Kann ich meinen Paß wieder haben?«

»Diese Lady hat Ihren Paß«, sagt sie, ohne mich anzusehen.

Ich werfe einen Blick auf den Polizisten, einen zweiten auf die lange Schlange wartender Menschen hinter der weißen Linie und gehe hinüber zu dem roten Bereich. »Warten Sie hier«, sagt ein blau uniformierter Mann und deutet auf eine rote Plastikbank. Ich setze mich neben eine sehr schöne Frau, die von Kopf bis Fuß in weiße Tücher gewickelt ist und vor sich hin schnattert in einer Sprache, die ich für eine Art aristokratisches Arabisch halte. Anscheinend ist sie den ganzen Weg von irgendwo aus den Sandwüsten Arabiens aus Versehen mit dem Paß ihrer Schwester gereist. Sie sieht nicht so aus wie das Bild auf dem verblichenen bläulichen Foto und spricht nur gebrochen Englisch. Ich zucke mit den Achseln und nicke ihr hilfsbereit zu, was nur dazu führt, daß sie noch aufgeregter wird. Als sie zu einem Schalter gebracht wird, beginnt ein langes Palaver in Zeichensprache. Nach fünf oder zehn Minuten verliert die Frau hinter dem Schalter die Geduld. Sie schaut der Araberin frank und frei ins Gesicht und sagt: »*Honey,* du und ich, wir brauchen einen Dolmetscher.« Als die Dame in Weiß an einen anderen Ort geführt wird und ein Europäer in einer grünen Lederjacke schüchtern die rote Zone betritt, werde ich aufgerufen.

Wieder sitzt eine blau uniformierte schwarze Frau hinter dem Schalter. Langsam wendet sie die Seiten meines Passes. »Was haben Sie zu sagen«, fragt sie teilnahmslos.

»Es tut mir leid. Ich wußte nicht, daß meine blaue Karte nicht auf Lebenszeit gilt. Ich dachte –«

»Sie kannten das Gesetz nicht«, sagt sie. Sie sagt es in einem Ton, der keinen Widerspruch duldet.

»Stimmt«, sage ich.

»Sie kannten die Sachlage nicht«, sagt sie, immer noch, ohne mich anzusehen.

»Stimmt.«

Dann hebt sie plötzlich den Kopf und starrt mich an. »Das ist auch ungefähr das einzige, was Sie zu Ihren Gunsten vorbringen können. Ich kann Sie sofort dem Einwanderungsrichter übergeben, und er schickt Sie postwendend dorthin zurück, wo Sie hergekommen sind. Haben Sie mich verstanden? Auf der Stelle kann er das tun!« Ich nicke zum Zeichen, daß ich verstanden habe. *Dorthin, wo Sie hergekommen sind,* hallt das Echo in meinem Kopf. War ich wirklich erst heute morgen bei den Ställen gewesen, um die Hühner und Puten zu füttern? War es erst ein paar Stunden her, seit ich meinen Rundgang durch den Hof und über die Weiden machte und mich wie der Herr eines kleinen Universums fühlte?

»Ich kann das tun«, sagt sie. »Ich bin dazu berechtigt. Aber ich werde es nicht tun.«

»Danke.«

»Weil Sie dieses Mal in Unkenntnis der Sachlage handelten, werde ich Ihnen diesmal lediglich fünfzehn Dollar Strafe aufbrummen und auf mein Recht verzichten, damit Sie in dieses Land einreisen können, verstanden?«

Ich sage »Ja« und »Danke«. Während ich dort vor ihr stehe, fühle ich, wie mir am ganzen Körper der kalte Schweiß ausbricht. Ich brauche frische Luft, ich muß hier raus! Gerade, als ich nach meiner Brieftasche greifen will, sehe ich Chris, die mit einem Gepäckkarren, auf dem sich bereits unsere Koffer türmen, in Gegenrichtung des nichtamerikanischen Menschenstroms zurückkommt. Sie entdeckt mich in der Roten Zone und eilt mit besorgtem Gesicht auf mich zu.

»Was ist los?« fragt sie mich und tritt neben den Schalter.

»Nichts. Es ist schon alles in Ordnung. Ich muß fünfzehn Dollar Strafe zahlen, das ist alles.«

»Warum?«

Es ist nicht gerade der geeignete Zeitpunkt, darüber zu diskutieren, denn die Lady hinter dem Schalter stemmt die Hände in die Hüften und betrachtet uns, die hoffnungslos verwirrten internationalen Reisenden in der Roten Zone.

Ich ziehe einen Zwanzigdollarschein aus meiner Brieftasche, das einzige amerikanische Geld, das ich bei mir habe, weil wir noch keine Gelegenheit hatten, einen Scheck einzulösen.

Als die Lady den Zwanziger sieht, runzelt sie die Stirn.

»Haben Sie keine fünfzehn Dollar klein? Sonst muß ich den ganzen Weg bis zur Kasse gehen.«

»Nein, tut mir leid«, sage ich und halte meine Brieftasche fest geschlossen, weil ich weiß, daß nicht mehr Geld darin ist.

»Sind Sie sicher?« sagt die Lady.

»Doch, wir haben es«, mischt sich Chris ein. »Niall, ich habe heute morgen, bevor wir losfuhren, drei Fünfer in deiner Brieftasche gesehen – komm, laß mich nachsehen.«

Im Nu liegt meine Brieftasche auf dem Schaltertisch, und ich versuche, etwas zurückzutreten und wegzuschauen, während die Einwanderungsdame sich darüber beugt und sieht, daß sich kein weiterer Dollar darin befindet.

»Ist das *alles* Geld, was Sie haben?« sagt sie und hält mir den Zwanzigdollarschein vor die Nase.

»Ja... also nein, wir haben Geld in –«

»Haben *Sie* nicht ein bißchen Geld bei sich, *honey*?« sagt sie beinahe ungläubig zu Chris.

Es entsteht eine kleine Pause. Dann:

»Nein«, sagt Chris. »Er hat unser gesamtes Geld.«

Ein paar Augenblicke später verlassen wir die Rote Zone mit fünf Dollar in der Tasche, und während eine Beamtin der Einwanderungskontrolle verwundert über uns den Kopf schüttelt, betreten wir die Neue Welt. Wir schieben uns in die überfüllte Haupthalle, wo mitten in dem Panorama der Gesichter – mehr Gesichter, als ich in den letzten zwei Jahren gesehen zu haben glaube – Chris' Cousin Vincent und ihr Bruder Sean nach uns ausschauen. Als wir das Flughafengebäude hinter uns haben, schlägt eine Welle schwül warmer Luft über uns zusammen. Es ist wärmer als in Irland im Hochsommer, und als wir zum Auto kommen, das die Jungs mit laufendem Motor stehengelassen hatten, erwartet uns ein Polizist, der uns anschreit: »Ist das Ihr Wagen? Schaffen Sie den Wagen hier weg! Sie können den Wagen nicht einfach hier stehenlassen. Machen Sie, daß Sie hier wegkommen!«

Vincent streckt mir mit einem breiten Grinsen die Hand entgegen: »Willkommen in Amerika«, sagt er.

Samstag, 17. Oktober

Wir standen früh auf, und nach einem herrlichen amerikanischen Brausebad und Frühstück mit Kaffee und Krapfen in Deirdres und Larrys Wohnung in New Rochelle werden wir zum Bahnhof gefahren. Die besonderen Gerüche und Geräusche des einfahrenden Zugs, das Zischen der Türen, die sich öffnen, um uns einsteigen zu lassen, wecken Erinnerungen. Hier gingen wir noch vor zwei Jahren zur Arbeit, mit der *New York Times* unter dem Arm, in der Hand einen Plastikbecher mit Kaffee. Doch heute ist Samstag, und der Zug ist halb leer. Während wir hier in der rumpelnden U-Bahn sitzen und nach Manhattan zu einem Interview bei National Public Radio fahren, kann ich mir keinen Ort vorstellen, der weiter von dem freien und weiten Land rings um Kiltumper entfernt ist. Wie wird es Klein Deirdre heute morgen bei Lucy gehen? Ich wünschte, wir hätten sie mitbringen können. Was werden die Hühner, die Puten machen? Und Susie, Gerty und Phoebe mit ihren Kälbern auf Upper Tumper? Träumend schaue ich hinaus und sehe den altbekannten dunklen Tunnel der Grand Central Station näher kommen. Jetzt sind wir unter der City, der Zug fährt langsamer. Einen Augenblick später geht das Licht aus. Es geht flackernd wieder an, und der Zug hält mitten im Tunnel, ungefähr eine Meile Untergrundstrecke vor dem Bahnsteig. Ein Mann stöhnt, ein anderer macht einen Scherz, wir sitzen da, und es geht nicht weiter. Zehn Minuten vergehen. Chris sieht mich an; wie oft haben wir solche Situationen erlebt? »Ist das nicht schrecklich«, sagt sie, »und es gibt absolut nichts, was wir tun könnten. Jetzt kommen wir zu spät.«

Es vergehen weitere zehn Minuten in der dunklen Höhle, und wir haben das Gefühl, in einer Falle zu sitzen. Eine Stimme aus dem Lautsprecher teilt uns mit, das computergesteuerte Signalsystem sei gestört. Wir können erst in den Bahnhof einfahren, wenn das Signal dazu gegeben wird. Der Mann, der vorhin stöhnte, flucht obszön. »Ich kann es nicht glauben«, sagt Chris, halb lachend, halb weinend. Ein paar Minuten später ein Ruck – der Zug fährt an und *fährt in entgegengesetzter Richtung aus dem Tunnel, weg vom Bahnhof!* Der ganze Wagen kocht vor Zorn, und es sieht allmählich so aus, als würden wir auf unserer ersten Fahrt, die wir nach zwei Jahren in den Big Apple antraten, nie dort ankommen. Ich schließe die Augen, atme tief durch und denke nur an die salzige See, die gegen die Küste von Clare anrollt.

Eine Stunde später sitzen wir in einem Studio von National Public Radio in der East 34th Street. Wir werden gefragt, warum wir uns entschlossen hatten, Manhattan zu verlassen und nach Irland zu gehen. Wir denken beide noch an unsere morgendliche U-Bahnfahrt; trotzdem kommt, während wir von Kiltumper sprechen, mit der Schilderung der grünen Sommerwiesen und all der ländlichen Szenen unseres dortigen Lebens in Wind und Regen jenes »irische *feeling*« auf. Und gerade, als wir so richtig in Schwung kommen, wird plötzlich unterbrochen. Auf der Leitung aus Moskau kommt eine ganz aktuelle Sache, die Geschichte eines US-Soldaten, der Amerika und seine Einheit verließ, um in einem anderen Land zu leben – in Rußland! Über eine knisternde Telefonverbindung berichtet er, wie schwer es für ihn war, in eine andere Kultur einzudringen, wie ganz anders das Leben im ländlichen Rußland sei, wo er jetzt mit seiner Freundin wohnte. Seine Geschichte ist lang und verworren, aber am Ende verstehen wir, daß er nicht nach Amerika zurückkehren kann und in Rußland nicht glücklich ist und daß er zur Zeit auf die Erlaubnis wartet, in die DDR übersiedeln zu dürfen. Ein Mensch ohne Heimat, ohne Zuhause. Wir hören ihm zu und sind dankbar, daß wir es besser getroffen haben, denn in gewisser Weise haben wir zwei Länder, die wir unser Zuhause nennen können. Ich weiß, daß Chris immer New York ihre Heimat nennen wird, und die meine ist Irland. Dadurch kommt ein Schuß Abenteuer in unser gemeinsames Leben. Wir sind frei, und wir könnten fast überall leben. Die Sache hat jedoch auch einen Haken. Am Ende des Interviews antworten wir gleichzeitig auf die letzte Frage. »Nun sagen Sie mir noch eines«, lautet sie. »Werden Sie für immer in Irland bleiben?« Wie aus der Pistole geschossen sage ich: »Ja«, und Chris sagt: »Nein«, und als wir uns einander zuwenden, brechen wir in Gelächter aus.

Sonntag, 18. Oktober

Wir wachen beide früh auf und genießen den Komfort in der Wohnung von Chris' Mutter im nördlichen Westchester. Es ist ein strahlendblauer Herbsttag, und obwohl wir erst zwei Tage hier sind, drängt es uns hinaus ins Freie. Wir gehen durch den Innenhof der Anlage hinaus auf den manikürten Rasen des Golfplatzes und wandern schweigend unter dem roten und goldenen Laub der Eichen. Das Licht ist phantastisch, die Luft wunderbar klar. Buntes Laub fällt von den Bäumen. Nur das ferne Brummen der Autos verrät, daß der Tag erwacht ist. Als wir zurückkommen, haben Chris' Mutter und Großvater O'Connell den Kaffee fertig. Und was noch wichtiger ist – auf dem gedeckten Frühstückstisch liegt etwas, was wir beide in Kiltumper stets vermißt haben: die Sonntagsausgabe der *New York Times*.

»Welchen Teil willst du zuerst haben, Niall?« fragte Chris' Mutter und schiebt den großen zusammengefalteten Packen Leseschmaus zu mir herüber. Sie weiß, wie sehr ich in Irland dieses

Sonntagsritual vermisse. Wir haben ihr ein Abonnement für die Literaturbeilage (die mit zweimonatiger Verspätung bei uns eintrifft) zu verdanken, aber wie herrlich ist es, die komplette Zeitung am Tag ihres Erscheinens lesen zu können! Ich sitze da und staune über den unheimlichen Umfang der Zeitung und all die Neuigkeiten aus aller Welt, die wir in Kiltumper die ganze Zeit nicht gelesen haben.

Montag, 19. Oktober

Unser erster richtiger Tag in Manhattan. Diesmal fahren wir mit dem Frühzug mit all den Geschäftsleuten, Morgenkaffeetrinkern, mit all den rechnenden, schreibenden, in Diktiergeräte sprechenden Vielbeschäftigten, mit Sportseitenlesern, Schläfern, Rauchern und Bridgespielern. Es duftet nach Aftershave und Parfüm. Der ganze Zug kommt mir vor wie eine Art exklusiver Club, und während ich so neben Chris sitze, wird mir ein wenig schwindlig bei dem Gedanken, daß wir unsere Mitgliedschaft für immer aufgegeben haben. Eineinhalb Stunden später stehen wir im Büro unseres guten Freundes Charlie in der East 44th Street. Charlie unterhält sich gern über ferne Gegenden und träumt davon, alles aufzugeben und nur noch zu reisen. Für eine Weile überlasse ich es Chris, ihm vom exotischen Regen von Kiltumper zu erzählen, und gehe hinaus, um einen Waschraum zu suchen. Als ich durch den luxuriös ausgelegten Flur gehe, begegnet mir ein eleganter Mann in Anzug und seidener Krawatte. Er sieht mich an und sagt hallo.

»Ich glaube, ich habe Sie hier noch nicht gesehen«, sagt er. »Sie müssen der neue Empfangschef vom zehnten Stock sein. Herzlich willkommen.«

»Danke«, sage ich.

»Es ist eine großartige Firma – es wird Ihnen hier gefallen«, sagt er liebenswürdig und geht weiter.

Wieder auf der Straße, sind wir wie Blätter im Wind. Wir haben beide das normale New-York-Verhalten verloren und blamieren uns schrecklich, weil wir *hinsehen*. New Yorker sehen nicht hin; sie eilen mit Riesenschritten dahin, von der Wohnung ins Büro, vom Büro in die Wohnung, mit dem sicheren Bewußtsein, daß sie in einer so außergewöhnlichen und abwechslungsreichen Stadt leben, daß nichts sie überraschen kann. Man sieht einfach nicht hin, wenn ein Mann im Lendenschurz auf der Fifth Avenue laut singend in das eisige Wasser eines Brunnens steigt. Man eilt ungerührt weiter zu seiner Verabredung durch Straßen, in denen einem der Duft der teuersten Parfüms, von gerösteten Kastanien, Hot dogs und Bagels um die Nase wehen. Man muß nicht unbedingt überwältigt stehenbleiben vor Schaufenstern mit phantastischen Juwelen und kostbaren Kleidern. Warum auch? scheinen die New Yorker zu sagen, und sie tanzen weiter zwischen den von Glas und Stahl reflektierten Lichtern im festen Glauben, kein Ding sei unmöglich. Dies ist es, mehr als alles andere, was uns die Stadt jetzt so fremd erscheinen läßt, dieses Vertrauen in die Zukunft, diese Sicherheit, jedes Ziel erreichen zu können – ein Gefühl, das wir nicht mehr gewöhnt sind.

Während wir die Lexington Avenue hinuntergehen, stoßen wir andauernd mit Leuten zusammen. Wir versuchen, näher an den Schaufenstern entlangzugehen, aber dort ist es nicht viel anders. An einer Ampel an der 34th Street bleiben wir stehen. Breite Autos kriechen die Avenue entlang, Dampf steigt von der Straße auf. Plötzlich sehe ich hinter uns einen zerlumpten Mann, der einen riesigen Plastiksack mit leeren Dosen auf dem Rücken trägt. Ich begehe den Fehler und drehe mich nach ihm um, und er funkelt mich an, schwankend unter seiner Last, und schreit mich an. Es dauert ziemlich lange, bis die Ampel umspringt. Eine kleine Menschenmasse sammelt sich am Übergang, und der Zerlumpte überschüttet nun alle mit einem Schwall von Flüchen und Unflätigkeiten. Die Ampel blinkt noch DON'T WALK, als Chris die Fahrbahn betritt. Hastig überqueren wir die Straße. »Ich habe ständig das Gefühl, als müßte ich in Deckung gehen«, sagt sie.

Wir sind zum Lunch verabredet mit Juris, Laura, Susan und Alan, den Leuten aus dem Verlag, der unser Buch verlegt. Eigentlich wollten wir zu Fuß gehen, aber jetzt entscheiden wir uns doch für die U-Bahn. Sogar jetzt, am Vormittag, wimmeln dort unten Hunderte von Menschen. Von einem Ende des Bahnsteigs dröhnt das Stakkato von Funkmusik durch die verbrauchte Luft. Chris wirft einen Blick auf die Karte der U-Bahn-Linien und entscheidet zuversichtlich, daß wir bis Wall Street fahren. Im Zug haben wir das Gefühl, als wären wir exakt so auffällig wie zwei West-Clare-Hinterwäldler in New York. Als ich ein wenig das Gleichgewicht verliere und leicht gegen eine Frau neben mir stoße, sieht sie mich ohne ein

Lächeln an. Kurz danach fährt der Zug im Bahnhof Brooklyn Bridge ein, und wir denken beide gleichzeitig: Mein Gott, Brooklyn Bridge! Wir sind viel zu weit gefahren. Wir sind in Brooklyn! Und im letzten Moment, bevor die Türen schließen, springen wir aus dem Zug. Dann fragen wir jemanden, wie wir zur Wall Street kommen. »Wall Street?« sagt er. »Das ist eine Haltestelle weiter.«

Eine halbe Stunde später sitzen wir in einem geräumigen Speisesaal oben in der Downtown Association. Ich hatte noch nie zuvor davon gehört und denke, es ist einer der sehr zivilisierten Orte, die man nicht oft in New York findet, weil sie so etwas wie verborgene Schätze sind. In vornehmer Gelassenheit sitzen wir bei Lachs aus Nova Scotia, Blaubarsch und Kürbispastete, und ich erinnere mich, daß der Reiseschriftsteller Jan Morris Manhattan als einen der zivilisiertesten Orte der Welt beschrieb. Wenn man gerade aus dem finsteren Labyrinth des New Yorker Subway-Systems aufgetaucht ist und den Unrat und die dort auf dem Boden schlafenden Menschen gesehen hat, muß einem diese Beschreibung recht merkwürdig erscheinen. Am Abend, als wir mit Chris' Mutter die Nachrichten sehen, erfahren wir, daß die New Yorker Börse an diesem Nachmittag den größten Einbruch in ihrer Geschichte erlebt hat, und mir kommt der Gedanke – ein vielleicht völlig unsinniger Gedanke zur Zivilisiertheit in dieser Stadt –, daß die Börsenmakler, Geschäftsleute und Anwälte, die heute so ruhig an ihren Tischen im Speisesaal der Downtown Association saßen, vermutlich zwischen Hauptgang und Dessert etliche Millionen Dollar verloren haben.

Donnerstag, 22. Oktober

Wie geht es Deidre? Chris kann es kaum erwarten, sie wiederzusehen. Noch vor dem Frühstück rufen wir bei Lucy und Larry, ihren irischen Pateneltern, in Kilmihil an. Wir hören, daß es ihr gutgeht, aber sie zahnt. Vermißt sie uns? Wir wissen nur zu gut, daß das Band zwischen uns dreien noch sehr jung und zart ist, und wir machen uns Sorgen. Ich wünschte, sie wäre bei uns; ich wünschte, ich könnte sie kurz in die Arme nehmen, ihren Duft und ihre Wärme spüren, den Griff ihres Fingers um meinen Finger; und wie gern würde ich ihre gurgelnden Laute hören, wenn sie auf die leuchtende Farbe einer spätblühenden Rose am Gartenweg zeigt. Heute abend, während wir weitere sechseinhalb Stunden von ihr wegfliegen, nach San Francisco, denke ich, nicht Kiltumper sei der unwirkliche Ort, sondern Amerika.

Um elf Uhr abends landen wir auf dem internationalen Flughafen von San Francisco. Chris' Bruder Stephen und seine Frau Danna holen uns ab. Als wir das Flughafengebäude verlassen und zum Parkhaus gehen, treten wir in eine milde, windstille Nacht. Ich habe keine rechte Vorstellung, wo ich wirklich bin. Ich gehe durch Tunnels und gelbes Licht und habe zum ersten Mal (von vielen späteren Malen) in San Francisco das Gefühl, in einen Karneval geraten zu sein. Stephen zaubert um Mitternacht eine Pepperonipizza aus dem Kofferraum. »Wir dachten, ihr seid vielleicht hungrig«, sagt er und grinst.

Wir übernachten bei Dannas Eltern in Portola

Valley im *pool house*, wie sie es nennen. Als wir in der pechschwarzen Finsternis die gepflasterten Stufen hinabsteigen, höre ich das plätschernd am Beckenrand anschlagende Wasser des Pools und fühle mich plötzlich leicht schwindlig. Wenn uns jetzt unsere Nachbarn in Kilmihil sehen könnten! Chris ihrerseits fühlt sich ganz zu Hause, und um ihretwillen wünsche ich mir für einen Augenblick, daß wir einen ganzen Monat bleiben könnten. Das Ganze ist wie ein Traum für mich. Die Lichter jenseits der Francisco Bay ballen sich wie Sternenhaufen, und als wir unser Gepäck durch die Schiebetüren ins Haus tragen, glaube ich, doppelt zu träumen, denn Danna sagt: »Ihr könnt bei offenen Fenstern schlafen, wenn ihr wollt. Wir hatten seit acht Wochen keinen Regen.«

Freitag, 23. Oktober

Fünf Uhr morgens. Wir schrecken aus dem Schlaf. Im Wohnhaus brennt Licht. In jedem Zimmer wird nacheinander das Licht eingeschaltet. Ein eigenartiges Zischen kommt von draußen, und als ich mich im Bett aufsetze, glaube ich, den Schatten einer Frau zu sehen, die vor den erleuchteten Fenstern auf dem Rasen tanzt. Ein paar Minuten lang sitze ich da, horche auf das leise Geräusch und sehe den tanzenden Schatten. Ich denke, ich träume, und lege mich wieder schlafen.

Beim Frühstück höre ich im Radio, daß im Gebiet um die Bucht heute morgen um fünf Uhr seit Monaten der erste Regen niederging. Was ich gesehen hatte, war kein Traum. Es war Ruth Ann – Dannas Mutter –, die den Regen in ihrem Garten feierte. Ich kann mir keinen größeren Unterschied vorstellen zwischen dem Ort, wo Chris und ich herkommen, und dem, wo wir im Augenblick sind. Man stelle sich vor, wie viele Regentänze in Kiltumper getanzt werden müßten.

Samstag, 24. Oktober

Wir sind in der Karnevalstadt. Vielleicht sind es die Hügel, die Cablecars mit ihren gefährlich quietschenden Bremsen, ihren rasenden Talfahrten und dem schrillen Geklingel an den Kreuzungen; vielleicht ist es der Zauber des Pazifischen Ozeans, das Westliche dieses Orts, die drohenden Erdbeben, dieses »Weiter-geht-es-nicht«-Gefühl, das den Straßen ihre sorglose, beschwingte Stimmung verleiht. Vielleicht ist es Chinatown, das Mondlicht über der Bucht, die italienischen Restaurants, der behagliche Sonnenschein und die plötzlich aufkommenden Nebel. Was immer es ist, es läßt mich das Gefühl von Karneval nicht loswerden. San Francisco scheint in sich selbst zu träumen, in einer blauen und von Blumen duftenden Luft. Überall geht es bunt und gesellig zu, und es gibt Platz für jeden. Während unserer fünf Tage nehmen wir fröhlich und völlig sorgenfrei an den Lustbarkeiten und dem Leben und Treiben in und um die weiße Stadt teil.

In der Vormittagssonne entblöße ich meine Beine und schlüpfe zum ersten Mal seit einer Ewigkeit in Shorts. Ich erkläre Ryan und Kellen, den kleinen Jungen von Danna und Stephen, wie sehr sie die wäßrige Sonne von Irland mögen würden. Danna fährt mit Chris zu einem Gymnastikkurs, und Stephen wirft mir einen Tennisschläger zu.

Wenige Stunden später werden wir im Fog City Diner mit gegrillten Austernsandwiches und *quesadillas* verwöhnt. Ich kneife mich in den Arm, um mich zu vergewissern, daß ich nicht träume. Im Windrosensaal des Saint Francis Hotel trinken wir englischen Tee und essen *pâté*, während ein unaufdringliches Streichertrio Musik des achtzehnten Jahrhunderts spielt. Dann fahren wir im selben Gebäude zweiunddreißig Stockwerke höher und betreten einen exotischen Nachtclub namens Oz. Wir befinden uns hoch über der Stadt. Als der Mond aufgeht, hängen wir an einem Cablecar, das sich einen Berg hinaufquält und dann seewärts rast zum Hyde Street Pier, wo es kühler ist. Holzboote dümpeln am South End Rowing Club, und die Köpfe von Schwimmern wippen im Schatten der Nacht wie Seehunde auf dem Wasser. Dicke alte Männer entsteigen den Fluten und schreiten würdevoll an Land – hinter ihnen der Klotz von Alcatraz, vor ihnen die Lichterketten des Piers und die glitzernden Hügel der Karnevalstadt.

Montag, 26. Oktober

Kiltumper rückt wieder näher. Gestern ließen Ryan und Kellen grüne, mit Helium gefüllte Ballons in den blauen kalifornischen Himmel steigen, und als ich ihnen nachschaute, wie sie davonschwebten und zu immer kleineren grünen Punkten im All wurden, träumte ich von der holprigen Straße im Westen unseres Cottage, wo im Frühling der gelbe Ginster blüht. Ich bin schwindlig von Amerika, benommen von den Lichtern und Gerüchen und Sehenswürdigkeiten. Heute abend schreibe ich in mein Tagebuch, daß ich dringend im sauberen Regen über unsere Felder gehen muß, über Gras und Steine und durch den Matsch.

Mittwoch, 28. Oktober

Wir sind zurück im herbstlichen Westchester und fahren zum letzten Mal über die gepflegten Landstraßen bei Katonah, Bedford und Mount Kisco. Diese Orte gehören in die erste Zeit unserer Ehe und zu Chris' liebsten Erinnerungen, und so besuchen wir sie heute mit bewegtem Herzen wie Menschen, die durch die Landschaft ihrer Kindheit fahren. Wir besuchen Grenville T. Emmet, den Urgroßneffen des irischen Patrioten Robert Emmet. Er ist seit langem mit Chris' Familie befreundet. Chris zeigt mir das verblaßte Wandbild an der Mauer über seiner Garage an der Pea Pond Road, wo sie als Kind zum ersten Mal erlebt hat, welchen Zauber Kunst ausüben kann. Auf seinen Stock gestützt, führt uns Grenny ins Haus, es gibt irischen Tee und Zimttoast, und mir fällt die starke Ähnlichkeit zwischen ihm und dem Standbild Robert Emmets auf, das in Dublin in St. Stephen's Green steht. Und ich beobachte noch etwas, was in der Emigration entstanden ist: die äußerst realen und lebendigen Verbindungen zwischen amerikanischer und irischer Geschichte. An der Wand hängt ein Bild aus dem neunzehnten Jahrhundert, ein Doppelporträt von Thomas Addison Emmet und seiner Mutter, und gegenüber reichen Bücherborde bis unter die Decke, vollgepackt mit irischen Biographien und Werken über irische Geschichte. »Sag mal, Crissie«, fragt Grenny mit schelmischem Augenzwinkern, »gibt es in Dublin noch diese wundervollen kleinen Hotels?«

Später, als wir am Spätnachmittag zurückfahren, wirbelt trockenes Laub rot und golden hinter den Autos auf; einzelne Sonnenstrahlen sind sekundenlang mit buntem Flitter besetzt. Es ist ein selten schöner Nachmittag in diesem unvergleichlich weichen, vergehenden Herbstlicht. Und doch scheint diese Landschaft völlig außerhalb meiner Reichweite zu sein, unberührbar und undurchdringlich. Sie liegt hinter Zäunen, ist Besitz, ist angeordnet wie ein Bild. Wie soll ich es sagen? Hat Kiltumper mich so verändert, daß ich nur noch zufrieden bin, wenn ich ganz in einer Landschaft aufgehe, ein Teil von ihr bin, mich in ihr bewege und atme? Wir fahren schneller, und ich denke: Bald werden wir den Morgen wieder über dem silbrigen Licht des Shannon aufgehen sehen, wir werden den Gartenweg hinaufgehen und wieder unser ruhiges Leben in den Hügeln von Clare führen.

KAPITEL 7

In der grauen Morgendämmerung landeten wir in Shannon, und innerhalb von Sekunden schien es Winter geworden zu sein. Wir waren zurück. Das helle warme Licht und die Tenniscourts von Kalifornien gehörten bereits einer rasch verblassenden Vergangenheit an, als uns beim Verlassen des Flughafens die vertraute kühle, feuchte Luft des Westens entgegenschlug. Ich kann nicht leugnen, daß mein Herz schneller schlug, obwohl ich spürte, wie Chris vor dem kalten Wind zurückzuckte. Würde es immer so sein? fragte ich mich. Würde ich je in Shannon aus dem Flugzeug steigen, ohne in diese Hochstimmung zu geraten, ohne diesen kleinen Quickstep in meinen Schritten? Und würde Chris immer ein tapferes Lächeln aufsetzen wider die regenschwere Luft?

Unser guter Freund Larry holte uns ab. Wir waren froh, ihn zu sehen. Er war sehr früh aufgestanden, um uns um sechs Uhr morgens in Empfang zu nehmen, und dafür waren wir ihm besonders dankbar. Larry sah uns an, daß wir müde waren und äußerst angespannt.

»Wie geht's dir, Chris? Niall? Willkommen daheim.«

Wir tauschten kurze irische Begrüßungsküsse aus, Zeichen der Zuneigung in einer Gesellschaft von Schüchternen. Wir erkundigten uns nach dem Befinden aller Blakes, und als wir hörten, daß alle wohlauf seien, fragten wir nach Deirdre.

»Deirdre geht es gut. Letzte Woche war sie ein bißchen erkältet, aber jetzt ist sie wieder in Ordnung.«

»Hat sie uns vermißt, Larry?« fragte Chris.

Es entstand eine kleine Pause.

»Ja. Ich denke schon.«

Ich denke schon. Die Worte brannten in unser beider Gewissen. Schweigend stiegen wir ins Auto und fuhren nach Westen, nach Clare. Hat sie uns wirklich vermißt? Hat sie geweint und gejammert? Oder hat sie nicht einmal bemerkt, daß wir nicht mehr da waren? Aber ob so oder so – wir hatten beide schreckliche Angst. Natürlich wollten wir, daß sie uns *ein bißchen* vermißte. Unser ohnehin schwaches Selbstvertrauen als neue Eltern wäre völlig untergraben, wenn wir in Lucys und Larrys Küche träten und Deirdre uns schlicht ignorierte. Zweifel und böse Ahnungen plagten uns, während uns Larry fröhlich über Amerika ausfragte. Wir antworteten zerstreut, während der Wagen über die verschlungenen Straßen holperte. Feine silberne Nebelstreifen lagen in den Tälern. Kühe standen wie Wachsoldaten reglos in der Morgendämmerung und schauten den Vögeln nach, die im grauen Himmel verschwanden. Wie ungewöhnlich friedlich es hier ist, dachte ich. Welche zeitlose Ruhe herrschte zwischen den Hecken der irischen Felder. Wir wurden beide sehr still. Waren wir wirklich nur zweieinhalb Wochen fort gewesen?

Vierzig Minuten später bog Larry von der Hauptstraße ab und fuhr am Knockalough Lake vorbei ins Dorf. Wir waren zurück. Deirdre war nur noch wenige Augenblicke von uns getrennt. Chris beugte sich vor.

»Larry, hat sie uns vermißt oder nicht?«

»Also, na ja, Lucy wird dir alles über sie erzählen«, sagte Larry, als er in die Hofeinfahrt einbog.

Lucy kam aus dem Haus und lief uns entgegen.

»Willkommen daheim! Wie geht es euch? Kommt und begrüßt eure Tochter. Sie ist gerade aufgestanden.«

»Wie war sie, Lucy?« fragte ich.

»Wundervoll. Los, komm herein und sieh sie dir an.«

Auf Zehenspitzen gingen wir in die Küche. Deirdre saß in ihrem Kinderwagen, einen Plastikdeckel in den Händchen, den sie still immer und immer wieder umdrehte. Sie sah sehr verändert aus. Ich werde das nie vergessen. Sie hob das Köpfchen, um uns anzusehen, als wir hereinkamen, und dann schaute sie einfach wieder weg und widmete ihre ganze Aufmerksamkeit dem roten Plastikdeckel.

Sie erkannte uns nicht wieder. Um es zu überspielen, eilte Lucy zu ihr. »Sie ist eben erst aufgestanden. Ich habe sie geweckt, damit sie wach ist, wenn ihr kommt. Deirdre, hier sind Mammy und Daddy. Mammy und Daddy sind wieder da.« Doch selbst als sie sie hochnahm und sie uns entgegenhielt, zeigte Deirdre keinerlei Anzeichen des Wiedererkennens. Wir waren völlig verzagt, und ein schreckliches Gefühl von Verlust und Schuld überflutete uns. Da waren wir, Mutter, Vater und Kind, und wieder so weit voneinander entfernt wie Fremde. Chris hatte Tränen in den Augen, als sie sich mit unserem Kind auf dem Schoß auf das Sofa setzte. »Hallo, Deirdre«, sagte sie, aber das Baby schaute einfach durch sie hindurch. Lucy nahm Deirdre und hielt sie mir hin, aber ich konnte sie nicht nehmen. »Setz sie eine Weile allein irgendwohin. Vielleicht gewöhnt sie sich an uns«, sagte ich. »Das wird sie bestimmt«, sagte Lucy fröhlich. »Kommt, wir frühstücken jetzt, und ihr erzählt uns von eurer Reise.«

Es gab eine herzhafte Mahlzeit mit Speckscheiben und Würstchen, Eiern, Toast und kräftigem Tee. Die Kinder Mark, Evan, Pamela und Michael begrüßten uns herzlich. Aber Chris und ich fühlten uns wie Ertrinkende, überschwemmt von einer Welle von Kummer und Schmerz. An jenem Morgen, dort in der Küche der Blakes, hatte uns das ganze Leid unserer Kinderlosigkeit wieder eingeholt. Das Baby neben uns in dem geborgten Kinderwagen war noch nicht einmal legal unser Kind. Es ist fast unmöglich zu schildern, wie tief verwundet wir waren. So dumm es vielleicht erscheinen mag, daß wir uns vorstellten, es könnte irgendeine Reaktion von Deirdre kommen – sie war erst ein halbes Jahr alt –, so wenig konnten wir uns gegen das Gefühl wehren, daß dies in gewisser Weise unsere Unfähigkeit als Adoptiveltern bewies. Als Deirdre an diesem Morgen durch uns hindurch- oder an uns vorbeisah, wußten wir, daß das zarte Band, das wir so geduldig geknüpft hatten, verloren war. Wußte sie denn nicht, daß wir sie mehr als alles andere – daß wir sie wie Wahnsinnige liebten?

Gegen Mittag fuhren wir nach Kiltumper. Deirdre sollte ihr Mittagsschläfchen noch bei Lucy halten und am Nachmittag, wenn die Feuer brannten und die Koffer ausgepackt waren, heraufgebracht werden. Der graue Morgen hatte Regen gebracht. Die Scheibenwischer arbeiteten unentwegt, und wir blickten hinauf zu den hügeligen Weiden von Tumper, wo sich unsere Herde im Windschatten der Feldmauer zusammendrängte. Und wieder einmal wurden wir heimgesucht von der Trostlosigkeit des Ortes, von dem Gefühl, alles sei aussichtslos. Wir waren eingeschlossen in uns selbst und umgeben von Regen. Stumm versuchten wir, den Gedanken an Deirdres Rückkehr in unser Haus von uns zu schieben. Doch die Angst verfolgte uns: Was würde geschehen, wenn Lucy das Baby brachte, und es schrie nach Lucy oder wollte nicht weg von ihr?

Martin Murray empfing uns vor dem Cottage. Er hatte ein kräftiges Feuer im Stanley-Herd gemacht und schüttelte uns zur Begrüßung herzlich die Hand. Trotzdem traf uns die Kälte im Haus wie ein Schlag. Als wir uns zu dritt in die Küche setzten, um zu hören, wie die Kühe, die Hühner, die jungen Puten und Max, der Kater, unsere Abwesenheit überstanden hatten, behielten Chris und ich die Mäntel an. Draußen rann der Regen über die Fensterscheiben.

Ein paar Stunden später – die Koffer waren ausgepackt, und es regnete noch immer –, saßen wir allein im Haus und warteten auf Deirdre. Auf dem Küchentisch lagen die wenigen Geschenke, die wir ihr aus Amerika mitgebracht hatten, darunter ein hölzernes Miniaturpferd, auf dem in Goldbuchstaben stand *Baby's First Christmas*. Heute frage ich mich, ob wir nicht die dümmsten Eltern waren, die man sich vorstellen kann, weil wir uns an jenem Tag so grämten. Wir hatten natürlich noch keine vergleichbare Situation erlebt, und mit der Überempfindlichkeit von Adoptiveltern stellten wir uns vor, ein Kind würde seine Eltern immer und überall sofort erkennen. In der Stille jenes regnerischen Nachmittags litt ich wie ein selbstsüchtiger, liebeskranker, eifersüchtiger Junge. Fühlte sie nicht, daß uns das Herz hüpfte, als wir in die Küche der Blakes kamen und sie dort sitzen sahen? Begriff sie nicht, daß wir das kleine Album mit den Fotos von ihr mehr als sechstausend Meilen weit wie einen Schatz mit uns herumgetragen hatten? *Wußte* sie das denn nicht?

Um drei Uhr kam Lucy.

»Siehst du«, sagte sie, als sie Deirdre hereintrug, »jetzt bist du wieder zu Hause. Wo ist Mammy? Wo ist Daddy?«

Wir setzten sie in ihren Laufstall in die Mitte der Küche, wo sie teilnahmslos auf ihr Spielzeug blickte. Sie schien uns nicht wahrzunehmen, und es kümmerte sie nicht im geringsten, daß wir in ihrer Nähe waren.

Als Lucy gegangen war, saßen wir befangen da. Wir können nur eins tun, dachte ich. Wir müssen sie immer und immer wieder spüren lassen, wie sehr wir sie lieben. Das Band muß neu geknüpft werden.

In jener Nacht wachte Deirdre auf und weinte, bis wir sie hochnahmen und trösteten.

Ungefähr eine Woche lang war alles wieder ganz neu für uns. Wir litten unter der Kälte und mußten uns zwingen, wieder in den Alltag hineinzufinden. Hatte sich unser Blut verändert? Eine Zeitlang kam es uns beinahe so vor, und ich betrachtete meine dicken Pullover im Schrank und fragte mich, ob sie seit dem letzten Winter dünner geworden waren. Ein klarer Himmel breitete sich über Irland, und die frostkalten, stillen Nächte ließen die Blumen in unserem Garten vollends verwelken. Wir packten Deirdre ein, als lebten wir am Nordpol, und rückten ihren Laufstall nah ans Feuer.

Es war, als wären wir wieder zum ersten Mal nach Kiltumper gekommen. Der scharfe Gegensatz zwischen West Clare und der Welt, aus der wir gerade gekommen waren, war uns ständig bewußt. Immer wieder drängten sich uns Vergleiche auf, Visionen von zentralgeheizten und mit Teppichen ausgelegten Zimmern, während wir uns selbst in den kleinsten Dingen wieder an das alte Leben gewöhnen mußten. Hatten uns zweieinhalb Wochen Amerika verweichlicht? Ich fürchte, es war so, denn es fiel mir schrecklich schwer, morgens aufzustehen und in den eiskalten, stockfinsteren Wintermorgen hinauszugehen, um im Heuschuppen einen Sack Torf zu füllen, ihn mit ein paar trockenen Eschenreisern ins Haus zu tragen und in der Küche Feuer zu machen, bevor Deirdre aufwachte.

Auf dem Hof wartete die übliche Winterarbeit. Sieben Kälber mußten entwöhnt und zum Verkauf vorbereitet werden. Die Kühe mußten noch einmal auf eine andere Weide getrieben werden, bevor wir beginnen würden, Heu zu füttern. Und die Puten brauchten größere Futterrationen – »und mit kochendem Wasser zubereitet«, mahnte Chris und lächelte mich zärtlich an. »Sie mögen es lieber so.«

Puten mästen. Als das klare kalte Wetter einsetzte, wurden dreimal täglich dampfende Schüsseln mit Putenfutter aus der Küche zu den Ställen gebracht, ins Putenhotel, wie ich es nannte. Während ich zusah, wie sie das Futter verschlangen, versuchte ich, ihr Gewicht zu schätzen. Waren sie noch zu leicht für die Jahreszeit? Spürten sie die plötzliche Schärfe in der Luft? Zweimal täglich bekamen sie frisches Wasser, und ich streute ihnen ein paar Gabeln Heuabfälle auf den Boden. Bis Weihnachten waren noch fünf Wochen, und es sollte ihnen an nichts mangeln. Wenn Chris oder ich mit Deirdre zum Stall hinaus gingen, um die Tiere anzuschauen, plusterten sie anscheinend eigens für Deirdre ihr weißes Gefieder auf und stolzierten umher wie Majestäten, und wenn Deirdre aufgeregt mit dem Finger auf sie zeigte, flogen sie hoch und veranstalteten ein Riesenspektakel. »Sind sie nicht hübsch?« sagte Chris. »Das sind *Puten*, siehst du. *Puten!*«

Ich stand daneben und dachte: Dumme Puten, brecht euch nicht die Flügel an den Stallmauern. Tobt nicht so herum, Puten, sonst kriegt euer Fleisch blaue Flecken.

In den zwei großen Ställen gegenüber dem Putenhotel hatten bereits die Kühe, die Kälber und natürlich die Ziege ihr Winterquartier bezogen. Mit Peters und Francies Hilfe hatten wir die Kühe in den unteren Stall getrieben und, als sie drin waren, schleunigst die Tür verriegelt. Dann trieben wir so leise wie möglich die Kälber in den Stall nebenan. Sie preschten in den dunklen Raum, weil sie glaubten, dort ihre zärtlichen Mütter zu finden. Bis sie feststellten, daß sich zwischen ihnen und den Kühen eine zwei Meter hohe Mauer befand, hatten wir die Stalltür fest verschlossen.

Und dann begann das Gebrüll. Zunächst klang es nur ärgerlich, ein lautes Muhen, als wäre das Kalb einer Kuh auf die falsche Seite des Zauns gegangen. Eine Stunde später war es ein großes zorniges Brüllen der Kreatur, ein unablässig lärmendes Gemuhe, ein erbarmungswürdiger, herzzerreißender Schrei einer Mutter nach ihrem Kind. Und das ging so, mit kleinen Unterbrechungen, die ganze Nacht. Die Kälber muhten zurück und irrten in dem dunklen Stall ständig im Kreis auf der Suche nach einem Ausgang. Sie zertraten das Heu, das ich ihnen bereitgelegt hatte, und am nächsten Morgen brüllten sie mir entgegen, noch bevor ich mit dem Futter an ihrer Stalltür war. Mit den Kühen nebenan stand es noch schlimmer; sie waren übelgelaunt, bockig und nervös, weil sie das Eingesperrtsein im Stall nicht mehr gewöhnt waren. Sie schnaubten, als ich zu ihnen hineinging. Speichelfäden tropften von ihren Mäulern, und in unseren hoffnungslos unerfahrenen Augen weinten sie und waren unglaublich traurig. Chris und ich hatten einen besonderen Grund, so tief mit ihnen zu fühlen, denn ähnlich wie die Misere im vorigen Jahr mit Bridget, der Simmentalkuh, die nicht trächtig geworden war und verkauft werden mußte, schien auch dieser Vorgang Parallelen zu unserer eigenen Geschichte aufzuweisen. Dieses und ähnliche Dinge brachten uns sehr schnell wieder in den Alltag von Kiltumper zurück. Sie waren unser Leben.

Als die Kälber schließlich verkauft und abgeholt waren, ließen wir die Kühe auf das dick nachgewachsene Gras der großen Weide hinaus und sahen vom Graben aus zu, wie sie verzweifelt um das Feld galoppierten und nach ihren Kälbern suchten.

Heute habe ich über Mutterschaft nachgedacht. Es ist nicht einfach, Mutter zu sein. Einerseits fühle ich mich überhaupt nicht als Mutter, andererseits ist da dieses Baby neben mir – manchmal lächelnd, manchmal schreiend, und manchmal sieht sie mich nur an (ich weiß nicht, ob sie mich wirklich sieht) –, und ich spiele die Mutter. Ich fragte mich schließlich, was »Mutter« eigentlich genau bedeutet. Die erste Definition, die ich im Lexikon fand, lautet: Eine Frau, die geboren hat. Ich fühlte mich etwas verletzt. Aber die zweite Definition ist in Ordnung: Eine Frau, die ein Kind angenommen oder auf andere Weise eine mütterliche Beziehung zu einem Menschen aufgenommen hat. Das paßt auch für mich und Deirdre. Nur weiß sie es noch nicht. Ich frage mich, was sie für mich empfindet. Ich frage mich, ob ein Kind seine leibliche Mutter intuitiv erkennt. Ich denke, daß es so ist und daß von Geburt an eine Verbindung besteht, die von Tag zu Tag wächst, so daß sich nach ungefähr drei Monaten Kind und Mutter *kennen*. Bei mir und Deirdre ist es anders. Diese Mutterbindung, über die man soviel hört, konnte erst anfangen, sich zu entwickeln, als Deirdre im Alter von zehn Wochen zu uns kam. Dann brach sie wieder ab, als wir im Oktober nach Amerika gingen, und wir mußten wieder von vorne anfangen. Es ist so schwer, besonders weil wir nicht wissen, ob wir sie für immer behalten werden. Wir haben sie jetzt fünf Monate. In einem Monat könnten wir sie legal adoptieren. Sobald ihre leibliche Mutter bei der Adoptionsbehörde ihre endgültige Zustimmung unterschreibt, fängt der ganze Papierkram an. Allerdings kann Deirdres leibliche Mutter bis zur letzten Minute, in der die Adoptionsurkunde ausgestellt wird, ihre Meinung ändern; aber wenn sie erst einmal ihre endgültige Zustimmung gegeben hat, ist das weniger wahrscheinlich. Werde ich mich dann mehr als »Mutter« fühlen? Nicht zu wissen, was wird – das ist nicht leicht zu ertragen.

Wenn man jahraus, jahrein in einem kleinen Dorf im Westen Irlands lebt, lernt man das Gefühl, innerhalb einer Gemeinschaft zu leben, sehr gut kennen. In den zweieinhalb Jahren in Kiltumper, seit wir unser Leben in New York aufgegeben und ein neues in Clare begonnen hatten, schien dieses Gemeinschaftsgefühl der herausragendste Unterschied zwischen der Qualität unseres alten und unseres neuen Lebens zu sein. Obwohl wir jetzt an einem Ort mit weitaus weniger Menschen wohnten, lebten wir in Wirklichkeit viel enger zusammen. Wir wußten, wer krank war und woran er litt; wir wußten, wer gestorben war und wann die Beerdigung stattfand, wer heiratete, welche Kinder geboren wurden. Wir kannten die Leute, die am Sonntag in die Kirche kamen; wir kannten alle, die auf unseren Straßen in die Kirche gingen, die, die gern im Auto mitgenommen wurden, und die, die lieber zu Fuß gingen. Wir kannten die Skandale und den Klatsch und lernten, darüber zu lachen; wir kannten die unglaublichen Geschichten und Witze, die in Pubs und Küchen erzählt wurden, wenn nichts anderes zu tun war. Wir kannten die Tage, an denen die Geschäfte nachmittags geschlossen hatten, die Feiertage, die Markttage und die Öffnungszeiten von Pubs und Post. Wir kannten die Äcker und Wiesen und die dazugehörenden Bauern, Maschinen und Rinder; wir wußten, wessen Traktor an abschüssiger Stelle abgestellt war, damit er am nächsten Morgen ansprang, wessen Tiere in der Nacht aus ihrer Umzäunung ausgebrochen waren und auf der Straße umherirrten und wem das Feld gehörte, auf dem sie schließlich landeten. Wir kannten die Bilder, die Gerüche und Geräusche dieses Orts, seinen Charakter und seine Launen. Wir kannten die Priester, die Ladenbesitzer und kleinen Geschäftsleute – Paddy, den Maurer, Mary, die Friseuse, Michael, den Doktor, Tommy, den Schmied –, und sie kannten uns.

Dies ist vielleicht eine Binsenwahrheit für alle, die auf dem Land leben, und doch haben Chris und ich hier im Westen von Irland ein so tief eingewurzeltes Gemeinschaftsgefühl erlebt wie nie und nirgends zuvor. Es ist eine Lebenseinstellung, die unlösbar mit der Geschichte und der Geographie des Ortes verbunden ist sowie mit der brutalen Armut des Landes, dem rauhen, wechselhaften Wetter, das vom Atlantik hereinkommt, und mit der Emigration der jungen Menschen. Es sind die Männer und Frauen auf benachbarten Höfen, die Jahr für Jahr gemeinsam denselben Kampf führen, ohne die geringste Hoffnung auf Wohlstand. Es ist ein Gefühl, über das nicht gesprochen wird, das – wie die Schönheit des Landes – einfach da und selbstverständlich ist. Und doch ist es dieser Gemeinsinn, der jeden einzelnen Tag prägt. Dieses Zugehörigkeitsgefühl in Irland wiederzuentdecken war etwas, wonach ich mich zutiefst gesehnt hatte. Wie viele Emigranten hatte ich befürchtet, das Zugehörigkeitsgefühl für immer verloren zu haben; mein Leben in Amerika würde sich in irgendwelchen Vororten abspielen, in denen es Fußgängerzonen, Kinos, Schnellimbiß-Lokale, Billigläden und Tankstellen gab, und die sich alle kaum voneinander unterschieden.

Als wir nach Irland kamen, hatten Chris und ich gehofft, dieses Gefühl des Dazugehörens wiederzufinden. Den Grundstein dafür legten unsere unmittelbaren Nachbarn bereits während unseres ersten Jahrs in Kiltumper mit ihrer wunderbaren Großzügigkeit und Offenherzigkeit. Uns wurde bei wirklich allem geholfen. Auch die Kilmihil Drama Group hatte ihren Teil dazu beigetragen, denn hier fanden wir eine Möglichkeit, unsererseits etwas für die Gemeinschaft zu tun. Das gleiche galt für Chris' Gymnastikkurse im Gemeindesaal und das große farbenfrohe Wandbild mit Fröschen und Vögeln, das sie für den Gemeindekindergarten malte. Eines Abends war Father Linnane, der Pfarrer von St. Michael, auf eine Tasse Tee zu uns gekommen und hatte Chris um Rat gefragt wegen der Farbzusammenstellung bei der Renovierung des Gemeindesaals. Und, da sie doch so gut mit Pinsel und Farben umzugehen verstehe, könnte sie wohl so liebenswürdig sein und ein paar Türen des Gemeindezentrums mit EINGANG und AUSGANG beschriften? Und heute, an einem stillen Novemberabend, eröffnete sich eine völlig neue Dimension, als Larry in der Küche saß und fragte, ob ich nicht Lust hätte, ein paar Unterrichtsstunden an der Schule zu geben?

Die Berufsschule von Kilmihil ist eine der besten Schulen, die ich hier im Westen gesehen habe, mit einem hellen neuen Anbau neben dem alten Schulhaus, einer Turnhalle, einem großen Versammlungsraum und eigenen Räumen für Holz- und Metallarbeiten. Sie hat ungefähr dreihundert

Schüler, die im Alter von siebzehn ihr Abgangszeugnis erhalten können. Larry, der Schulleiter, kennt jeden einzelnen von ihnen. Er ist ein kleiner Mann mit silberweißem Haar und lebhaften blauen Augen, und seiner Persönlichkeit verdankt die Schule ihre freundliche, aufgeschlossene und freiheitliche Atmosphäre.

Ich war mit Freuden bereit, dort zu unterrichten.

Wir kamen überein, daß ich ein Jahr lang an drei Tagen in der Woche unterrichten sollte. Ich hatte zwar ein Diplom in Englisch, weil ich jedoch weder ein Diplom in Pädagogik besaß noch Mitglied der irischen Lehrergewerkschaft war, durfte ich kein normales Lehrfach unterrichten. Ich müßte mich also weder nach einem Lehrbuch richten noch eine vorgegebene Menge Lehrstoff durchpauken. Statt dessen sollte ich versuchen, die Schüler der Kilmihil-Berufsschule in die Kunst des Schauspiels und des Schreibens einzuführen. Ich hielt mich für einen ausgesprochenen Glückspilz, daß ich die Gelegenheit erhielt, meine Energie und Begeisterung einer so guten Sache zu widmen.

»Nun, was mich betrift, Niall – alles, was wir tun können, um ihnen beim Schreiben zu helfen, ob das nun Geschichten sind oder Briefe oder sonstwas, wird für sie von Nutzen sein«, sagte Larry und lehnte sich auf dem Sofa vor unserem Torffeuer zurück.

»Du könntest ein Stück mit ihnen machen«, schlug Chris vor.

»Also, eines ist mal sicher«, sagte Larry mit Überzeugung, »auf einer Bühne stehen zu können ist für jeden wichtig. Das jedenfalls ist meine Meinung. Deine doch auch, Chris? Es stärkt das Selbstvertrauen und erzieht zu freiem Sprechen.«

»Du könntest ein Tonbandgerät benützen und eine kleine wöchentliche Radiosendung aufziehen«, warf Chris ein.

»Und wißt ihr was, Kinder? Ich habe eine nagelneue Videokamera in der Schule, die nur darauf wartet, daß sie jemand benützt.«

»Genau! Du machst einen Film!!!«

Es wurde ein völlig verrückter Abend. Eine zweite Kanne Tee, eine zweite Kanne Kaffee wurden gemacht, und Larry versetzte uns mit seiner Vision von den schier unbegrenzten Möglichkeiten seiner Schule in höchste Erregung. Ich war völlig benommen und wunderte mich bloß über Larrys Aufgeschlossenheit und über das Vertrauen, das er in mich setzte. Schließlich war die Schule, ähnlich wie die Kirche, ein Kernstück der Gemeinde. War ich wirklich zu diesem Unterricht imstande?

»Wenn nur ein Schüler bei dir lernt, daß Theaterstücke oder Literatur etwas Schönes sind, dann haben wir doch schon etwas erreicht, nicht wahr?« meinte Larry.

Ich sagte zu. Ein riesiger Mond stand wie ein Leuchtfeuer draußen vor dem Fenster, und ich kam mir vor wie ein Zuschauer beim Stapellauf eines vielversprechenden neuen Schiffes, das auf Entdeckungsfahrt geht, um eine schöne neue Welt zu entdecken. Aber es geschah hier, in einem stillen kleinen Ort auf dem Land, wo ein Schulleiter mit Weitblick Leute aus der Nachbarschaft, die etwas zu bieten hatten, an seine Schule holte. Auch das war echter Gemeinschaftssinn.

Eine Woche später jedoch wurde meine Begeisterung schon etwas gedämpft. Ich stand zum ersten Mal in einem Klassenzimmer vor dreißig Jungen und Mädchen mit gespannten Gesichtern. Ich hatte Zettel vorbereitet mit ein paar Notizen und einer Liste von möglichen Projekten. Als das Geflüster endlich verstummte, schlug mir das Herz wie ein Hammer in der Brust. Ich legte meine Papiere auf das Pult und stieß dabei mit dem Fuß gegen den Lehrerstuhl. Die Klasse kicherte. Ich blickte hoch. Totenstille.

»Hört zu«, sagte ich, »ich bin kein Lehrer. Ich werde euch keine Hausaufgaben geben und nicht nach eurem Englischbuch arbeiten. Ich möchte, daß sich einige von euch auf die Bühne wagen und daß andere Witze oder Geschichten für sie schreiben...«

Ein Junge aus der vordersten Reihe mit dicken runden Backen fiel mir grinsend ins Wort: »Dann könnten Sie genausogut sitzen, während Sie stehen, Sir«, sagte er, und nachdem er ein paar Sekunden verstreichen ließ, sagte er: »Das ist ein Witz, Sir. Sie könnten genausogut sitzen, während Sie stehen, verstehen Sie?«

Und die ganze Klasse brüllte vor Lachen.

Ich habe den Witz bis heute nicht verstanden. Und ich fand, daß es ein ziemlich harter Job ist, eine Klasse von Teenagern zu unterrichten, ohne dabei auf Schulbücher oder Lehrpläne zurückgreifen zu können.

In den klaren, silbern bereiften Novembernächten funkelte sogar die Luft vor Kälte. Als ich in den Heuschuppen lief, um rasch ein paar Arme voll

Torf zu holen, glaubte ich, die Kälte der am Nachthimmel schimmernden Sterne zu spüren. Über den Himmel von Irland wird so wenig gesprochen, obwohl er so sehr ein Teil der Landschaft ist; die majestätischen Wolkenlandschaften – blaugraue Gewitterwolken, dichte und feine Nebel aller Art, eilig ziehende Flaumwölkchen, Streifenwolken und Wolkenschleier, dahinstürmende und sich behäbig ausbreitende Wolken – ebenso wie der mondhelle, sternfunkelnde Nachthimmel über Moor und Hügeln.

Unter dem märchenhaft bestirnten Novemberhimmel also schlüpften wir aus dem Haus (Deirdre schlief in ihrem Bettchen, Pamela machte den Babysitter), um bei der Generalprobe der neuesten Produktion der Kilmihil Drama Group dabeizusein. Dieses Mal, dachten wir, hatten wir uns selbst übertroffen. Nach den großen Erfolgen des vergangenen Jahres – wir hatten mit *The Man Who Wouldn't Go to Heaven* bei fast jedem Festival, an dem wir teilnahmen, den ersten Platz gewonnen und zum ersten Mal in der jüngsten Geschichte der Kilmihil Drama Group die All-Ireland Finals erreicht –, nach alldem wußten wir, daß man in diesem Jahr viel von uns erwartete. Und weil wir in den letzten zwei Jahren mit ziemlich verrückten Komödien erfolgreich gewesen waren, erwarteten die Zuschauer, die wir großspurig unser Publikum nannten, in diesem Jahr selbstverständlich ein mindestens ebenso komisches, wenn nicht noch komischeres Stück.

Schon im Sommer, lange vor Beginn der Theatersaison im September, hatte es im Dorf Anfragen gegeben.

»Ich nehme an, ihr werdet dies Jahr wieder in Doonbeg spielen?«

»Bestimmt.«

»Wovon handelt das Stück? Das eine, das ihr voriges Jahr gespielt habt, war sehr komisch. Das würde ich gern noch mal sehen. Ja, wirklich.«

»Also, wir werden diesmal ein genauso gutes Stück für euch haben. Das hoffe ich wenigstens.«

»Ihr habt alle geschlagen voriges Jahr mit diesem einen Stück, nicht wahr?«

»Ja.«

»Ihr habt damit Ennis und Shannon und Kilrush, alle miteinander habt ihr geschlagen!«

»Ja.«

»Aber da war'n auch ein paar komische Sachen in dem Stück! Junge, Junge! Warst du nicht die Nonne in dem einen, Crissie? Oh, das war lustig, einfach wunderbar!«

Und so ging es weiter. Und je mehr sich der Sommer dem Ende zuneigte und je näher die Theatersaison rückte, um so schwieriger fiel uns die Wahl eines Stücks.

»Vor einem Jahr«, hatte Chris eines Abends zu mir gesagt, als wir alte irische Einakter durchsahen und dutzendweise verwarfen, »waren wir noch entzückt über den dritten Platz in Doonbeg. Und jetzt!«

Es stimmte. Der Erfolg hatte auch seine Nachteile. Eine ganze Weile fanden wir kein Stück, das wir hätten vorschlagen können. Dann saßen wir eines Tages am Küchentisch, tranken Tee und blickten hinaus über Hayes' Hill, und plötzlich sagte Chris sehr langsam und bedächtig: »Eines der komischsten Stücke, das ich je gesehen habe, war *God* von Woody Allen.«

Sechs Wochen später, an jenen klirrend kalten Novemberabenden, stahlen wir uns aus dem Haus, um die letzten Proben von *God* zu besuchen. Wir wußten, daß wir mit diesem Stück einiges riskierten. Die ganze Sache war nicht ungefährlich, denn hier handelte es sich um einen Einakter eines sehr brillanten Autors und Schauspielers, der mit einem Text von vielleicht fünfzig Seiten versucht, ein absolutes Chaos auf der Bühne herzustellen und das auf eine unerhört komische Weise. Das Stück läßt sich nicht kurz zusammenfassen. Vielleicht genügt es zu sagen, daß es mit zwei Griechen beginnt, Diabetes und Hepatitis, der eine ein Schriftsteller, der andere ein Schauspieler. Sie suchen einen geeigneten Schluß für ihr Stück. Während sie die philosophischen und schöpferischen Probleme eines jeden Schlusses und dazu über Leben und Tod diskutieren, wendet sich Hepatitis ans Publikum und fragt, ob jemand dort unten Philosophie studiert habe. Ein Mädchen, Doris Levine, steht auf, und damit beginnt das Chaos. Mit dem Auftritt von Doris eröffnen sich neue Perspektiven, alles kann passieren. Plötzlich treten Gäste auf: Blanche DuBois, Groucho Marx; Woody Allen meldet sich telefonisch, um zu erfahren, wie sie das Stück nun enden lassen wollen. Es gibt eine Gottmaschine, einen griechischen Chor, einen griechischen Erfinder, der scharf auf Doris ist, eine Horde Sklaven, einen Schriftsteller, den der griechische Schriftsteller in das Stück hineinschreibt, zwei amerikanische Touristen, einen Arzt, eine Frau, die in der U-

Bahn erstochen wurde, einen König der Literaturagentur William Morris, einen Leibwächter, einen Mann im Publikum, der sich vor Langeweile erschießt, eine Souffleuse, die gelegentlich hinter dem Vorhang hervorkommt, um ein paar Zeilen Text vorzusagen; außerdem Musik aus *The Sound of Music*, eine Windmaschine, einen griechischen Palast, eine spritzende Kamera, ein drahtloses Telefon, etliche zusammenklappende, aber auch ein paar nicht zusammenklappende Dolche, ein Roastbeef-Sandwich und eine aus einem Wort bestehende Nachricht für den König.

Was konnte uns da noch passieren?

Oder richtiger gefragt: Wie würden wir mit alldem zurechtkommen?

Sechs Wochen nach dem Beginn unserer »Saison« waren die Lizenzgebühren bezahlt, wir hatten die Aufführungserlaubnis erhalten, und dreimal die Woche versammelte sich die große Besetzung in der Aula der Berufsschule zur Probe. Alle waren da: Lucy, Tessie, Gerry, Martin, Martin und Martin, Michael, Rita, Siobhan, Fiona, Noel, Colm, Doktor Harty, der den Doktor spielte, und der vierzehnjährige Mark Blake als Gott. Liz Finucane hatte sich bereit erklärt, die griechischen Togen zu nähen, zu soufflieren und die Rolle der Souffleuse zu spielen. Gerry, ihr Mann, baute zusammen mit Larry die Gottmaschine. Chris und ich hatten wie in den vergangenen zwei Jahren die Leitung übernommen, wobei Chris für Bühnenbild und Ausstattung zuständig war. Es war alles sehr hektisch und aufregend. Man spürte von Woche zu Woche, wie sich der Puls eines Gestalt annehmenden Stücks beschleunigte. Larry schob einen Kinderwagen auf die Bühne und sagte: »Das ist jetzt erst mal die Grundidee für eure Gottmaschine.« Gerry Harty kam mit der Federboa für Blanche DuBois, ein andermal mit Brian Cotters Piepser oder mit einem der zusammenklappbaren Dolche. Liz brachte die erste griechische Toga, und Michael Mescall verschwand in der Herrentoilette, um sie anzuprobieren. Als er sich strumpfsockig darin vorstellte, begannen wir alle zu lachen.

Es schienen tausend Dinge und mehr zu sein, um die wir uns kümmern mußten – ein Telefon, damit Woody Allen anrufen konnte, ein Kassettenrecorder, um den Woody-Allen-Dialog abzuspielen, den Chris' Cousin Vincent Casey eigens aus Amerika geschickt hatte zusammen mit der Musik der Marx Brothers für die musikalische Eröffnung, ein Spielzeug-Arztkoffer, den der Doktor braucht, wenn er versucht, Gott wiederzubeleben, die Donnerschläge des Allmächtigen, eine Krone für die Königin (wir nahmen uns die dichterische Freiheit und machten aus dem König eine Königin und aus dem männlichen Autor eine Autorin), eine falsche Brust für die erstochene Frau und sechs Paar griechische Sandalen. Alles wurde ordentlich aufgelistet und überprüft, und beim letzten Countdown vor der Aufführung in Doonbeg hörte man die Luft förmlich knistern vor Spannung. Das war es, was ich an den letzten Proben vor einer Aufführung so liebte – wenn alle intensiv mit derselben Sache beschäftigt waren. Dann herrschte ein so wunderbarer Teamgeist – die Männer und Frauen der Kilmihil Drama Group, die tagsüber in ihren Küchen, auf ihren

Höfen, in Schulzimmern und Büros arbeiteten, wurden am Abend Schauspieler, Regisseure, Beleuchter, Kostümbildner. Und wenn die Proben zu Ende waren und alle im Mondschein oder im Regen in ihre Autos stiegen, schien es, als wäre dies alles ein nächtlicher Zauber, und der Heimweg wurde zur glitzernden Traumstraße...

Im helleren Licht des Tages kamen dann die besorgten Anrufe: Findest du, ich spreche zu stark Dialekt? Oder: Wie sehe ich in diesem Kostüm aus? Oder: Wie soll ich diese oder jene Stelle sprechen? Oder: Wann genau soll ich ihn erdolchen?

Daß der Humor und die Sprache von Woody Allen den Menschen in West Clare fremd sind, braucht eigentlich kaum erwähnt zu werden. Wir wußten das, als das Stück ausgewählt wurde; das Risiko, es hier auf die Bühne zu bringen, lief auf die eine Frage hinaus: Würden die Leute lachen? Für unsere Aufführung mußten wir einige Stellen ändern, aber wir versuchten, Stimmung und Geist des Originals zu erhalten. Doris Levine war bei uns kein jüdisches Mädchen aus Long Island, sondern kam den weiten Weg aus Cork. Die Frau aus der U-Bahn las nicht die New Yorker *Post*, sondern den Londoner *Daily Mirror* und sprach mit einem satten Belfast-Akzent. Die Königin stammte aus Dublin. Als weitere Konzession an das Publikum mußten wir da und dort ein paar Worte streichen. Im Original sagt Lorenzo Miller (der bei uns zu einer Lorenza wurde) zu Doris, sie sei nicht echt, und Doris antwortet entschieden: »Ich bin echt. Ich habe sogar Orgasmen.« Das war nach allgemeiner Auffassung ein bißchen riskant; deshalb würde Gerry Hart in der Inszenierung der

Kilmihil Drama Group nur sagen: »Ich bin echt. Ich habe sogar…« und dabei mit den Hüften wakkeln und die Augenbrauen hochziehen, um dem Publikum zu zeigen, was gemeint ist. Nichts verlor an Bedeutung durch diese Veränderungen; das bewies, wie gut die Charaktere und Situationen angelegt waren. Es machte überhaupt nichts aus, daß unser Gott erst vierzehn Jahre alt war, unser Deus ex machina ein verbeulter Kinderwagen oder daß wir anstelle eines vielköpfigen griechischen Chors ein 1,20 mal 1,80 Meter großes Brett benützten, auf das Chris mehrere griechische Gestalten gemalt hatte, über denen geschrieben stand EIN HAUFEN GRIECHEN. Es würde seinen Zweck ebensogut erfüllen.

So jedenfalls dachten wir während der letzten Probenwoche. Am Donnerstag lasen wir die Ankündigung für das West Clare Drama Festival in Doonbeg im *Clare Champion. God* von Woody Allen war für den letzten Abend angesetzt. Als Chris und ich am nächsten Tag ins Dorf hinuntergingen, gab es einige Fragen.

»Wie heißt das Stück gleich wieder?«

»*God*«, sagte ich und erntete sofort ein Lächeln.

»Oh, wieder so was wie letztes Jahr, ja? *God*, so 'ne Art Fortsetzung von *The Man Who Wouldn't Go to Heaven?* Ist es von demselben Mann geschrieben?«

»Nein, es ist von Woody Allen«, sagte ich. Das machte wenig Eindruck.

»Also, das Stück, das ihr letztes Jahr gespielt habt, war sehr lustig.«

Am Freitag abend fand die letzte Probe in der Schule statt. Eine Komödie steht und fällt mit dem

Timing, und an jenem Abend, als Michael als Hepatitis in seiner Toga im Schneckentempo über die Bühne schlich, um zu flüstern »Hau ab, du ruinierst mir mein Stück«, als Martin die Königin Lucy mit dem falschen Dolch kitzelte und als Mark als Gott auftrat (Diabetes: »Gott ist tot.« Doktor: »Ist er irgendwie versichert?«), fielen wir beinahe um vor Lachen. Als ich später die Babysitterin Pamela nach Hause fuhr, fragte sie mich: »Ist das Stück komisch?«

»Es ist umwerfend«, sagte ich. »Die Leute werden eine Woche lang lachen.«

Sonntag abend, Premierenabend. Larry, Gerry Finucane, Chris und ich fuhren schon früh nach Doonbeg – an einem Nachmittag im November ein verschlafenes kleines Nest an der See, und es war schwer vorstellbar, daß hier später am Abend der Gemeindesaal vollgestopft sein würde mit Männern, Frauen und Kindern, die gespannt auf die Theatervorführungen warteten. Bei dem Einakter-Festival durften jeden Abend drei Stücke aufgeführt werden. Dazwischen lagen jeweils zehn Minuten Pause, in der die Kulissen gewechselt wurden. Und am Ende eines jeden Theaterabends trat der Preisrichter – gewöhnlich jemand, der auf die eine oder andere Weise professionell mit Theater zu tun hat – auf die Bühne und las seine oder ihre Beurteilung vor. Es kam durchaus vor, daß sich Preisrichter überschwenglich lobend äußerten oder außerordentlich kritisch. Die Schauspieler saßen unterdessen wie Angeklagte, oft noch in ihren Kostümen, hinter den Kulissen und warteten auf das Urteil. Am Sonntag, dem letzten Abend des Festivals, herrschte besonders große Spannung, weil neben der normalen Preisverteilung auch noch die Preise für das beste Stück, den besten Produzenten, besten Schauspieler etc. vergeben wurden.

An jenem Sonntag nachmittag gaben wir den Silberpokal, den wir im letzten Jahr gewonnen hatten, an Mr. Mort zurück, eine der führenden Persönlichkeiten im Amateur Drama Council und unermüdlicher Organisator des Doonbeg-Festivals. »Ich nehme an, wir werden Ihnen das Ding etwas später heute abend wieder überreichen«, sagte er, als er ihn entgegennahm.

»So *God* will«, sagte ich und verkniff mir ein Lächeln.

Um acht Uhr war der Gemeindesaal voll. Mr. Mort, inzwischen im Smoking, lief im Saal hin und her, um für Spätankömmlinge in letzter Minute noch einen Platz zu finden und um nachzusehen, wie weit die Schauspieler waren. Als erstes stand die Corofin Drama Group auf dem Programm, und erst, wenn sie auf der Bühne waren, durften wir in die Garderobe. Ich beobachtete, wie sie ihre Bühne herrichteten, und spielte nervös mit meinem Programmzettel. Dann nahm eine weitere befrackte Gestalt an dem kleinen beleuchteten Tisch ganz hinten im Saal Platz. Der Preisrichter war bereit. Plötzlich stand Mr. Mort vor dem Vorhang, die Lampen im Saal gingen aus. »Noch einmal einen schönen guten Abend, meine Damen und Herren, und herzlich willkommen zum letzten Abend des diesjährigen Einakter-Festivals...«

Im Nu waren wir alle in der Garderobe. In fliegender Eile wurden Schminkbox und Kostümkoffer geöffnet. Michael und Martin zogen ihre Togen an; Rita und Brian spazierten in ihrer bunten Touristenaufmachung umher; Tessie und Lucy, die als erste fertig waren, saßen in einer Ecke und murmelten ihren Text. Aus dem Zuschauerraum drang das schallende Gelächter des Publikums bis zu uns. Dann Zwischenapplaus. Noch mehr Gelächter. »Das Corofin-Stück scheint ihnen zu gefallen, Niall«, sagte Gerry Harty ein wenig besorgt. »Mach dir deswegen keine Sorgen«, sagte ich wie ein richtiger Impresario. »Sie haben *God* noch nicht gesehen.«

Kurz danach hörten wir donnernden Applaus, während sich die Corofin-Spieler verbeugten und die Treppe zur Garderobe herunterkamen. Sofort eilten Larry, Chris und Gerry Finucane hinauf, um die Bühne für unser Stück vorzubereiten. Ich blieb bei den Schauspielern. Von überall her schwirrten noch in letzter Minute besorgte, aufgeregte Fragen: Sollte Doris nicht jetzt im Publikum Platz nehmen? Wo würde Noel sitzen, und was wäre, wenn sein Revolver nicht losginge? Niall, sieh mal, die Farbe von dem HAUFEN GRIECHEN ist immer noch naß!

Und schon erschien Mr. Mort an der Tür zur Bühne: »Alle Mann bereit?« Jeder überlegte noch einmal kurz, ob er alles hatte, und dann ging Gerry hinunter ans Beleuchterpult. Chris und ich bezogen unsere Posten in den Seitenkulissen, und die Saalbeleuchtung erlosch. Es gab eine Pause, jenen lautlosen erwartungsvollen Augenblick, in dem sich alle Vorbereitungen der vergangenen Wochen zu konzentrieren schienen. Dann ertönte die flotte Musik der Marx Brothers, und im Takt dazu zog Larry den Vorhang auf.

Was sich danach abspielte, war der Alptraum eines jeden Schauspielers. Von meinem Platz aus sah ich, wie Michael die Pose des Denkers einnahm und Martin auf die Bühne trat. Ich hörte, wie die ersten Sätze gesprochen wurden und furchtsam über den Köpfen des zusammengepferchten Publikums erstarben. Die Reaktion war gleich Null, kein Ton, nicht das leiseste Lachen. Doris erhob sich von ihrem Platz und marschierte auf die Bühne, Woody Allen rief an, Blanche DuBois tänzelte herein und drapierte sich über Hepatitis' Schoß, und noch immer kein einziger Lacher. Erst als Noel auf sein Stichwort im Publikum aufstand und sagte: »Ich gehe jetzt. Wenn ich ins Theater gehe, will ich etwas mit einem Anfang, einer Mitte und einem Ende sehen und keinen solchen Quatsch!«, wurde plötzlich laut applaudiert. Doch es ging weiter. Und obwohl sich die Schauspieler immer mehr anstrengten und alles gaben – das Stück lag im Sterben. *God* trat auf und starb. Und dann schloß sich der Vorhang, wieder zur Musik der Marx Brothers.

In diesem Moment kam keiner von uns auf die Idee, daß an diesem Abend einfach die Chemie nicht gestimmt hatte. Wir waren nur wie betäubt vor Enttäuschung und Verblüffung. Es gab keine Verbeugung vor dem Vorhang. Unser Stück war ein Flop.

Immerhin kamen wir noch auf den dritten Platz und wurden gelobt, weil wir uns an ein so schwieriges Stück gewagt hatten. Zwei Tage später packten wir unseren ganzen Kram in Gerry Finucanes Lieferwagen und spielten *God* auf dem Limerick Drama Festival, wo wir zweite wurden. Drei Tage später wurden wir dritte auf dem Festival in Pallas Green. Als schließlich alles vorbei war, genehmigten wir uns ein piekfeines Essen bei Sean Fitz unten im Dorf. Wir waren in Doonbeg durchgefallen, aber wir würden weitermachen. Wir waren die Kilmihil Drama Group.

Heute nachmittag, als ich in der Dämmerung auf dem Rad vom Dorf nach Hause fuhr, traf ich Francie. Er stand am Rand eines Abzugsgrabens neben der Straße. Francie nannte den Graben einen Fluß. Er hatte einen Eimer bei sich und war im übrigen ganz allein. Es interessierte mich, was er in der hereinbrechenden Dunkelheit an einem kalten Nachmittag hier draußen tat, und er erklärte mir mit der ganzen Unschuld eines Kindes: »Ich versuche, einen Aal zu fangen.« – »Einen Aal!« rief ich. »Du willst mich wohl auf den Arm nehmen.« – »Nein, Crissie«, sagte er. »Ich will einen Aal fangen.« Ich blieb ungläubig, weil ich dachte, er wolle sich doch nur einen Scherz mit mir erlauben, aber ich spielte mit – zwinker, zwinker, kicks, kicks in die Rippen. Francie blieb ernst. Schließlich fragte ich ihn, wozu er den Aal brauche und wer ihm gesagt habe, daß er hier einen Aal fangen könne. Wußte er denn nicht, daß hier nur das Wasser abfloß, das aus dem Boden sikkerte? Ja, das wisse er. Und es war Mary, die ihm gesagt hatte, er solle einen Aal fangen, weil – »Weißt du Crissie, ein Aal hat ganz wenig Blut.« Das war sehr lehrreich für mich. Und er fuhr fort: »Und wenn ich ihn habe, hau' ich ihm den Kopf ab und bring ihn Mammy. Wenn man nämlich Aalblut auf Warzen schmiert, gehen die Warzen weg!«

Tom Sawyer in West Clare.

KAPITEL 8

Es war eine pechschwarze Nacht Ende November. Die kahlen Bäume standen völlig reglos, und die dunklen Gestalten der Kühe bewegten sich schemenhaft auf dem Feld. Es war eine jener Winternächte in Kiltumper, in denen man sich wie eingeschlossen fühlt in das zur Ruhe gekommene, einsame Herz der Welt – eine Nacht, die einen umhüllte, die das ganze Dorf behaglich in sich barg und den enormen Frieden des hiesigen Lebens atmete. Das Licht aus den fernen Häusern flackerte wie Kerzenschein. Torfrauch stieg in die windstille Dunkelheit und löste sich auf, und aus den kleinen Abzugsgräben und Bächen drang das Geräusch plätschernden Wassers. Es war still und kühl und wunderschön. Es war der Abend vor Thanksgiving, dem Erntedankfest. Chris und ich gingen langsam durch die Dunkelheit auf Tom und Mary Brogans Haus zu.

Tom und Mary waren fünfzig Jahre verheiratet, und heute wurde in ihrem Haus in Kiltumper zur Feier ihres Hochzeitstages eine Messe gelesen. Als wir um die Ecke bogen, sahen wir die Lichter ihres Hauses über die Felder scheinen. Die ganze Brogan-Familie – viele waren eigens aus England gekommen – würde heute an ihrem Heimatort versammelt sein.

An der Haustür empfing uns Mary Brogan.

»Willkommen, Crissie, willkommen, Niall«, sagte sie und schüttelte uns herzlich die Hand.

Dann führte sie uns in die hellerleuchtete Stube, wo bereits einige unserer Nachbarn versammelt waren. Tom kam in seinem blauen Anzug und auf seinen Stock gestützt quer durch den Raum auf uns zu, streckte uns die Hand entgegen und lächelte.

»Herzlichen Glückwunsch zum Jubiläum, Tom«, sagte Chris.

»Danke, Crissie«, sagte er mit einer kleinen Verneigung.

»Sag mal, Tom«, fragte ich ihn, nachdem wir uns gesetzt hatten, »kannst du dich an deinen Hochzeitstag überhaupt noch erinnern?«

»O ja«, antwortete er munter. »Es war ein wunderschöner Tag. Ich erinnere mich noch ganz genau an alles. Damals gab's natürlich noch keine Autos – nur Pferde und Wagen. Ich weiß noch, wie wir zur Kirche gefahren sind, nicht zu der neuen, sondern runter zum Friedhof, wo früher die alte Kirche stand. Und ich weiß noch, wie der Priester vor dem Altar stand und Mary zur Kirchentür hereinkam.« Er hielt einen Augenblick inne, als wollte er sich das Bild noch einmal vor Augen führen. Wie in Trance schien er hier in der Stube durch seinen Hochzeitstag zu spazieren, der ein halbes Jahrhundert zurücklag, und dann lächelten seine Augen, und er wandte sie in die Richtung, wo Mary an der Tür Father Linnane begrüßte.

Dieser kurze Moment ließ mich für den Rest des Abends nicht mehr los. Ich saß still neben Chris und nahm mit all den anderen an der feierlichen Messe teil; das leise Murmeln der Dankgebete drang aus dem Haus, in dem zwei Menschen fünfzig Jahre miteinander verheiratet waren, wehte über die reglosen Felder des nächtlichen Kiltumper und stieg empor in den schwarzen Nachthimmel. Ich sprach die Gebete mit und schaute Chris an. Ich dachte daran, was es für uns bedeutet hatte, daß wir hierhergekommen waren. *Wie wird es dort sein, Niall?* Ich dachte an die Opfer und Belohnungen, die guten und die schlechten Tage, an den verregneten Garten und die sommerlichen Wiesen. Vor meinem inneren Auge sah ich wieder Toms Lächeln, und ich dachte: Was für eine solide kleine Welt birgt so ein Cottage, und was für eine wundervolle Liebe kann darin wohnen. Ich griff nach Chris' Hand. Die Musik begann zu spielen, Teekannen machten die Runde, und überall klang Gelächter auf. Draußen, im Umkreis von Meilen, rührte sich nichts. Es war die Nacht vor Thanksgiving.

Wieder ein Thanksgiving in Kiltumper. Ein grauer, trüber Tag – nicht frisch und klar wie zu Hause um diese Jahreszeit. Ohne meine *Yanks* packt mich an Thanksgiving in Irland das Heimweh, doch sonst vergeht dieser Tag wie jeder andere auch. Hier müssen wir uns selbst in Thanksgiving-Laune versetzen und uns selbst sagen, wofür wir dankbar sein müssen. Im fernen Amerika sitzen jetzt Familie und Freunde bei Tisch und reichen einander die Kranbeersauce und die Kürbispastete. Ich gäbe wer weiß was dafür, wenn ich jetzt eine Kürbispastete bekäme – und wenn es eine aus der Tiefkühltruhe wäre. Weil ich in Festtagsstimmung bin, und um mein Heimweh zu unterdrücken, backe ich den Weihnachtskuchen.

Ein Pfund Rosinen, ein Pfund Korinthen, Zitronat und Orangeat, zerkleinerte kandierte Kirschen. Zwölf Unzen Margarine, gemahlene Mandeln und etliche gehäufte Teelöffel Zimt, Muskatblüte, gemahlene Nelken. Zwölf Unzen brauner Zucker, sieben Eier, ein knappes Pfund Mehl. Das Abgeriebene einer Orange, zweier Zitronen und drei ordentliche Flaschenkappen voll Whiskey zur Konservierung! Das Ganze, auf herkömmliche Weise zusammengerührt und fünf Stunden langsam gebacken, kommt dann als Grandma-Kittys-Früchtekuchen in Aluminiumfolie gewickelt bis Weihnachten in den Vorratsschrank.

Als Kinder verbrachten wir immer ein paar Tage der Thanksgiving-Ferien bei Grandma Kitty in Elmhurst, in Queens. Und nach dem Essen warteten wir alle begehrlich auf ihren besonderen Nachtisch, ihren Früchtekuchen. Ich dachte immer, es wäre ihr Geheimrezept, das niemand sonst auf der Welt kannte. Inzwischen weiß ich, daß jede gute irische Hausfrau und Mutter weiß, wie man Grandma-Kittys-Früchtekuchen macht. Hier stand ich also, viele Jahre nach meinem ersten Biß in einen irischen Weihnachtskuchen, und buk zum ersten Mal meinen eigenen, von dem ich jeden Krümel und jede Rosine genießen werde, als hätte ihn Grandma gebacken.

Allmählich schlich sich der Winter wieder ein. Morgens war es empfindlich kalt im Haus, und wir schlüpften schleunigst in dicke Pullover und machten das Feuer an. Nur Deirdre hatte es morgens warm. Wir brachten sie erst in die Küche, wenn der Torf richtig glühte. Vermutlich war das gar nicht nötig, denn Tausende irischer Kinder wachten in Häusern wie diesem auf und kamen barfuß in die Küche. Doch wenn morgens der weiße Reif auf den Feldern lag, war die Luft hinter unseren dicken Steinmauern so kalt, daß uns an Nase und Ohren und Füßen fror. Chris bestand darauf, daß wir das elektrische Öfchen bei Deirdre die ganze Nacht brennen ließen.

Außerhalb des Hauses umgab uns die Leere von Anfang Dezember. Es war klar, windstill und ruhig. Die Welt schien stehengeblieben in Erwartung des Weihnachtsfests. Morgens, nach dem Frühstück, wurden alte Brotkrumen über die gefrorenen Kartoffelreihen gestreut, damit die Vögel nicht die Beeren der Stechpalme fraßen. Draußen in den Ställen stampfte ich mit den Füßen auf, um sie in den Gummistiefeln warm zu halten, und schleppte sackweise Torf in die Küche. Unser Torfstapel schrumpfte schnell, und die eisige Drohung so kalter Worte wie Januar, Februar, März ließ mich schaudern. Hatten wir wirklich genügend Brennmaterial? Die Kühe, die sich vom letzten Gras auf der hinteren Weide ernährten, rochen das Heu und kamen jeden Morgen an die Mauer geprescht. Erwartungsvoll beobachteten sie mich mit ihren großen, wäßrigen Augen. Sie schnaubten und warteten. Ich wartete auch und schob den Beginn der Winterfütterung immer wieder hinaus. Ich zählte meine Heuballen und die Tage bis zum Frühlingsbeginn. Hatten wir auch wirklich genug Futter? Ich brachte Torf ins Haus und gab kein Heu aus und hörte die Kühe hinter mir herbrüllen.

Die grundlegende Frage lautet: Welche Schmerzen bereitet das Zahnen? Heute ist der 6. Dezember 1987, und Deirdre hat ihren ersten Zahn! Keine Schmerzen. Keine schlaflosen Nächte. Und ein kleiner weißer Zahn.

Mit Deirdre, in Mütze und Schal verpackt, in einem rosaroten Daunenschlafsack, den Chris' Mutter aus Amerika geschickt hatte, stiegen wir die Hügel von Tumper hinauf, kletterten nacheinander über die Felsmauern, wobei jeweils der andere das Baby hielt, und blieben kurz stehen, damit Deirdre einem aufgescheuchten Fasan nachschauen konnte, der flatternd in den Himmel flog. Wir stiegen bis zu der Stelle hinauf, von der aus man bis ins ferne Kerry sehen kann, und legten bei Tumper's Grave, der kleinen Erhebung, unter der nach der Legende der Riese Tumper begraben sein soll, eine Verschnaufpause ein. Jahrhundertelang hatten Chris' Vorfahren von hier aus nach Westen zum Atlantik geblickt, nach Limerick im Osten oder nach Süden zum Shannon. Nun ließen wir Deirdre, die neueste, jüngste Betrachterin, über dieses weithin ausgedehnte hügelige, felsige West-Clare-Land schauen, das ihre Heimat geworden war. Wir deuteten für sie auf den Rauch, der zwischen den Bäumen aus unserem Haus aufstieg, auf die weißen Steinmauern, die die Felder umrahmten, die reglosen Gestalten der Kühe und die geweihte Quelle drüben an der Grenze zu Seans Grund. Wir zeigten ihr alles, während wir über die Hügelkuppe wanderten, wo die Spuren von Hase und Fuchs kreuz und quer über die schwammweiche braune Fläche des Moores liefen. »Hier bei den Bäumen durch das Ausfalltor hinein und über den Burggraben – das ist der Weg ins Moor, Deirdre«, sagte ich, und Chris lachte laut. »Siehst du, hier wird im Sommer das Heidekraut blühen und das ganze Moor mit purpurroten Zweiglein sprenkeln, und dort werden die Kuckuckslichtnelken für deinen Geburtstagsstrauß wachsen.«

Wir wanderten hinüber in den Wald, gingen

zwischen den dicht stehenden Bäumen und rochen den sauberen, würzigen Tannengeruch in der frostigen Luft. Hier oben kam schon ein wenig Weihnachtsstimmung auf. Mann, Frau und Kind durchquerten langsam und wie in einem Traum den stillen Dezemberwald. Vorsichtig suchten wir unseren Weg. Manchmal stolperten wir zwischen den Furchen, und es gluckste und platschte, wenn die dünne Eisschicht einer Pfütze unter unserem Gewicht brach und unsere Stiefel im Matsch versanken.

»Siehst du die Weihnachtsbäume, Deirdre«, sagte Chris und schob Deirdres Kapuze zurück, damit sie sich mit ihren hübschen blauen Augen besser umsehen konnte. Sie blickte auf die Bäume, und in ihrem Blick konnte ich tatsächlich das Wunder sehen, das diese Bäume für sie darstellten. Ich fühlte, wie neu und wie alt dies alles war. Tausend Jahre früher waren genau hier, wo jetzt ein junger Nadelwald heranwuchs, riesige Eichen gestanden. Wir sprachen nicht. Wir hörten unseren Atem, der in der Luft verging.

Captain Mac sollte um zwei Uhr kommen. Um vier mußte er in Cooraclare ein Schwein schlachten und danach noch eine Reihe Truthühner in Leitrim. Jetzt hatte er seine arbeitsreichste Zeit, und Tessie und Lucy wollten ihn wie verabredet nach Kiltumper heraufschicken. Wartend ging ich im Hof auf und ab. Beim geringsten Knirschen meiner Schritte auf dem Kies erhob sich frenetisches Geschrei hinter der verschlossenen Tür des Putenhotels. Also ging ich lieber durch das hohe Gras neben der Scheune, während ich versuchte, mein Gewissen zu beruhigen, indem ich mir sagte, daß unsere vier namenlosen Puten schließlich seit Monaten dreimal täglich eine üppige Mahlzeit genossen und sich sehr wohl gefühlt hatten. Ich wußte genau, daß das die typischen Scheinargumente von Städtern waren, die nicht genügend abgehärtet waren und sich mit den Realitäten des bäuerlichen Lebens und der Tatsache, daß Haustiere nun einmal geschlachtet wurden, nicht abfinden konnten. Doch genau mit solchen Argumenten tröstete ich mich, während ich auf den Captain wartete. Hühner konnten wir inzwischen mehr oder weniger gut selbst schlachten, aber zwei von diesen Puten waren Weihnachtsgeschenke für Lucy und Tessie, und da diese Vögel viel größer und stärker waren als Hühner, wäre es idiotisch von mir gewesen, es selbst zu versuchen. Was wäre, wenn sie mir entkämen, mit halb abgewürgtem Kopf und Todesangst in den noch lebenden Augen? Nein. Lieber bestellte ich den Captain. Er war unser Experte im Dorf und hatte den Tod von mehr Tieren gesehen, als er sich erinnern mochte. Seit unseren ersten Monaten in Kilmihil hatten wir ihn im Dorf gesehen: ein kleiner Mann mittleren Alters, von kräftiger Statur, mit langen, buschigen Koteletten; meistens trug er einen Hut und fuhr auf einem schwarzen Fahrrad. Es gab nichts, was er über Tiere nicht wußte, hatte er doch jahrelang Erfahrungen auf Bauernhöfen gesammelt. Er kannte sämtliche Geheimnisse von Kühen, Pferden, Schweinen, Gänsen, Enten, Hühnern und anderen Tieren aus erster Hand; er wußte, wie sie funktionieren mußten und wie sie beschaffen waren, und im Gegensatz zu unserer immensen Unerfahrenheit und Unwissenheit war er landklug und bauernschlau. Er war der beste Mann für den Job.

Um zehn nach zwei stieg er aus Tessies Wagen und spitzte sofort die Ohren, als er das verzweifelte Gezeter der Puten vernahm.

»Sie haben sie eingesperrt?« fragte er mich mit einem Glitzern in den Augen. Aber unter seinem grünen Filzhut lächelte er mich an. »Wie viele haben Sie?«

»Vier«, sagte ich.

Es entstand eine kleine Pause, als Chris herauskam. Wir standen herum, während sich der Captain bereit machte. Sein Schlachterkittel, ein bräunliches Kleidungsstück mit alten Blutflecken und Flecken weniger eindeutiger Herkunft, war ordentlich zusammengerollt und mit einem Bindfaden umwickelt. Als er ihn anzog, nahm er für einen Moment seinen Hut ab.

»Sie haben immer einen Hut getragen, Captain«, bemerkte Tessie.

»Seit vierzig Jahren trage ich einen Hut. Sie haben gesagt, ich würde mit dreißig kahl sein, und jetzt bin ich einundsechzig.« Er zeigte uns sein schönes Haupthaar und stülpte sich wieder den Hut darüber. »Nun, junger Mann, wo wollen Sie diese Vögel schlachten?«

Tessie stieg in ihr Auto. »Ich bin in einer Minute wieder zurück«, sagte sie und fuhr eilends davon.

»Ihr braucht mich doch nicht, oder?« sagte Chris. »Ich bin in der Küche, okay?« Und sie verschwand schleunigst mit Lucy im Haus, wo ein niedriges Torffeuer im Kamin brannte.

Ich führte den Captain zu dem kleinen Stall neben dem Putenhotel. »Hier drin können wir sie rupfen«, sagte ich und deutete auf eine große Kiste, die ich eigens für die Federn bereitgestellt hatte.

»Sehr schön«, sagte er und streckte die Hand aus, um den Griff von Chris' kurzem Spaten zu befühlen, der neben der Stallwand lag. Ich starrte ihn an; er erwiderte meinen Blick. »Also dann. Bringen Sie die erste rein«, sagte er.

Sie hörten mich natürlich kommen. Verwirrt und halb verrückt vor Hunger, schlugen sie mit den Flügeln, stürzten an die Stalltür und hackten mit den Schnäbeln in die verwitterten Bretter. Es war die Rettung aus einem Hungeralptraum: Ich hatte einfach ein paar Tage lang vergessen, sie zu füttern, aber diesmal kam ich bestimmt mit ihrem Futter. Sie gierten mit den Schnäbeln bei dem Gedanken an eine dampfende Schüssel mit Gartenerbsen und Kartoffelschalen, Brotkrumen und Putenmastfutter. Ich zog die zwei Riegel zurück und trat ein. Die Vögel stoben gegen die Rückwand des Stalls, und im Lichtstrahl, der durch die Tür hereinfiel, ging ich in die Hocke, um den ersten zu fangen. Beginne ich mit dem größten oder mit dem kleinsten? Meine Hand schoß vor, um eine am Fuß zu packen, und die Pute flog kreischend hoch und entwischte mir. Also, versuch's mit der nächsten.

Plötzlich hatte ich eine. Ich hatte sie an den Füßen erwischt, hielt sie mit dem Kopf nach unten. Sie war benommen vor Schreck, verwirrt, das Blut schoß ihr ins Gehirn, die Augen starrten entsetzt auf die kopfstehende Welt. Einen Augenblick lang hätte ich sie beinahe losgelassen. Es hätte mir vielleicht auch genügt, nur so dazustehen, die Pute festzuhalten und anzusehen – ihre Körperfülle, das erstaunlich weiße Gefieder, die hohe Brust, die Spannweite der Flügel. Einen Augenblick lang war ich dort im trüben Licht des Stalls wie vor den Kopf geschlagen bei dem Gedanken, was ich hier im Begriff war zu tun. Dann fingen die anderen Puten wieder zu kreischen an, das Gewicht des Vogels zerrte an meinem Arm, und ich rannte hinaus.

»Ah, da haben Sie ja eine«, sagte der Captain, lächelte und schlang ein Stück Schnur um die Beine des Vogels, knüpfte es einmal, zweimal, und dann nahm er das Tier und wog es in den Händen. »Hat ein schönes Gewicht, diese Pute«, sagte er und rupfte ihr ein paar Federn aus dem Nacken. »Nicht ganz zwanzig Pfund, würde ich sagen.«

Sehr sachlich gingen wir hinüber in den Stall, wo geschlachtet wurde. Der Nachmittag war kühl und still. Die Kühe auf der hinteren Weide waren an die Mauer gekommen, und die Hühner gackerten vor ihrem Verschlag. »So«, sagte der Captain, »halten Sie mal kurz, junger Mann. So ist's recht – den Kopf etwas tiefer, damit ich das hier drüber legen kann.« Ich hielt die Pute bei den Füßen und ließ sie vorsichtig hinab. In einer Art stummen Staunens sah ich zu, wie er den Griff des Spatens quer über ihren Nacken legte.

»Steigen Sie rechts und links mit den Füßen drauf, so ist's recht, genau so«, sagte er, als ich ein bißchen fester auf den Spatenstiel trat und den Vogelkopf gegen die Erde drückte. »Das weitere schaffen Sie sicher allein, nicht wahr?«

Ich weiß nicht, was mich veranlaßte, ja zu sagen. Weder der Captain noch ich hatten damit gerechnet, und doch war ich damit herausgeplatzt. Ich packte etwas fester zu, spannte meinen Körper an, und Sekunden später passierte es: Ich fühlte, wie sich der Hals der Pute spannte und dehnte, und in einer Art von Betäubung sah ich, wie sich meine Hände höher und höher hoben. Ich riß den Vogel vorschriftsmäßig nach oben, um ihn schnell und human zu töten. Aber nichts schien zu passieren. Ich hörte keinen Ton, der Hals schien sich unendlich zu dehnen, und dann machte es *plopp!*, und der Kopf war ab. Ich taumelte zurück, das Tier in meinen Händen schlug wie verrückt mit den Flügeln, und sein Blut spritzte nach allen Seiten. Wo sein Kopf gewesen war, hing ein langer roter Faden, und meine Augen konnten nichts anderes sehen als diese tropfende, geleeartige Stelle, wo der Kopf fehlte. Der Kopf war weg! Was sollte ich jetzt tun? Ich wollte meine Hand um den Hals des Puters legen, das Loch zudecken, das Blut aufhalten, den toten Kopf finden und wieder auf den Hals setzen. Doch während mir solche Gedanken durch den Kopf schossen, hörte ich die Stimme des Captains.

»Geben Sie her! Geben Sie her! Holen Sie schnell einen Lappen, ja?«

An der Küchentür blieb ich stehen, weil ich sah, daß ich Blut an den Stiefeln hatte. Ich beugte mich vor und rief zu Chris hinein.

»Kann ich einen Lappen haben, Chris?«

»Einen Lappen?«

»Ja.«

»Wozu brauchst du einen Lappen?«

»Der Captain braucht ihn.«

»Wofür?« fragte sie reichlich unschuldig, legte ein paar Sachen von Deirdre zur Seite und ging zum Schrank, um einen Lappen herauszuholen.

»Chris, es eilt ziemlich. Könntest du...«

Sie blieb stehen, wo sie war, und sah mich an. Ich gab auf.

»Der Kopf ist ab«, sagte ich.

»Was?«

»Der Kopf von der Pute ist ab. Es war ein Unfall, ich...«

»NIALL, DER KOPF VON DER PUTE IST AB?«

»Ja«, sagte ich leise, »und wir hätten gern einen Lappen, damit es nicht so blutet.«

Sprachlos hielt sie mir einen Lappen hin. Es war eine alte Socke von mir. Im Stall hatte der Captain bereits begonnen, sich um die Folgen der Katastrophe zu kümmern. Zwinkernd nahm er mir die Socke ab, stülpte sie über den Hals des Vogels und wickelte ein Stück Schnur darum. Dann hängte er den toten Puter an einen Dachbalken, zog sich den Hut tief in die Stirn, und wir begannen mit dem Rupfen.

»Ich glaube, die anderen werde ich übernehmen. Diese hier hat Ihnen ganz schön zu schaffen gemacht«, sagte er und lachte in sich hinein. Dann beugte er sich über die Federkiste und holte das Beweisstück hervor. »Sehen Sie her. Sie haben ihr glatt den Kopf abgerissen«, kicherte er und hielt mir auf der flachen Hand den Putenkopf unter die Nase.

Niall, Deirdre und ich fuhren am vergangenen Wochenende nach Dublin zur Taufe unseres Patenkinds Robert John Williams, dem zweiten Kind von Declan und Patricia. Auf der vierstündigen Fahrt schlief Deirdre zwei Stunden lang, aber dann wurde ihr übel, und sie spuckte ihren hübschen rosaroten Wollanzug voll und die ganze Vorderseite meines Pullovers. Deirdre hatte Glück, denn für sie hatte ich Sachen zum Wechseln mit.

Bis zu diesem Wochenende hat Deirdre, wenn sie wach war, meistens in ihrem Laufstall auf dem Rücken gelegen oder, von einem Kissen gestützt, gesessen und mit ihren Spielsachen gespielt. Sie haßt es, auf dem Bauch zu liegen, und wenn sie mal aus Versehen vom Rücken auf den Bauch kullert, dreht sie sich sofort wieder um. Auf den Boden legen wir sie nie, denn der Zementboden in der Küche ist nur mit einem dünnen Linoleum ausgelegt und besonders im Winter sehr kalt. Dazu kommt, daß der Belag rutschig ist. Aber das Haus von Declan und Patricia ist mit Teppichen ausgelegt und warm und wesentlich anregender für ein siebeneinhalbmonatiges Baby, wie wir sehr bald feststellen konnten, als wir Deirdre neben ihren Cousin Neil auf den Boden legten – auf den Bauch. Vor den Augen von Grandpa Jack und Grandma Philo stützte sie sich auf die Ärmchen, zog ihre bestrumpften Beinchen unter sich und stieß sich ab! Sie kam ungefähr zweieinhalb Zentimeter voran, aber sie versuchte es immer und immer wieder, bis sie sich wie ein Fisch auf dem Trockenen mit rudernden Armen und Beinen über den Teppich schob. Ich glaube, sie war zum ersten Mal in ihrem Leben glücklich, auf die Welt herabsehen zu können, auch wenn sie sich nur einen Zollbreit darüber befand.

Zwei Tage vor Weihnachten beschlossen wir, uns ins Leben und Treiben von Einkaufsstraßen und Menschenmengen zu stürzen und einen Ausflug nach Galway zu machen, unserer Lieblingsstadt in Irland. Der alte blaue Peugeot wurde aufgetankt, Öl wurde nachgefüllt, Pamela versorgte das

Baby, und wir fuhren los über die Straße nach Gort. Als Zeitvertreib hatten wir Thackerays *Irish Sketch-Book* mitgenommen. Chris las daraus vor, während die Scheibenwischer gegen den Nieselregen kämpften.

»›Es ist die einzige Stadt, die ich in Irland gesehen habe, wo ein Altertumsforscher viel Stoff zum Studium findet oder ein Liebhaber des Malerischen Gelegenheit, seinen Stift zu benützen. Es ist eine wilde, leidenschaftliche und sehr urwüchsige Stadt.‹«

»Wild und leidenschaftlich?« sagte ich.

»Ja, und hör dir das an: ›Das Wasser des Lough Corib, das unter den Brücken der Stadt hindurchschießt, strömt stürzend und tosend zum Meer mit einem Lärm und einer Ungeduld, wie man sie nur in Galway kennt; und an den Ufern sieht man alle möglichen merkwürdigen Gestalten, die die wundervollsten Kleidungsstücke waschen und in roten Unterröcken und mit noch röteren Schenkeln im Wasser stehen. In jeder Straße sind Schweine, die ganze Stadt quiekt von Schweinen. Es gibt viele Müßiggänger auf den Brücken und Tausende auf den Straßen, die zwischen den dunklen, alten und baufälligen Häusern summen und ein- und ausschwärmen; die sich um zahllose Apfelbuden, Nägelbuden, Flaschenbuden, Schweinsfußbuden scharen, sich in kuriosen alten Läden drängen, die aussehen, als wären sie zwei Jahrhunderte alt; die vor Lagerhäusern und halb verfallenen Schuppen herumlungern; die den Wäscherinnen am Fluß zuschauen oder den Fischverkäufern, den Kartoffelverkäufern oder einem Schiff, das am Kai anlegt, oder den aufs Meer hinausfahrenden Booten.‹«

Chris hörte auf zu lesen und sah mich an, während wir Oranmore hinter uns ließen und die letzte Meile zur Stadt zurücklegten.

»Klingt ziemlich wild und leidenschaftlich, nicht wahr?«

»Ja«, erwiderte ich grinsend. »Schweine in jeder Straße, die ganze Stadt *quiekt* von Schweinen!«

Erst als wir auf dem Heimweg nach Clare weiterlasen, merkten wir, daß Thackerays Impressionen von Galway von einer denkbar kurzen Begegnung mit dieser Stadt herrührten. Er schrieb:

»... es goß in Strömen, und da englische Regenmäntel dem irischen Wetter nicht standhalten, muß der Reisende, der nur einen Mantel bei sich hat, dies notwendigerweise respektieren und bleiben, wo er ist, sofern er es nicht vorzieht, sich ins Bett zu legen, während man seine Kleider trocknet...«

So gesehen verbrachte der Tourist des neunzehnten Jahrhunderts (mit englischem Regenmantel) den größten Teil seiner Irlandrundreise natürlich mehr drinnen als draußen. Als wir an jenem Vormittag am Eyre Square im Herzen der Stadt ankamen, war der englisches *waterproof* mißachtende Regen von Galway nicht mehr als ein leichter Seenebel. Sobald wir den Wagen geparkt hatten und uns in den turbulenten Weihnachtsbetrieb mischten, spürten wir den Pulsschlag der Stadt, ihre *wilden, leidenschaftlichen und urwüchsigen* Qualitäten, diese merkwürdige Kombination aus ländlichem Jahrmarkt und Großstadt, aus nebelgrauem Licht und grellbunten Ladenfronten. Zum Klang von *ceili*-Musik zogen wir durch die schmale, gewundene Shop Street.

Für Chris und mich hat Galway etwas Romantisches. Überall spürt man hier das Meer und die Berge ringsum. Möwen landen auf den morgendlichen Plätzen, und an Wintertagen schmeckt man das Salz in der Luft. Gassen und Bogengänge winden sich wie Geheimwege zwischen den alten Steinbauten, und sogar die Straßennamen scheinen Bilder von einer romantischeren Vergangenheit heraufzubeschwören. Die Buttermilk, die Druid und die Deadman's Lane, Fishmarket und Flood Street, Spanish Parade und der Spanish Arch. Wenn man in diesen Straßen herumspaziert, ist es gar nicht so schwer, sich frühere Jahrhunderte zu vergegenwärtigen – Thackerays Galway, das von Schweinen quiekte, oder die Zeit, als angeblich Kolumbus vom Hafen herauf über die kopfsteingepflasterten Straßen gegangen sein soll, um in der Kirche Saint Nicholas of Myra (Patron aller Reisenden zu Wasser und zu Lande) die Frühmesse zu hören. Beim Gang durch die Stadt rings um Spanish Parade und hinaus zu dem kleinen Schiffsanlegeplatz, dem Claddagh, umgibt uns eine von Geschichte gesättigte Atmosphäre.

All das gehört zum Einkaufsbummel in Galway. Zudem wimmeln die Straßen von lebhaften jungen und alten Galwegiern. Überall sieht man Galway-Tweed und Galway-Wolle, und zwischen den Pubs gibt es hübsche kleine Geschäfte, die Socken, Sweater, Anzüge, Schuhe, Angelgerät, Gemüse und Bücher verkaufen – genau das, was wir zwei Tage vor Weihnachten brauchten. Hier würden wir ein Geschenk für Deirdre finden, und uns selbst schenkten wir einen Besuch bei Kenny's.

Kenny's Bookshop und Galerie in der High Street ist ein Ort, von dem jeder Buchliebhaber träumt. Hinter einer altmodischen grünen Ladenfront befinden sich drei Stockwerke, ein Speicher und ein Untergeschoß voll mit Büchern. Es gibt einen Raum für seltene Bücher, eine Galerie mit antiquarischen Landkarten und Drucken und ein Literaturzimmer. Es gibt Bücher für Irlandinteressierte, Reisebücher, Kinderbücher, Bücher in Gälisch und in Fremdsprachen, Bücher über Religion und Recht und geisteswissenschaftliche, medizinische und geschichtliche Bücher; eine Zeitschriftenabteilung und eine sehr schöne Kunstgalerie auf der Rückseite des Ladens (oder auf der Vorderseite, je nachdem, ob man die Buchhandlung von der High Street oder der Middle Street betritt). Der Laden besteht aus dem gesamten Erdgeschoß zwischen den beiden Straßen. Hier hat die Familie Kenny dem Buch wieder seinen besonderen Ehrenplatz eingeräumt. Hier sind praktisch überall Bücher, gestapelt entlang der Wendeltreppen, die in die zweite und dritte Etage führen, auf Fensterbrettern, in Weidenkörben, in allen Ecken, in Kisten und Kartons, die darauf warten, ausgepackt zu werden. An den Wänden hängen die Bilder zeitgenössischer irischer Künstler. Connemara und der Westen grüßen aus einer Reihe ungewöhnlicher Landschaftsbilder, und wenn man, umgeben von diesen Bildern, eine alte Ausgabe von Thackerays *Irish Sketch-Book* aufschlägt, ist es beinahe so, als sähe man seine Kutsche auf den kurvenreichen Straßen durch die regenverhangenen Berge fahren. Da und dort steht neben den Regalen ein Stuhl. Augen und Finger wandern über die tausend braunen, blauen, roten, grünen und schwarzen Einbände von alten Büchern; es sind Schätze, die hier in den Regalen stehen, und plötzlich ist der Gedanke an den Winter in einem West-Clare-Cottage gar nicht mehr so bitter. Was werden wir nicht alles lesen! Die Atmosphäre hier ist ähnlich wie die der Stadt selbst. Die Kunden unterhalten sich mit Mrs. Kenny am Ladentisch über das Wetter, neue Bücher, und ein einhundert Jahre alter Reisebericht über Irland kann ebenso Gesprächsstoff sein wie irgendein alltägliches Thema. Oder es kommt jemand herein mit einer alten Ausgabe seines Lieblingsbuchs; dann nimmt es einer der Kennys behutsam in die Hand und schickt es hinunter in die hauseigene Buchbinderwerkstatt, wo es in weiches Leder gebunden wird, neues Vorsatzpapier, Prägung und Goldschnitt bekommt sowie ein seidenes Lesebändchen.

An jenem Nachmittag in Galway, zwei Tage vor Weihnachten, stöberten wir glücklich wie Kinder in einem Spielwarenladen in Kenny's Buchhandlung. Als wir wieder in die High Street hinaustraten, hatten wir eine kleine bunte Auswahl an Lesestoff für unseren irischen Winter beisammen: den Erstling, einen Band Kurzgeschichten, des irischen Schriftstellers Aidan Matthews, *Adventures in a Bathyscope*, Christopher Nolans preisgekröntes Buch *Unter dem Auge der Uhr* und zwei irische Klassiker: Robin Flowers faszinierende Schilderung seines Aufenthalts unter den Poeten und Geschichtenerzählern auf der Great-Blasket-Insel, *The Western Island*, und schließlich von einem alten Lieblingsautor, John Millington

Synge, eine kleine gebundene Ausgabe von *Die Aran-Inseln.* Ich hatte dieses Buch vor Jahren in einer Dubliner Bibliothek gelesen und wollte es mir schon immer kaufen. Es war eines der Bücher, das in meine Vorstellungswelt eingegangen war, das etwas in mir ausgelöst hatte, ohne daß ich mir dessen ganz bewußt geworden war. Und obwohl Chris und ich häufig von einem Ausflug zu den Inseln gesprochen hatten, waren wir noch nie dort gewesen. Aber jetzt, dachte ich und drückte das Buch fest an mich, während wir durch die Geschäfte von Galway eilten, jetzt gibt es noch einen Ort, der *wild, leidenschaftlich und urwüchsig* ist. Und – es war wie ein Weihnachtsgeschenk an mich selbst – ich wußte, daß Chris und ich dieses Jahr, nachdem ich Synges kleines Buch wiedergelesen hatte, mit dem Schiff nach Aranmore fahren würden. Ich stellte mir diese meerumtosten Inseln vor und fragte mich, was wohl der arme Thackeray von ihnen gehalten hätte.

Lucy brachte uns eine riesige Tüte *mince pies* (kleine, mit gehackten Rosinen, Korinthen, Äpfeln, Rum und Hammelfett gefüllte Pasteten). Und wir holten eine der sauber gerupften Puten aus dem Stall, wo sie kopfüber an einem Dachbalken hingen, und legten sie auf den Rücksitz ihres Wagens. Socky, wie Chris unseren kopflosen Kandidaten für den Weihnachtsbraten nannte, sollte noch drei Tage länger in der Kälte hängen, bis ihr Bruder Sean, mein Bruder Paul und Chris' Cousin P.J. Brown in Kiltumper eintreffen würden. Sie werden doch nichts gegen Socky einzuwenden haben? Wir würden uns die blutrünstige

Geschichte seines letzten Tages bis nach dem Nachtisch aufheben.

Dieses Weihnachtsfest war das erste für Deirdre. Zwei Jahre zuvor waren wir tief unglücklich gewesen, weil unser Weihnachten für immer ein Fest ohne Kinder sein würde. Es war eine besonders schwierige Jahreszeit für uns, weil wir uns ausgeschlossen fühlten von all dem Jubel und der Freude über Santa Claus und Bethlehem. Weihnachten war eine Zeit für Kinder, eine Zeit, in der uns unsere Kinderlosigkeit am grausamsten erschien. Aber mit Deirdre war alles anders geworden. An den stillen Abenden, wenn sie zu Bett gebracht war, saßen Chris und ich vor dem Feuer in der Küche, unfähig, ein Wort zu sagen. Rührung und Dankbarkeit schnürten uns die Kehle zu. In einem Augenblick waren wir glücklicher, als wir es uns je erträumt hatten, saßen beisammen und lachten und erzählten uns, was das Baby heute gemacht hatte, und im nächsten quälten wir uns mit all den Ungewißheiten und Sorgen herum, die auch andere Adoptiveltern wahrscheinlich kennen. *Machen wir es wirklich richtig?* fragte Chris, ins Feuer starrend, und dann begann sie leise zu weinen. Gemeinsam schlichen wir durch das dunkle Haus, öffneten ganz, ganz vorsichtig die Tür zu Deirdres Zimmer und schauten zu ihr hinein, wie sie dalag und schlief, tief in ihre Bettdecke gekuschelt und beinahe lächelnd in ihren Träumen. Sie so schlafen zu sehen brachte alles wieder in Ordnung, und die Tränen, die danach in der Küche flossen, waren nichts anderes als Freudentränen.

Der Weihnachtsbaum in der Stube war mit hundert kleinen hölzernen Figürchen und Ornamenten geschmückt, die Chris im Lauf unserer Ehe gesammelt und datiert hatte und die uns nun wie Zeugnisse unseres gemeinsamen Lebens vorkamen. Dieser Weihnachtsschmuck gehörte zu den ersten Dingen, die sie in Amerika eingepackt hatte, und jedes Jahr kamen die sieben Downes-Kinder, um ihn sich Stück für Stück anzusehen. Auch in diesem Jahr waren neue Sachen hinzugekommen. Und dort, ganz vorne, hing das hübsche weiße Miniaturpferd mit der goldenen Aufschrift *Baby's First Christmas, 1987*. In der Woche vor Weihnachten trug Chris Deirdre jeden Morgen nach dem Aufstehen in die Stube und zeigte ihr den Baum und die bunten Pakete, die für sie aus Kalifornien, New York, Dublin und Kilmihil gekommen waren.

Überall in den Dörfern konnte man spüren, daß Weihnachten vor der Tür stand. In den Geschäften von Kilmihil war Santa schon gewesen, und vor den Schaufenstern drängten sich die Kinder, die mit ihren Eltern ins Dorf gekommen waren, und bestaunten die herrlichen Dinge. Ihre Eltern kauften inzwischen *the Christmas*. Während die bereiften Felder still und reglos lagen, schien die frostkalte Luft vor Aufregung zu vibrieren. In den Häusern wurde vom Dachboden bis zum Keller saubergemacht, in den offenen Kaminen wurden Torf und Holz für ein großes Feuer aufgeschichtet, und auf den stillen Nebenstraßen sah man die Dorfbewohner, die ihre Weihnachtsbesuche, ihre *cuairds*, machten. Weihnachten im ländlichen Westen von Irland ist eine wirkliche Idylle, und in diesem Jahr fühlten wir, daß wir ein Teil dieser Idylle waren, und wir feierten begeistert mit. Wir gingen mit Deirdre in dem von Tessie geborgten Kinderwagen über die holperige Straße nach Upper Kiltumper, um die Dooleys zu besuchen. Seit wir das Baby hatten, konnten wir abends nicht mehr so oft Besuche machen und hatten auf eine ganze Reihe von köstlichen Dingen verzichten müssen: auf Paulines herrliche braune Brötchen, Bredas wundervolle Pfannkuchen, die über dem offenen Feuer gebacken wurden, Marys Braunbrot und ihren Früchtekuchen, ganz zu schweigen von den zahllosen Bechern kräftigen süßen schwarzen Tees. Nun, an einem der letzten Tage vor Weihnachten, schoben wir Deirdre vor uns her und bekamen von jedem etwas. Wir saßen in Dooleys Küche bei unserem Tee und schauten Deirdre zu, die mit Michael und Bredas erwachsenen Töchtern, Bernie und Geraldine, spielte. Wir kamen zu den üppigen Kuchenplatten und frischen Rosinenbrötchen an Marys Tisch. Wir schauten bei Michael und Pauline vorbei und lachten über die Wunschzettel, die Noel und Una und Colette und Evelyn und Karol und Peter und Francie an Santa geschrieben hatten. Wir fühlten uns als ein Teil von allem, während wir mit dem Baby über die Straßen von Kiltumper holperten, und wir dachten an alle unsere Freunde hier und an die Hilfe und die freundliche Aufnahme, die wir bei ihnen gefunden hatten. Auch das gehörte zu Weihnachten. Deirdre kicherte, als wir auf dem Heimweg über die letzten Schlaglöcher schaukelten, und beim Geräusch ihres Gelächters kamen unsere zwei Hennen über die Kieseinfahrt gerannt, um den Kinderwagen zu begrüßen.

Heiligabend 1987. Seit wir im vergangenen Oktober aus San Francisco zurückkamen, habe ich darauf gewartet, Deirdre diesen kleinen roten Samtschlafanzug anziehen zu können. Heute, an Heiligabend, sitzt sie passend gekleidet in ihrem roten Santa-Gehilfenoverall unter dem Weihnachtsbaum. Weil wir nach Dublin fahren werden, um Weihnachten bei Nialls Eltern Jack und Philo zu verbringen, beschlossen wir, unsere Geschenke jetzt schon auszupacken. Wir spielten unsere einzige Weihnachtskassette – Weihnachtslieder, gesungen von Anne Murray –, schalteten die elektrischen Kerzen auf dem Weihnachtsbaum an, unsere »Elfenkerzen«, wie man sie hier nennt, und machten das Deckenlicht aus. Es war nicht hundertprozentig romantisch, weil wir den Heizstrahler in die Stube bringen mußten, um nicht zu erfrieren, denn in der Stube gibt es keinen Kamin; aber es war trotzdem wundervoll. Die kleinen weißen Kerzen leuchteten in Deirdres Augen, als sie die Krippe betrachtete, die wir am Fuß des Baumes aufgebaut hatten – die Kuh und den grauen Esel, die drei Weisen aus dem Morgenland mit ihren goldenen Geschenkschatullen, Maria und Josef mit dem Jesuskind und die Hirtenjungen, die die Kamele der Reisenden hielten.

Sie war ganz versessen auf ihre Geschenke, die unter dem Baum lagen, oder vielmehr auf das bunte Einwickelpapier. Wir gaben ihr ihr erstes Geschenk: einen roten Teddy mit einem grünen Sweater. Sie warf ihn weg und streckte die Hände aus nach mehr. Und es kam noch mehr. Drei Anzüge oder »Kostüme«, wie Niall sie nannte, ein Babybecher, ein Hündchen in einem Sack, ein Schweinchen als Spieluhr, eine Plastikhand und ein Plastikfuß, auf denen zahnende Kinder herumbeißen können; zwei Schwämme in Entengestalt, mehrfarbige Ringe von verschiedener Größe, ein blauer Hund mit einem Buch und einem Knochen, ein süßer pfirsichfarbener Teddy, eine Stoffpuppe, eine handgestrickte Mütze, zwei Christbaumfigürchen, ein rosa Daunenschlafsack (ein sehr kluges Geschenk von meiner Mutter), ein handgestricktes Jäckchen und passende Strümpfchen von ihrer irischen Patentante Lucy und, last not least, eine massiv silberne Porridgeschüssel und ein Paar graue Wildlederschuhe von ihren kalifornischen Pateneltern Stephen und Danna.

Es war wunderbar, Deirdre zuzuschauen, wie sie alle ihre Geschenke um sich versammelte und sie vergnügt und aufmerksam untersuchte. Unser hübsches kleines Mädchen. Sie lächelte und plapperte vor sich hin, und gelegentlich warf sie einen Blick in unsere Richtung und nickte, als wollte sie sagen: Ja, ja, ich bin sehr glücklich. Und als sie uns mit ihren lebhaften Blaubeeraugen einen Augenblick richtig anschaute, sah sie *uns*: Mammy und Daddy. Wir wußten, wir machten es richtig.

KAPITEL 9

Und wie ging es weiter?

Mit Deirdre, die mit dem größten Entzücken in der Küche umherkrabbelte und emsig die winzigsten Krümel aufsammelte, krähte und gurgelte und wie verrückt in der kleinen gelben Wanne vor dem Feuer plantschte, war unser Weihnachten rundum glücklich. Es war eine Zeit ruhigen Frohsinns. Jedermanns Glück ist anders, und auf einem kleinen Bauernhof im Westen von Irland bestand das unsere aus winzigen Kleinigkeiten: mit Deirdre zu den Hühnern hinauszugehen, ihr all die Namen der Dinge vorzusagen und zu beobachten, wie das Erkennen in ihrem Gesicht aufleuchtete, den Kinderwagen über die holprige Straße zu schieben, die stille Winterlandschaft zu betrachten und die Kühe, die über die Mauern auf das Baby mit der wollenen Mütze glotzten.

Deirdres leibliche Mutter hatte die Verzichtserklärung unterschrieben, und nun warteten wir auf die Aufforderung, nach Dublin zu kommen, wo die Adoption endgültig legalisiert werden mußte. Bis zu diesem Tag bestand die Möglichkeit, daß uns Deirdre von heute auf morgen wieder genommen wurde, doch während der Weihnachtstage schoben wir diesen Gedanken weit von uns.

»Gott ist gut«, sagte Mary, »und gebe Gott, daß alles gut ausgeht.«

»Das gebe Gott«, sagte ich, und es war das frömmste Gebet, das ich je gesprochen hatte.

Drei Tage nach Weihnachten fiel ein Schwarm von Besuchern bei uns ein, die uns von unseren Sorgen ablenkten und uns mit Fröhlichkeit und herzlicher Freundschaft leichter über die Mitte des Winters kommen ließen. Mein Bruder Paul kam aus London mit seinen Golfschlägern und in voller Regenmontur. Aus New York kam Chris' Bruder Sean und aus Chicago ihr unnachahmlicher Vetter P.J. Brown.

Seit einiger Zeit hatten Chris und ich bemerkt, daß unser Dasein hier für eine kleine Gruppe unserer engsten Freunde so etwas wie ein Licht am Horizont geworden war. Auf ganz bescheidene Weise waren wir für sie ein Sinnbild der Hoffnung, der Freiheit oder etwas Ähnlichem geworden; unser Leben hier zwischen grünen Feldern, in Ruhe und Frieden, war eine wirklich existierende Alternative, und sie dachten an uns, wenn das Leben in der Stadt zu hektisch und zu belastend wurde und nichts als nagende Unzufriedenheit hinterließ. »Ja, wir sind noch hier und glücklicher denn je«, schrieben wir ihnen und empfanden tatsächlich so etwas wie Verantwortung, weil wir die Träume anderer Menschen wahr machten.

Kiltumper war eine Art Ersatzposten geworden, ein ganz buchstäblich abseits gelegener Ort, an dem man wieder Atem holen und Ausschau halten konnte, um die Richtung seines Lebenswegs zu finden. Hier, im grünen und grauen Licht des Regens, sah die Welt anders aus. Wie überall im Westen von Irland schien die Zeit langsamer zu vergehen und allmählich zu einem Stillstand zu kommen. Wenn P.J., Paul und Sean im nieselnden Regen über die winterlichen Straßen spazierten, Torf aus dem Schuppen holten oder auf den Weiden bei den Kühen eine Mauerlücke reparierten, glitten sie mühelos in den Kiltumper-Gemütszustand. Alle drei befanden sich an einem Wendepunkt in ihrem Leben. Paul bereitete sich darauf vor, aus der Londoner Geschäftswelt in die von Amerika vorzustoßen. Sean wollte Ende Januar nach Toronto, und P.J. sollte nach seiner Rückkehr in Chicago eine schwierige Rolle in einem aggressiven nordirischen Stück – *Ourselves Alone* – übernehmen. Es schien, als wäre Kiltumper das ruhige Auge des Wirbelsturms. In jenen ersten Tagen des neuen Jahres herrschte in unserem kleinen Haus in der stillen Landschaft von West Clare eine Atmosphäre, als wohnten wir der Geburt von Träumen bei.

Es gab viele Tassen Tee und große Stücke von Chris' Grandma-Kitty-Kuchen; und abends gab es Wortspiele, Geplauder und Musik. In Dublin hatten wir schließlich einen Futon aufgetrieben, und das neue Schlafzimmer konnte endlich benützt werden. Jetzt hatten wir ein volles Haus, und mit dem Baby in unserer Mitte schien uns das neue Jahr voll glänzender Hoffnung.

Als plötzlich der Wunsch aufkam, einmal etwas richtig Ferienmäßiges zu machen, planten die Männer eine Runde Golf in Lahinch. Von uns vier konnte nur Paul von sich behaupten, ein Golfer zu sein. Wir wollten beim ersten Morgengrauen aufstehen und schon um neun Uhr an der ersten Abschlagstelle sein, »um nicht ins Gedränge zu kommen«. Chris blieb gern und freiwillig mit Deirdre zu Hause.

Ein Tagesanbruch im winterlichen Irland ist im allgemeinen keine aufsehenerregende Angelegenheit. Das Licht sickert vom östlichen Himmelsrand und überflutet den Morgen gegen halb acht mit einem fahlen, wäßrigen Grau. Als der Peugeot über die verlassenen Straßen zu den *fairways*, den Rasenflächen des Golfplatzes, und dem sehr rauhen *rough* (das unebene Gelände neben den *fairways*) von Lahinch brummte, war es genau so ein Morgen.

Der Golfplatz von Lahinch ist aus mehreren Gründen zu Recht berühmt: Er ist einer jener wilden, stürmischen Plätze, die für den Golfspieler »eine verlockende Aufgabe« darstellen; er muß den Ball gegen die in Sturmstärke wehenden Atlantikwinde in ein *green* schlagen, das er nicht sehen kann. Im Clubhaus sagt man ihm natürlich, daß die weißen Markierungen, die neben und auf den Rasenhügeln angebracht sind, den richtigen Kurs anzeigen, und in Richtung dieser runden Steine schlägt, chippt und drischt er seinen Ball, und dann muß er mit ansehen, wie ein Ball, den er ganz toll geschlagen zu haben glaubt, im Wirbel einer atlantischen Bö wie ein Ballon wer weiß wohin driftet. Abgesehen davon gibt es so bemerkenswerte Genüsse wie die Zickzack-*fairways* des Klondyke – auf denen bis jetzt noch keiner zu Tode gekommen ist; *par fives*, die nicht einmal mit acht oder neun Schlägen zu schaffen sind; und ein kleines enges Tal namens Dell mit einem einfachen kleinen *par-three*-Loch, in der das *green* tief in einer Art grünem Krater zwischen zwei hohen Hügeln versteckt liegt und wo der hinunterrollende Ball unweigerlich danebengeht.

Auf diesen Golfplatz also hatten wir es abgesehen. Auf dem Parkplatz war nicht die Spur einer Menschenseele. Der Tag brach gerade an, und eine steife Brise ließ unsere Hosenbeine flattern. Und ich erinnere mich an eine weitere Kuriosität von Lahinch, die wir entdeckten, als wir unsere Schläger zum Clubhaus trugen: die Ziegen. Eine kleine Herde weißer Ziegen hatte seit Jahren auf dem Golfplatz gegrast. An der Innenseite der Clubhaustür hing ein Schild, das auf sie aufmerksam machte sowie darauf, daß mit Regen zu rechnen sei, wenn sich die Ziegen in der Nähe des Clubhauses aufhielten. Natürlich waren sie an jenem Morgen da. Ich sagte nichts, ging hinaus zur Abschlagstelle und kehrte wieder um, als ich den Wind spürte. Er stob direkt über den *fairway*, und während Sean und P.J. ihre amerikanischen Aufwärmübungen machten und Paul seine Gummihosen, seine Gummijacke, seine Gummihandschuhe und seine Gummimütze aufsetzte, beobachtete ich die uns beobachtenden Ziegen.

»Also, ich mache den Anfang«, sagte ich, nahm ein langes Eisen und landete einen der besten Schläge meines Lebens.

»Sieh dir das an«, neckte Sean, »und er tut so, als spielt er die meiste Zeit Dichter und Bauer. Wahrscheinlich schießt er den ganzen Winter über mit Golfbällen auf seine Kühe!«

Zehn Minuten später waren wir draußen auf der Bahn, und meine plötzlich vollendete Golfkunst war ebenso plötzlich dahin. Wir schlugen die Bälle jetzt ganz in der Nähe des Meeres und zielten so, daß sie beinahe auf den Ozean hinausflogen und der Wind sie in wunderbar sanftem Bogen zurück auf den Rasen segeln ließ – zumindest tat *ich* das so, und ich schüttelte ungläubig den Kopf, wenn der Wind gelegentlich nachließ und mein stark nach links verzogener Ball im Meer verschwand. Inzwischen waren wir auf der Bahn ein Stück weiter gekommen, und noch immer war weder vor noch hinter uns irgendein Mensch zu sehen. Große Rasenhügel erstreckten sich schier endlos vor uns. Wir befanden uns meilenweit draußen in der lieblichen, einsamen Landschaft. Die Seevögel über uns schrien in den Januarmorgen, und die Luft war frisch und sauber und blies das alte Jahr vollends aus uns hinaus.

Zunächst bemerkten wir kaum, daß es regnete. Wir hatten dem pechschwarzen Himmel und dem hinter einem Regenschleier verschwundenen Dorf Liscannor kaum einen Blick gegönnt. Wir schlugen die Bälle vor uns her und merkten erst allmählich, daß uns das Wasser über die Gesichter lief. War das etwa nicht nur Gischt, die vom Meer heraufflog? Außerdem waren wir hier, um Golf zu spielen, und wie jeder Golfer in Irland weiß, darf man sich von ein bißchen Regen nicht stören lassen. Diese Hügel neben den *greens*, diese Sturmböen, dieser kapriziöse pockennarbige Gummiball, der über den Rasen zu einer verbogenen Lochfahne flog oder kullerte, dieses Rechtsdrallgeben und Linksdrallgeben, Schlagen, Bunkern, all dieses *bogeying, double-bogeying* und *not-birdying*, diese Vier-Mann-Jagden mit nassen Schuhen und Socken im dicksten Unterholz, wo der verlorene Ball angeblich hingefallen war und wo ihn nur noch Hasen oder Vögel finden konnten – gehörte das nicht alles zu diesem Sport dazu? Selbstverständlich machten wir weiter. Beim neunten Loch gingen wir zu der Stelle, wo die Suche nach P.J.s Ball begonnen hatte, und wir brachen alle vier in Gelächter aus. Der Regen pladderte auf uns nieder. Sean zog die Hosenbeine seiner Jeans hoch, die wie schwere Gewichte an ihm hingen, und ein bläuliches Rinnsal lief von ihnen herab. An der zehnten Abschlagstelle legte ich mir den Ball zurecht, ohne auch nur das geringste durch meine Brille sehen zu können, um meinen Rückstand von neun Löchern mit einem gewaltigen Energieausbruch aufzuholen. Die zeitraubende Eitelkeit von Probeschwüngen hatte ich längst aufgegeben; aber ich versuchte, mich an all die wesentlichen Dinge zu erinnern, die mir mein Vater beigebracht hatte: Kopf nach unten, Schlägergriff festhalten, Kopf und rechte Schulter bilden ein V, Füße auseinander, locker nach hinten ausholen, nichts übereilen, nicht in den Handgelenken nachgeben, und nun vom höchsten Punkt des Bogens locker nach unten, Hüften mitnehmen, Kopf unten lassen und durchziehen. Zack!

Der Schlag war ein Superding! Mein Ball schoß durch den Regen.

Und mein Schläger flog hinterdrein.

Eine halbe Stunde später marschierten wir vier lachend und nässer als naß über den völlig verlassenen Platz zurück zum Clubhaus, wo sich die Ziegen untergestellt hatten.

»Kein schlechtes Spiel«, sagte Paul mit einem Lächeln, als wir Mäntel und Zeitungspapier über die Autositze legten und einstiegen. Der Peugeot fuhr zu einem anderen Leben in Kiltumper zurück, wo uns Chris mit einem herrlichen Essen erwartete. Nach einer kräftigen Suppe kam endlich Socky, der Puter, auf den Tisch, und dazu gab es Schüsseln mit dampfenden Erbsen, Kartoffeln, Zwiebeln, Möhren, gefolgt von Chris' selbstgemachtem Plumpudding mit frischer Sahne, Tee und einem herzhaften Stück Grandma-Kittys-Früchtekuchen.

> Die Jungen lieben Deirdre. Ich meine, das ist wirklich allerhand, wenn man bedenkt, daß hier drei junge Männer zwischen zwanzig und dreißig, die weder Frau noch Kinder haben, in einem Haus mit nur zwei Schlafzimmern in der Mitte von Nirgendwo mit einem acht Monate alten Baby zusammengepfercht sind. Paul schläft in der Küche und ist insofern sicher untergebracht; aber Sean und P.J. leben gefährlich, denn sie schlafen, nur durch eine Sperrholzwand getrennt, direkt neben Deirdres Zimmer. Wenn man es recht bedenkt, ist dies hier ein echter Charaktertest für uns alle. Und bis jetzt sind wir alle erstklassig. Aber Deirdre ist der absolute Sieger. Die Jungen können es fast nicht glauben, wie vergnügt sie ist – und das die ganze Zeit. Acht Monate ist ein wundervolles Alter, und selbst Niall und ich fragen uns gelegentlich, ob in Zukunft auch alles so mühelos gehen wird.

Wir hatten ein Problem auf dem Hof. Unsere Ziege, die nun über ein Jahr bei uns war, bekam plötzlich Paarungsgelüste. Laut meckernd rannte sie den ganzen Tag zwischen Weide und Straße hin und her und wurde immer frustrierter, bis schließlich die armen Kühe über die Mauer sprangen. Dann galoppierten sie hinter der Ziege her auf den Grund eines anderen Bauern. Zweimal innerhalb von drei Tagen mußte ich auf die Suche nach ihnen gehen.

Die Lösung des Problems lag auf der Hand: Wir

lassen einen Ziegenbock kommen und die Geiß decken. Aber so gern wir die Ziege bei uns hatten, so wollten wir doch keine ganze Ziegenherde aufziehen. Deshalb verwarfen wir zumindest fürs erste die Idee vom Ziegenbock und trugen unser Problem wie üblich beim *cuaird* unseren Nachbarn vor.

»Ihr könntet sie wegbringen, vielleicht irgendwo hinauf nach North Clare, wo es viele Ziegen gibt, und sie dort freilassen.«

Für einen Augenblick sah ich das groteske Bild von unserer schlichten Geiß auf Herbergssuche bei den aristokratischen Golfplatzziegen von Lahinch.

»Ihr könntet sie irgendwo anketten«, sagte ein anderer, »dann würde sie die Kühe nicht mehr verrückt machen.«

»Ihr könntet sie schlachten lassen und Paddy Cotter bitten, daß er euch aus ihrem Fell ein *bodhran* macht.«

Ein *bodhran* ist ein traditionelles Schlaginstrument in Irland, ein über einen Holzring gespanntes Ziegenfell. Chris fand auch diesen Vorschlag nicht nach ihrem Geschmack. Und so unternahmen wir ein paar Tage lang gar nichts. Nachdem ich jedoch an einem der folgenden Vormittage wieder eine Stunde vertan hatte, um herauszufinden, wohin die verwünschte Ziege unsere Kühe diesmal entführt hatte, war ich so wütend, daß ich beschloß, etwas zu tun. Ich würde sie heute abend auf dem Rücksitz des Wagens irgendwohin bringen. Es war mir egal, was zum Teufel mit ihr geschehen würde. Ich wollte sie nur endlich los sein.

Ich kam in die Küche und schenkte mir eine Tasse Kaffee ein. Kurz danach kam Lucy.

»Was ist los?« fragte sie.

Chris berichtete von unserem Ziegenproblem.

»Also, auf keinen Fall dürft ihr die Ziege einfach rausschmeißen«, sagte Lucy. »Werft euer Glück nicht weg, hört ihr?« Sie machte eine Pause, trank einen Schluck Kaffee und fügte mit dem Anflug eines Lächelns hinzu: »Man kann nie wissen, was passiert, wenn man sein Glück verschenkt.«

Werft euer Glück nicht weg. Allein die Idee von einer glückbringenden Ziege und die Mischung aus Aberglaube und Sentimentalität, die meinen Entschluß, unsere Nervensäge loszuwerden, an diesem Nachmittag aufweichten, bewiesen mir wieder einmal, wie anders die Dinge hier auf dem Lande waren. Hier war natürlich ein Element im Spiel, mit dem ich nicht gerechnet hatte, das West-Irland-Element, der Glücksfaktor. Wenn einem jemand sagt, man solle sein Glück nicht wegwerfen, was bleibt einem dann anderes übrig, als es zu behalten? Nein, wir würden sie nicht wegbringen. Aber wir mußten versuchen, sie zu bremsen, damit sie nicht so leicht über die Feldmauern springen konnte.

»Kein Problem«, sagte Sean zuversichtlich. Er schlang ein Seil zu einem Wildwestlasso, und dann stapften er und ich in unseren Gummistiefeln wie zwei hartgesottene Cowboys die Kiltumperstraße hinunter, um die Ziege zu fangen. Bei dem Feld, das an das Grundstück der Downes grenzt, waren wir bereits eine ganze Treibertruppe mit Francie, Peter, Karol, Noel, Evelyn, Colette und Klein Una, die alle angerannt kamen, um zu sehen, was sich hier tat.

»Willst du sie jetzt fangen, Sean?« fragte Francie.

»*Yup*«, sagte der Cowboy mit dem Lasso, der die Ziege bereits fest im Auge hatte.

Wir schwärmten zu einem großen Halbkreis aus und schlichen uns langsam und leise wie die Indianer an die Ziege heran. Bevor sie etwas merkte, war sie in einer Ecke des Feldes umzingelt. Leise hob Sean das Lasso über den Kopf. Einen Augenblick hielten wir alle den Atem an. Sean warf das Lasso. Es machte ein kurzes, zischendes Geräusch und plumpste ins Gras. Die Ziege war völlig gelassen, als das Seil bereits durch die Luft schwirrte, über die Mauer gesprungen. Karol brach in schallendes Gelächter aus.

»Janey, hast du das gesehen? Sie ist einfach drübergesprungen!«

Jeder weitere Versuch war sinnlos, aber wir versuchten es trotzdem. Und jedesmal, wenn wir uns anschlichen, lief sie uns wieder davon. Wir ließen sogar das Lasso sein und versuchten in unserer Verzweiflung, das arme Tier zu hetzen und es an seinen gut dreißig Zentimeter langen Hörnern zu packen und niederzuringen. Glücklicherweise war sie zu flink und zu schlau für uns, und alles, was bei unseren Versuchen herauskam, war eine Art komischer Wildwestveranstaltung rings um das Feenfort. Schließlich kam Michael, sein Mittagessen im Stich lassend, um zu sehen, was wir trieben.

»Was hast du mit ihr vor, Niall?«

»Ich will sie in den Stall bringen und etwas an ihr festbinden, damit sie nicht so leicht ausbrechen kann.«

»Du wirst sie kaum getrennt von der Herde fangen können. Warum treibst du nicht alle Tiere in den großen Kuhstall und holst sie dann dort heraus?«

Das war natürlich das einzig richtige. Sean rollte das Seil auf, und mit der Unterstützung all der kleinen Downes trieben wir die Kühe und die Ziege mit gellenden Rufen und Cowboypfiffen auf die Straße und nach Haus.

Im trüben Licht des Stalls stand die Ziege wie ein Schatten in einer Ecke, mit dem Kopf zur Wand. Dieses Mal würde sie uns nicht entkommen. Sean beugte sich vor, und dann packte er sie an den Hinterbeinen. Sie schlug aus, warf sich hin und her und versuchte, sich frei zu kämpfen, aber nun waren wir zu zweit über ihr, und als wir sie endlich fest im Griff hatten, banden wir rasch ein schweres Stück Holz an ihren Hörnern fest.

»Das dürfte helfen«, sagte ich, als wir aufstanden, um zu sehen, wie sie es aufnahm.

»*Yup*«, sagte Sean.

»Sagt mal, Jungs, wird es nicht sehr schwierig für sie sein, sich mit diesem Gewicht am Kopf überhaupt zu bewegen?« fragte Chris, die durch die offene obere Hälfte der Stalltür hereinschaute. »Ihr hättet ihr den Klotz an ein Bein hängen sollen.«

»Nein, nein, sie wird schon klarkommen«, sagte ich. »Wir wollen ja auch gar nicht, daß sie sich sehr viel bewegt.«

Als ich die Stalltür öffnete, trotteten die Kühe wieder hinaus auf die Straße und zu ihrer Weide auf dem Fort-Feld. Die Ziege rührte sich nicht von der Stelle. Ich schrie und hob den Stock, um sie zu erschrecken und dadurch in Bewegung zu versetzen, aber sie blieb, wo sie stand, stur wie ein Maultier, und rührte sich nicht.

»Los, faß mit an«, sagte Sean. »Wir müssen sie zur Weide hinuntertragen.«

Einer trug den schweren Holzklotz, der an ihren Hörnern festgebunden war, der andere drückte das arme Tier an seine Brust, und so gingen wir langsam hinter den Kühen her. Wenn uns jetzt jemand gesehen hätte, ich weiß nicht, ob ich imstande gewesen wäre, zu erklären, was wir taten.

»Wir tragen euer Glück spazieren«, sagte Sean. Er versuchte, dem völlig lächerlichen Geschäft einen vernünftigen Anstrich zu geben.

Ja, dachte ich, wir werfen unser Glück nicht fort. Wir behüten es und heben noch das kleinste Quentchen davon auf für den letzten Teil unserer Leidenszeit, bis wir nach Dublin gerufen werden, um Deirdre endgültig zu adoptieren. Und so gesehen war es gar nicht mehr so verrückt, eine Ziege mit einem Holzklotz an den Hörnern die Straße entlangzutragen. In der Mitte der Weide setzten wir sie ab. Sie bewegte sich noch immer nicht. Plötzlich bekam ich doch Angst, daß das Gewicht zu schwer für sie sein konnte. Sie würde den Klotz nicht mitziehen können, sie bekäme nicht genug zu fressen, sie könnte nicht trinken. Und wenn ich am Morgen käme, um nach ihr zu sehen, wäre sie tot, mit einem großen verkohlten Eschenkloben neben ihrem Kopf. Wo wäre dann unser Glück?

Fünf oder zehn Minuten standen wir da und beobachteten sie. Sie rührte keinen Muskel. Die Kühe kamen und beäugten sie neugierig, und sie bewegte sich noch immer nicht. Was sollten wir tun? Es schien, als hätten wir ein Problem gelöst und ein neues geschaffen. Nach einer Weile gaben wir es auf und gingen zum Haus zurück, um darüber nachzudenken.

»Ich meine, du solltest ihr das Ding abnehmen«, sagte Chris. »Wenn sie sich damit nun wirklich nicht bewegen kann?«

»Ich bin sicher, daß sie sich damit bewegen kann«, sagte ich. »Aber ich verspreche dir: Wenn sie sich bis morgen früh nicht bewegt hat, befreie ich sie. Einverstanden?«

»Einverstanden. Aber wenn sie stirbt...«

Wenn sie stirbt. Am nächsten Morgen, gleich nach dem Aufstehen, rannte ich, getrieben von der Sorge um unsere Ziege, hinunter zur Fort-Wiese. *Wie soll ich das erklären?* Auf gewisse Weise hing es mit der Unsicherheit unseres hiesigen Lebens zusammen, dem sehr schmalen Grat, auf dem wir balancierten, und der schrecklichen Nervosität, die alle Adoptiveltern überfällt, bis die endgültigen Papiere unterzeichnet sind. Alles das verkörperte die Ziege in diesem Moment. Wo die Fort-Wiese an das Feld von Martin Hehir grenzt, stieg ich über die Mauer und hastete über den gefrorenen Boden. Eine blaue Rauchwolke stieg aus dem Kamin der Downes.

Schon von weitem sah ich, daß sie nicht mehr dort war, wo wir sie abgesetzt hatten. Eine kleine Stelle war zerstampft und matschig, und durch den Reif zog sich eine kleine Schleifspur. Wie froh war ich, daß alles mit ihr in Ordnung war. Doch dann fand ich den Holzklotz. Sie hatte den Strick durchgebissen, und nun lag der Klotz mit einem traurigen Seilrest neben dem Graben.

Wenig später fand ich sie friedlich grasend zwischen den Kühen, die blaue Seilschlinge um ihre Hörner drapiert, und das zerfaserte Ende stand ab wie ein Kopfschmuck oder eine Punkfrisur. Es sah phantastisch aus. Sie trug das blaue Seil noch mehrere Wochen lang und brach nie wieder aus. Bis in den Frühling blieb sie still bei den Kühen, und sie trug das blaue Seilende, damit wir nicht vergaßen, daß sie das Glück war, das zu entfernen oder niederzuzwingen wir nicht in der Lage gewesen waren, und daß sie aus freien Stücken gekommen war und aus freien Stücken blieb.

Eileen und Philo Brown trafen heute bei uns ein mit einem Berg von Geschenken für uns und Deirdre. Meine Cousine Kathy aus Florida schickte Deirdre einen kleinen Plastikregenmantel, nachdem sie von dem vielen Regen gelesen hatte, den wir in den ersten zwei Sommern hatten. Eileen und Phil brachten ein halbes Dutzend *New York Times Magazines*, fettarme hausgemachte Erdnußbutter, Chilimix und Kräutersenf sowie einige wunderschöne Sachen für Deirdre May. Eileen ist meine Patentante, und sie und Phil, den ich noch immer Uncle Huck nenne, haben unser Abenteuer von Anfang an sehr unterstützt. Huck möchte eine Galerie eröffnen auf Martha's Vineyard und bat mich, etwas beizutragen! Ich sollte schneller malen. Es ist wirklich sehr wenig, was ich ihnen zeigen kann. Sie luden uns und Sean und P.J. zu einem herrlichen Essen ins Old Ground ein, und bevor sie abreisten, kauften sie eines meiner Bilder für ihre Sammlung. Nun ist an der Wand eine kahle Stelle, aber Geld in der Tasche, und heute ist mir das Geld lieber. Aber morgen fange ich mit einem neuen Bild an, auch wenn es Januar ist und dunkel und kalt.

Es war einer dieser stürmischen Januarnachmittage, an denen die irische Landschaft nur aus Wetter zu bestehen scheint. Die Kühe standen mit der Kehrseite zum Wind unter der westlichen Mauer. Sie glänzten vor Nässe. Wie wir Menschen schienen sie in Trance versetzt durch die am Himmel stürmenden Wolken und die wehenden grauen Regenschleier, die den ganzen Tag in öder Eintönigkeit kamen und gingen. Es war einer jener Nachmittage kurz nach Weihnachten, an dem die Bauern neben dem Torffeuer in tiefen Schlaf versinken, die Kinder mit ihrem Spielzeug spielen und jeder so gut es geht das Trommeln des Regens gegen die Fensterscheiben ignoriert. Für Chris, Sean, P.J. und mich war es ein Nachmittag, um loszufahren und etwas Musik zu hören – Flöten, Tinwhistles und Fiedeln in der fröhlichen Atmosphäre eines braunen Pubs an der Küste.

Mit Musik im Kopf und dem Wetter im Mund fuhren wir im blauen Peugeot auf unserer Lieblingsstraße von Kiltumper nach Westen in Richtung Ozean und dann nach Norden entlang der Felsen von Quilty. Die Straßen an der Atlantikküste waren so leer und so von Gischt übersprüht, daß sie gefährlich aussahen, als führten sie durch eine mittlere Welt, einen von salzigen Nebeln umhüllten winterlich kalten Ort zwischen Land und Meer. Dies war der irische Westen, und hier, am äußersten westlichen Rand von Clare versetzten uns Gestalt und Atmosphäre der Landschaft – wie die zauberhaften Landschaften von Kerry und Connemara, Sligo und Donegal – in eine ganz besondere Stimmung. Alles war wie Tollheit und Wind, eine Art hingeworfene und einzigartige

Schönheit, die überwältigt und stumm macht, selbst wenn man nur durchfährt. Wir sangen, was uns noch an Balladen einfiel, und verstummten erst, als die Straße am Strand bei Spanish Point um die Kurve bog und da, vor uns, donnernd die weißen Januarwogen heranrollten. Hier, an diesen Felsen, waren vor Jahrhunderten die Galeonen und Kriegsschiffe der spanischen Armada zerschellt.

Den ganzen Weg von Spanish Point die Küste entlang bis nach Lahinch sang Sean gegen Wind und Regen an. Wir waren eine halbe Stunde unterwegs, und noch immer war uns kein einziger Wagen begegnet. Bei Lahinch erstreckt sich ein phantastischer Strand rings um den grünen Bogen der Liscannor-Bucht; gleich dahinter liegt der berühmte Golfplatz. Die alte West-Clare-Eisenbahn brachte Tausende von Tagesausflüglern aus Ennis oder anderen Inlandstädten hierher in jenen Tagen zu Beginn des Jahrhunderts, als jeder Mann einen Hut oder eine Mütze trug und die Frauen die Röcke hoben, um durch die flach auflaufenden Wellen zu waten. Auf den berühmten Lawrence-Fotos aus jener Zeit sieht man die Musselinkleider, die breitkrempigen Sonnenhüte, die zierlich gehobene Hand, die den Hut im Wind festhält, und die großartige Promenade, die noch heute den Strand säumt. Von der Eisenbahn sind jedoch nur noch ein paar unkrautüberwucherte, verfallene Viadukte übrig.

»Warum gibt es die Eisenbahn nicht mehr?« fragte P.J., als wir um Liscannor herum in Richtung Moher fuhren.

»In den fünfziger Jahren hat man die Schienen

abmontiert«, sagte ich. »Anscheinend war die Linie nicht mehr rentabel. Es gab die großen Laster, ein verbessertes Straßennetz, so daß für die Eisenbahn keine Notwendigkeit mehr bestand.«

»Und sie war nicht besonders pünktlich!« ergänzte Chris.

»Nein, das war sie wirklich nicht. Es gab einen berühmten Dichter, Maler und Komponisten, Percy French –«

»– der ein berühmtes Lied auf diese Eisenbahn schrieb«, unterbrach mich Chris erneut, »und es hieß...« Sie sah mich breit grinsend an.

»›*Are Ye Right There, Michael, Are Ye Right?*‹«

Und während wir Percy Frenchs komischen Beitrag zur romantischen Dampfbahn von West Clare anstimmten, fuhren wir unter einem heller und höher werdenden Himmel zu den Klippen von Moher.

Kolumbus fuhr mit der Santa Marie
Über das weite Meer.
Doch er fuhr nie mit der Eisenbahn
Von Ennis bis nach Kilkee.
Du beeilst dich, pünktlich am Zug zu sein,
Der Ausflüglerzug fährt um acht.
Die Uhr zeigt an, du bist rechtzeitig dran.
Dann wartest du bis um neun.

Und du sitzt im Zug und wartest,
Endlich hörst du den Schaffner schrein:
»Fertig, Michael? Abfahrbereit?
Meinst du, wir kommen noch an zur Zeit?
Wie kannst du so sicher sein,
Wenn du ewig brauchst, bis du startest?!

Doch allmählich könntest du, Michael, jetzt könntst du!«

Sie bringen die Lokomotive in Gang,
Und sie zieht dich bis Corofin.
Ruft der Schaffner: »Michael, Rückwärtsgang!
Aus Kilrush kommen noch Güter an
In zwei Stunden.« Und jetzt machst du dir Sorgen.
Wenn da noch etwas dazwischenkommt...
»Wenn das passiert, dann Gutnacht, Herr Wirt!
Dann sitzen wir hier noch bis morgen!«

Und während du sitzt und dein Pech verfluchst,
Fährt der Zug auf ein Nebengleis.
»Fertig, Michael? Abfahrbereit?
Hast du das Päckchen für Missis White?
Du hast es nicht? O verflixt!
Dann wird es halt morgen, bis sie es kriegt.
Und jetzt könntest du, Michael, jetzt könntst du!«

Und so geht es weiter, nach Lahinch und in Richtung Kilkee, bis es Abend wird und wieder heimwärts geht:

Kilkee! Bis dahin kommst du nicht!
Sei froh, wenn der Zug dich zurückbringt.
Denn die Bahnstrecke führt die meiste Zeit
Über Umwege auf ein Nebengleis.
Die alte Lok schnauft. Es geht bergan.
Die Fahrgäste schieben kräftig mit an.
Du erreichst Ennistymon. Welch ein Glück!
Nun geht es bergab, nach Haus zurück.

Es ist Nacht. Der Zug juckelt und schaukelt.
Du hörst den Schaffner schrein:
»Fertig, Michael? Abfahrbereit?
Meinst du, wir kommen noch heim zur Zeit?«
»Das kommt ganz darauf an, ob die alte Lok
Zusammenhält und nicht wieder bockt –«
»Jetzt könnt' sie ruhig, Michael, jetzt könnt' sie!«

Chris und ich waren schon oft mit Besuchern bei den Klippen von Moher gewesen, und jedesmal waren wir begeistert zurückgekehrt. An jenem Nachmittag waren wir die einzigen Besucher. Eingehüllt in Mäntel und Kapuzen, gingen wir gegen den Wind hinunter bis ans äußerste Ende der Klippen, begleitet von kreischenden Möwen und vom Brausen und Rauschen des Ozeans. An der Stelle, wo hochkant gestellte Steinplatten eine lange Barriere vor den steil ins Meer abstürzenden Felsen bilden, mußten wir schreien, um uns zu verständigen; schließlich schwiegen wir. Wenn man zweihundert Meter tief auf das brodelnde Meer hinabsieht, scheint es völlig geräuschlos zu schäumen und gegen die Klippen zu schlagen. Man hört nichts vom Aufprall der Wellen. Doch dann, als hätte jemand plötzlich die Lautstärke aufgedreht, erreicht einen das Geräusch, gewaltig und alles übertönend. Die gewohnte Gleichzeitigkeit unserer Wahrnehmung war unterbrochen. Und auch wir gerieten dort auf den Klippen leicht durcheinander. Im Wind von Moher wehen Geheimnis, Zauber und ein Hauch von Wahnsinn. Er läßt einen spüren, wie klein man ist und wie ungeheuerlich und mörderisch der winterliche Atlantik. Stumm eilten wir zum Wagen zurück und fuhren weiter.

Von Moher aus ging es entlang der Küste von Clare nach Norden auf einer ansteigenden, kurvenreichen Straße, und plötzlich lagen im verhangenen Licht die Galway Bay und die Felsbuckel der Aran-Inseln vor uns. Wie mochte es dort draußen auf den Inseln sein an einem winterlichen Spätnachmittag wie diesem, wenn es so früh dunkel wird und Luft und See ein einziges Meer aus Wellen, Nebel und Regen bilden, so daß das Festland nur noch wie ein Schatten hinter grauen Schleiern erscheint?

In dem Dörfchen Doolin, den Aran-Inseln gegenüber, hielten wir an und stiegen aus. Hinter den geschlossenen Türen von O'Connor's gab es Musik – jede Menge Musik –, denn es war ein Spätnachmittag in der Weihnachtsferienzeit, und in dem dunklen, guinnessfarbenen Pub fand ein *seisiun* statt.

Als wir eintraten, befand sich nur eine Handvoll Leute im Pub. Eine der zwei Bars war noch geschlossen, aber an dem schmalen Tresen hinter der Tür hatte sich eine kleine Zuhörerschaft mit ihren Biergläsern versammelt. Neben einem großen, reich mit Schnitzereien verzierten Stuhl, dem *piper's chair*, saß eine Gruppe von Musikern um einen Tisch herum und spielte auf Geigen, Tinwhistles, Gitarren, Akkordeons und einer Ziegenfelltrommel. Ihre Musik füllte das ganze Lokal, und wir hatten das Gefühl, als wären wir in einer feiernden Hafenstadt gelandet, *where the crack was mighty*, wie man in Clare sagt – wo mächtig was los war.

Nach etlichen Jigs und Reels, zu denen die Füße im Rhythmus stampften und die Hände auf die Schenkel klatschten, spielte die Tinwhistle solo ein langsames Air. Man konnte die Stille förmlich greifen. Man hörte den Seewind vor der Tür und sonst nichts als den Mann mit der Flöte und seine traurig-süße Melodie. Als ich in die Gesichter der Leute blickte, spürte ich, welche Bedeutung dieser Ort für das Leben der Menschen hier hatte. Da waren ein paar Musikanten, alle ziemlich arm, die ihre Tage in Doolin verbrachten und stundenlang irische Musik spielten aus einem einzigen Grund: Sie waren verrückt danach. Es bestand wenig oder gar keine Hoffnung, daß es einer von ihnen mit dieser Musik, mit all dem, was er dafür gelernt und geübt hatte, zu Wohlstand bringen würde. Sie erhielten nicht einmal besondere Anerkennung dafür – ein paar lächelnde Gesichter, ein bißchen Applaus in einem kleinen Pub im Westen von Irland. Aber als ich ihnen an jenem Nachmittag bei O'Connor's zuhörte und zuschaute, während es draußen dunkel wurde und die Musik spielte und spielte, begriff ich, daß für sie die Musik das einzige war, worauf es ankam. Sie war der richtige Stoff, die richtige Beschäftigung; sie vertrieb die Sorgen und machte leichtfüßig. Es lohnte sich, diese Melodien zu lernen, zu spielen und weiterzugeben. Sie waren und sind der Ausdruck dieses Landes, dieser grünen Insel im Auge des Atlantischen Ozeans. Das Spielen dieser Musik gehört im Westen zum Leben.

Im Lauf des Abends nahm ein Mann mit rundem Gesicht und fröhlichem Lächeln neben uns Platz, und ich erkannte Micko Russell, einen der legendären Tinwhistle-Spieler von Clare.

»Wie geht es Ihnen, Micko?« sagte ich.

»Oh, gut, sehr gut«, sagte er und sah uns nacheinander an.

»Nette Musik, die sie hier spielen.«

»Ja«, sagte Chris.

»Weiß Gott, weiß Gott«, sagte er, lehnte sich zurück und lauschte.

Ich sah die roten Mundstücke von drei Tinwhistles, die aus seiner Jackentasche hervorschauten, aber ich sagte nichts, obwohl ich hoffte, daß er später vielleicht spielen würde. Als die Musiker eine Pause machten und ihre Instrumente beiseite legten, um nach den Biergläsern zu greifen, die von der Bar zu ihrem Tisch gebracht wurden, saß Micko, die Hände über den Knien gefaltet, da, nahm die Grüße der Leute entgegen, die an ihm vorbeigingen, und dann holte er beinahe verstohlen eine seiner Tinwhistles hervor. Er blies kurz hinein, und es machte »tuut«. Er befeuchtete die Lippen und hielt die Flöte vor sich hin, als wäre sie, nicht er, noch nicht richtig warm, als wäre dieses Stückchen Blechrohr mit den sechs Löchern noch nicht ganz reif für die Musik, die er spielen wollte. Mit einem kleinen Zwinkern und einem fast unmerklichen rhythmischen Heben und Senken der Schultern hob er das Mundstück an die Lippen, und die Melodie begann zu tanzen. Er spielte leise, nur für die Runde an unserem Tisch. Aber wenn man ihm zuhörte und sich vorstellte, wie viele unzählige Stücke dieser große dicke Mann in seinem Leben schon gespielt hatte, spürte man sofort, daß es ihm nicht darauf ankam, vor wem er spielte. Er spielte einzig und allein, weil es ihm Freude machte. Die Reels und Airs stiegen wie von Zauberhand geschaffen aus dem kleinen Blechinstrument in seinen Fingern.

Als er geendet hatte, bedankten wir uns.

»Das Stück heißt ›Scattery Island‹«, sagte er. »Wissen Sie, wo das ist?«

»Ja«, sagte ich. »Unten bei Kilrush.«

»Unten bei Kilrush, richtig«, sagte er. »Ja, und die Geschichte von dem Stück ist die, daß es unten auf Scattery Island einen Turm gab, den Saint Senan's Tower. Der heilige Senan wurde dort sehr verehrt, wissen Sie. Und da gab es diese Frau unten in Kilrush, die jeden Ostersonntag Willie Clancy kommen ließ – Sie haben von Willie Clancy gehört? Also Willie Clancy und noch ein paar Musiker mußten hinunter zum Saint Senan's Tower kommen und dieses Stück spielen. Es war Ostersonntag, der Tag der Auferstehung des Herrn.« Er legte eine kleine Pause ein und sah sich um. »Und wenn sie diese Melodie spielten, kamen alle Fische zum Turm geschwommen und tanzten dort auf dem Wasser so eine Art Schottischen! Sie spielten es von diesem Tag an jeden Ostersonntag, und jedesmal kamen die kleinen Fische und tanzten.«

Er hob die Flöte an die Lippen und begann wieder zu spielen. Mehrere Leute standen inzwischen um unseren Tisch herum, und in dem Pub war es ganz still geworden. Mitten in einer fröhlichen Weise unterbrach Micko sein Spiel und wandte sich an mich.

»Sie sind ein gebildeter Mann«, sagte er. »Haben Sie schon mal von Bunting gehört, dem Musiksammler?«

»Nein«, erwiderte ich.

Ein Mann, der hinter mir stand und unter dessen Mütze ein grauer Haarschopf hervorquoll, sagte: »Ganz recht, Bunting, der Musiksammler.«

»Er ging im siebzehnten Jahrhundert in Irland herum und hat Lieder und Tänze und all so was gesammelt«, sagte Micko Russell. »Dieses Stück heißt *The Catholic Boy*.«

»*The Catholic Boy*, genau«, sagte der Mann hinter uns.

»Einige dieser Melodien sind doch bestimmt schon so alt wie die Hügel dort draußen, was meinen Sie, Micko?« fragte ich.

»Bestimmt, wenn nicht älter«, sagte Micko. »Einige von ihnen sind bestimmt zwei- oder vierhundert Jahre alt – das war das siebzehnte Jahrhundert, genau, und was haben wir jetzt für eins?«

»Das neunzehnte«, sagte der Mann hinter uns in völligem Ernst.

Und kein Mensch widersprach. Dann hub die Musik wieder zu spielen an in diesem nächtlichen Doolin des neunzehnten Jahrhunderts. Draußen prasselte der Regen auf das dunkle Meer, doch wen störte das schon in der warmen, rauchgeschwängerten Luft des Pub, wo nichts anderes zählte als die Reels und die Jigs, die Hornpipes und die langsamen Airs, die Lieder und Weisen, die dank der Bemühungen eines Musiksammlers namens Bunting erhalten geblieben sind.

KAPITEL 10

Ein amerikanischer Winterabend – Super-Bowl-Sonntag, die Denver Broncos gegen die Washington Redskins. Unten an der Straße hatten Peter und Francie laut gelacht, als sie die Namen hörten. »Wie könnten wir uns nennen, Niall?« fragte Peter. »Die Kiltumper Krushers (Quetschwalzen)?«

Im Winter übertrug das irische Fernsehen Radio Telefis Eirinn jede Woche eine Stunde American Football. Ein Spiel wurde auf sechzig Minuten zusammengeschnitten. Wir hörten in Irland nur gerüchteweise von den mehrstündigen Marathon-Footballsessions mit Kommentaren, Analysen, Pausen und eingeblendeten Werbespots. In unseren Footballübertragungen gab es keine Verzögerungen zwischen den verschiedenen Spielen, keine Werbung, keine langweiligen Spiele oder Spielphasen, in denen nichts los war, sondern eine einzige Kavalkade spektakulärer Läufe und Pässe und übermenschliche Gestalten, die, alle Hindernisse mühelos überwindend, dem Ziel zustrebten. Zusätzlich wurden wir fünf Minuten lang über die Ergebnisse der zurückliegenden Woche und über besondere Höhepunkte der einzelnen Spiele informiert. Unsere Footballsendung war ein einziges Fest von Erfolgen, von großen amerikanischen Augenblicken, wenn der Quarterback wie ein Revolverheld aus dem Wilden Westen seine Angreifer umlegte und die Fans johlten wie eine Horde

Indianer. Für die irische Nation waren diese amerikanischen Spiele, die im Scheinwerferlicht auf einem makellosen bilderbuchgrünen Rasen ohne Buckel und Pfützen präsentiert wurden, der Inbegriff von schneller, furchtloser Action und ungewöhnlicher sportlicher Leistung.

Dann kam der Super-Bowl-Sonntag, und es spielten die Denver Broncos gegen die Washington Redskins. Obwohl anfangs fast jeder über diese verrückten Yanks in ihren knallengen Hosen und dicken Schulterpolstern gespottet hatte (Konnten sie nicht normale Turnhosen und Turnhemden tragen wie anständige Männer?), hatte der American Football im Lauf der Zeit in Irland eine kleine, aber begeisterte Anhängerschaft gefunden. Das Land rühmte sich sogar einiger Amateurmannschaften, darunter die Dublin Celts, die es geschafft hatten, die beträchtlichen Kosten für die Ausrüstung aufzubringen, und nun versuchten, eine irische Miniliga auf die Beine zu stellen. Super Bowl XXII wurde also, wenn auch nicht mit genau der gleichen Euphorie und hektischen Vorfreude wie in Amerika, so doch sehr gespannt erwartet. Und es sollte live übertragen werden. Die Mannschaften hatten, seit im Herbst und Frühwinter verschiedene Spielausschnitte in Irland gezeigt worden waren, ihre eigenen irischen Fans, nicht selten nur deshalb, weil der Quarterback O'Brien oder McMahon hieß oder weil ein nach New York ausgewanderter Bruder oder eine Schwester in Chicago ein Giants-, Jets- oder Bears-Sweatshirt nach Hause geschickt hatten.

Um zehn Uhr abends irischer Zeit war alles bereit für die Übertragung. Im Fernsehstudio in Dublin hatte bereits eine Super-Bowl-Party begonnen, und einige unserer berühmten internationalen Rugbyspieler waren als »Sachverständige« geladen. Chris, die als ortsansässige Sachverständige fungierte, machte auf dem Stanley eine große Schüssel Popcorn zurecht, während draußen der Regen gegen die Scheiben prasselte und Deirdre im hinteren Schlafzimmer schlief.

Plötzlich wurde umgeschaltet vom dunklen regnerischen Dublin nach Pasadena in Kalifornien. Auf dem Bildschirm erschien eine bunte, festlich gestimmte Menge, mit Spruchbändern, Fahnen, Maskottchen und Cheerleaders. Wir wurden von Kiltumper mitten in die Szenerie des wichtigsten American-Football-Wettbewerbs versetzt. Zwischen der Glut des Torffeuers in Clare und der strahlenden Sonne Kaliforniens lagen Welten. In Irland hatte man die ganze Woche lang von nichts anderem als von Kürzungen im Gesundheits- und Bildungswesen gehört; es war die Rede gewesen von notwendigen Sparmaßnahmen und daß wir unseren Gürtel enger schnallen müßten, um die Inflationsrate zu senken und die Wirtschaftslage zu verbessern. Außerdem machten wir uns Sorgen wegen der für Januar ungewöhnlich hohen Niederschlagsmengen. Und dort, in der warmen Sonne, glänzten die behelmten Champions von Amerika.

Das Spiel begann mit dem schnellsten Touchdown in der Geschichte des Super Bowl. Daran jedenfalls werde ich mich wahrscheinlich immer erinnern; weniger an die Flut von Fakten, mit der uns die amerikanischen Kommentatoren überschütteten. Die Zuschauer wurden ständig mit einer Unmenge an Information über Spiele und Spieler gefüttert, und in den vielen Unterbrechungen und Stockungen des Spiels gewann dieser sekundäre Bereich des Sports zunehmend an Bedeutung. In der irischen Sportberichterstattung gibt es wenig Informationen. Zum Teil laufen die Spielübertragungen sogar ohne jeden Kommentar. Insofern kann man sich kaum vorstellen, welche Wirkung all diese Statistiken, Fakten, Gewichts- und Größenangaben, Tabellen und Diagramme auf die irische Nation ausübten, die an einem regnerischen Sonntag abend bis spät in die Nacht aufblieb, um das Super-Bowl zu sehen. Am Ende des ersten Viertels »gab man zurück« nach Dublin. Einer unserer Rugby-Experten sagte, wie gut das Spiel laufe, wie aufregend es sei. Und dann wandte sich der Moderator der Sendung an die Zuschauer und sagte, es habe zahlreiche Anrufe gegeben. Besonders eine Frage werde immer wieder gestellt (als er sie wiederholte, schien sie mir geradezu typisch für den Unterschied zwischen irischer und amerikanischer Denkungsart). »Sagen Sie mal«, hätten sich die Anrufer erkundigt, »warum rennen die ständig mit dem Ball in die anderen Kerle hinein? Warum zum Teufel laufen sie nicht einfach außen herum? Dann könnten sie sich auch das Geld für all diese Helme sparen, oder was meinen Sie?«

Eine dicke Anemonenknospe versteckt sich in einem Polster aus Gänsekresse. Sie müßte in den nächsten Tagen aufgehen – wenn Regen und Wind endlich nachließen. Der Winter war mild, aber sehr, sehr feucht.

Heute klarte es endlich auf nach einem langen und

viel zu niederschlagsreichen Monat. In den unzähligen Pfützen auf den Feldern spiegelte sich blauer Himmel. Mit schmerzenden Armen und müdem Rücken schreibe ich in mein Tagebuch, denn hinter mir liegt mein erster Gartenarbeitstag in diesem Jahr. Ich habe die Rosen und die winterharten Stauden beschnitten. Die Primeln blühen, und Krokusse, Märzenbecher, Iris und Schneeglöckchen spitzen bereits mehrere Zoll weit aus der Erde. Die japanischen Zwiebeln (Winterzwiebeln) haben bis jetzt überdauert, und obwohl sie noch recht zart aussehen, ist der Anblick ihrer grünen Triebe in einem überwiegend kahlen Garten ermutigend. Es war herrlich belebend, draußen zu arbeiten. Als ich ins Haus zurückging, dachte ich an das Erdhörnchen in New York, das sich überlegte, ob es im Bau bleiben sollte oder nicht. Heute jedoch schnappte ich gierig nach dem blauen Tag und ließ mir die Sonne auf den Buckel scheinen.

Als ich am frühen Nachmittag in den stillen Februartag hinaustrat, kam mir Mary entgegengeeilt. »Niall, es wird einen großen Sturmwind geben«, flüsterte sie aufgeregt und lief über den Hof zu den Kuhställen. »Du mußt dafür sorgen, daß alle Türen fest geschlossen sind, damit dir nicht das Dach davonfliegt.« Als wir dort draußen miteinander sprachen, war kaum ein Lufthauch zu spüren. Die kahlen Bäume standen reglos unter einem klaren blauen Himmel, und ich hatte sogar daran gedacht, daß es bald Zeit wäre für die Frühjahrsbestellung des Gartens. Nichts schien auf einen »großen Sturmwind« hinzudeuten. Und doch wußte ich, daß Mary es besser wußte, und plötzlich beeilte ich mich, ihr beim Schließen aller Türen und Fenster zu helfen. Die alte Halbtür des Kuhstalls band ich mit Ballenschnur fest und rammte einen Holzkeil in eine Lücke zwischen den Steinen. Wir gebärden uns, als stünde uns ein tropischer Wirbelsturm bevor, dachte ich. Als Mary auf ihr Fahrrad stieg und die Straße hinunterkurvte, ging ich ins Haus, um Chris Bescheid zu sagen.

Eine halbe Stunde später fuhr ich nach Kilmihil, um einzukaufen und eine Zeitung zu besorgen. Auf dem Postamt blätterte die Postbeamtin, Mrs. Fitzgerald, angestrengt in der *Irish Press*, anscheinend auf der Suche nach etwas ungemein Wichtigem.

»Haben Sie den Wetterbericht gehört, Mr. Williams?« fragte sie mich, wobei sie mich über ihre Brille hinweg anschaute.

»Nein«, sagte ich, »ich hörte nur jemand sagen, es würde Sturm geben.«

»Es gibt Sturm«, sagte sie. Sie hatte gefunden, was sie suchte, und las mir die Stelle vor: »Zunehmende Winde vor der Westküste, voraussichtlich bis Sturmstärke acht.«

Zehn Minuten später stand ich in Frank Saunders' Laden am oberen Ende der Straße.

»Haben Sie etwas von einem Sturm gehört?« fragte ich ihn.

»Ja«, sagt er, »es heißt, daß ein Sturm aufzieht. Aber das Barometer stand heute morgen auf Schön.«

»Und es ist so still draußen«, sagte ich. Am Himmel war keine einzige Wolke zu sehen. Tatsächlich war es der schönste Tag seit nahezu einem Monat. Trotzdem kaufte ich für alle Fälle vier weiße Kerzen – Kerzen waren bereits vorne auf dem Tresen ausgelegt – und eine Extraschachtel

Streichhölzer. Als ich nach Hause fuhr, war mir, als bemerkte ich überall kleine Anzeichen dafür, daß man sich vorbereitete: Von den hochgelegenen Weiden wurde das Vieh heruntergetrieben; die schwarzen Plastikplanen über den Heuhaufen wurden straffer gespannt; Torfstapel wurden abgedeckt; aus dem Kofferraum eines Wagens ragten zwei Flaschen Propangas. War das alles Zufall? Oder waren es tatsächlich Vorsorgemaßnahmen wegen des »großen Sturmwinds«? Ich konnte es nicht sagen. Wir dachten, wir hätten im Lauf von zwei Wintern in Kiltumper jede Spielart von Regen und Wind, Graupel und Hagel kennengelernt, aber dieses Festbinden und Dichtmachen, dieses permanente Beobachten von Hügeln und Himmel, das den Respekt der Landbevölkerung zeigte vor dem, was das Wetter anrichten konnte, das hatten wir noch nie erlebt.

Um zehn Uhr an jenem Abend trat ich durch die Hintertür ins Freie. Der Himmel war nicht übersät mit Sternen; er sah nur aus, als hätte man ein paar Hände glitzernden Flitters auf tiefblauen Samt gestreut. Eine winzige Brise, mehr Hauch als Wind, strich flüsternd über die winterlichen Felder. Es gab nichts, das auf einen Sturm hindeutete. Ich ging wieder ins Haus und sagte zu Chris: »Kein Grund zur Besorgnis.«

Gegen drei Uhr morgens riß mich ein fürchterliches Brüllen aus dem Schlaf. Erst dachte ich, ich hätte einen Schrei gehört, einen jener langen schrecklichen Schreie, wenn ein Mensch träumt, er stürze in einen bodenlosen Abgrund. Aber nein – da war es wieder! Chris regte sich neben mir und fuhr plötzlich hoch.

»Niall, was ist das?«

»Es ist der Wind«, sagte ich, während ich zum Fenster ging und auf ein unglaubliches Heulen in den Eschen und Ahornbäumen hinter dem Haus lauschte.

»Es hört sich furchtbar an«, sagte Chris. »Niall, der Sturm wird das Dach abdecken!«

»Nein, das wird er nicht«, sagte ich, ohne eine wirkliche Vorstellung zu haben, was er tun könnte und was nicht. »Das Dach ist in Ordnung. Uns wird nichts passieren.« Doch als wir uns wieder hinlegten und, mit weit geöffneten Augen in die Dunkelheit starrend, dem wilden Getöse des Windes lauschten, rechneten wir beide mehr oder minder damit, daß unser neues Schlafzimmer im Obergeschoß im wirbelnden Nachtwind auf und davon fliegen würde, sofern nicht schon vorher einer der großen Bäume hinter dem Haus durch das Dach krachte. Nachdem wir zehn Minuten so dagelegen und uns ein sehr lautes und unablässiges Knarzen angehört hatten, setzte sich Chris auf.

»Wir können hier oben nicht schlafen«, sagte sie. »Erstens ist es zu laut, und zweitens habe ich Angst. Schlicht und ergreifend. Komm, laß uns in die Küche hinuntergehen.«

Wir schauten zu Deirdre hinein, die tief und fest schlief, ihren roten Weihnachtsteddy fest im Arm, und dann machten wir unser Bett in der Küche vor der letzten Glut des Torffeuers. Es pfiff durch die Fenster. Der Vorhang vor der Haustür blähte sich, und als ich mich auf dem Boden niederließ, spürte ich einen scharfen Strahl kalter Zugluft über das Linoleum fegen. Es zog im ganzen Haus durch alle Fugen und Ritzen. Als wir hier auf dem Fußboden lagen, während draußen das Unwetter tobte, glaubten wir tatsächlich jeden einzelnen Stein dieses zweihundert Jahre alten Hauses hecheln und keuchen zu hören wie einen Jogger, der gegen den Wind läuft.

Am nächsten Morgen gab es keinen Strom, und die Radiobatterien waren so schwach, daß die Stimme des Nachrichtensprechers, obgleich auf größte Lautstärke gestellt, den brüllenden Sturm kaum übertönte. Überlagert von statischen Störungen kam die Warnung an die Bevölkerung: Ein schwerer Sturm habe das Land erreicht; Winde mit Sturmstärke zehn hätten im Lauf der Nacht ständig zugenommen und würden voraussichtlich bis Mittag Orkanstärke erreichen. Überlandleitungen waren umgestürzt, überall im Land war der Strom ausgefallen, eine hohe Flutwelle hatte Teile der Küstenstraßen ins Meer gespült, Autos und Bäume waren umgestürzt. Es war gefährlich, das Haus zu verlassen. Es war der schlimmste Sturm seit Jahren.

Im trüben Licht des Februarmorgens machten wir im großen ebenerdigen Kamin in der Küche Feuer. Den Stanley konnten wir nicht benützen, weil die Wasserpumpe ohne Elektrizität nicht arbeitete, und wir hatten schon die schauerlichsten Geschichten gehört über explodierende Wasserboiler und ähnliches, wenn man den Stanley bei Stromausfall heizt. Unsere Rettung waren der Haken und die Winde über der altmodischen ebenerdigen Herdstelle. Der Wind sauste im Kamin, und der Torf glühte auf und gab ein wenig Licht. Chris stellte Deirdres Flasche in den pechschwarzen Kessel, der über dem Feuer hing, und dann ging sie, um Deirdre aus ihrem Schlafzimmer zu holen.

Eine halbe Stunde später war ich bereit, hinauszugehen. Vom Küchenfenster aus konnten wir keinen Schaden feststellen. Das Dach saß noch auf dem Haus, von den Eschen waren nur ein paar mittelgroße Äste abgebrochen, und das Auto war noch heil. Aber wie stand es bei den Tieren? Es war ein Februarmorgen, und die Kühe warteten bestimmt auf ihr Heu. Ich hatte sie nicht in den Stall getrieben, und beim Geräusch des Windes vor der Hintertür sah ich tatsächlich für einen Augenblick vor meinem inneren Auge über Hecken hinweggewehte, durch die Luft segelnde Kühe. Als ich den Riegel zurückschob, schlug mir die Tür entgegen. Ich machte einen Schritt nach draußen und schnappte, denn ich bekam gegen den Wind buchstäblich keine Luft. Ich drehte mich um und ging rückwärts über den Hof. Das wütende Brausen über mir in den Zweigen hörte sich an wie elektronisch verstärktes Meeresrauschen, wie eine im Zorn um sich schlagende Welt. Noch nie hatte ich etwas Ähnliches gehört. Die Bäume ächzten und schienen vor Anstrengung zu beben. Zweige flogen plötzlich durch die Luft, und alte gegabelte Äste spannten sich wie Flitzbogen. Als ich an der Rückseite des Hauses um die Ecke bog, wurde ich fast umgeweht. Ich erreichte die Ställe. Bei zweien waren die Türen eingedrückt. Die Hühner saßen übereinander in einer Ecke ihres Stalls. Sie waren unversehrt.

Drüben beim Heuschuppen hatten Vögel unter dem überstehenden Wellblechdach Schutz gesucht. Als ich kam, um Heu zu holen, flogen sie davon, und dann schrien und kreischten sie vor Verblüffung über den Wind, der sie packte und vor sich hertrieb. Mit dem Heuballen auf dem Rücken marschierte ich hinaus auf die Kiltumperstraße, und irgendwie fand ich diesen gewaltigen Sturm phantastisch. Ich taumelte wie betrunken und fühlte mich federleicht, auf ganz wunderbare Weise durch die gewaltige Kraft des Sturms reduziert auf das Gewicht eines Blattes. Ich stieß einen Schrei aus, ein langes *Aaaaaaaaah*, so laut ich konnte, der dennoch keine zehn Schritte weit zu hören war. Der Mensch war ein Nichts bei solchem Wetter. Die ganze Welt wurde durcheinandergeweht und rein gefegt. Ich ging unter den Fichten gegenüber vom Haus, die jeden Moment über mir zusammenstürzen konnten. Weiter unten an der Straße standen die Telefonmasten schief, und große Drahtschlingen pendelten dicht über der Erde. An den Lücken in der natürlichen Umzäunung unserer Felder sah ich, daß der Sturm Ginster- und Schwarzdornbüsche herausgerissen hatte.

Ich fand die Ziege und die Kühe zusammengedrängt in einer Ecke. Sie steckten die Köpfe ins Gebüsch und blickten nicht einmal auf, als ich das Heu brachte. Ich öffnete den Ballen, und die Heubüschel stoben auseinander.

Der Wind schien zuzunehmen. Plötzlich flogen mir Hagelkörner wie Leuchtspurgeschosse um die Ohren. Innerhalb von Sekunden war die Straße weiß, und noch während ich zum Haus zurückging, tauten sie, und die Straße wurde wieder naß und grau. Vor uns lag der dunkelste Februartag, ein kalter, einsamer Vormittag, Nachmittag und

Abend. Das Wasser holten wir mit Eimern aus dem Brunnen; es gab kein elektrisches Licht, keinen wärmenden Stanley, nur das offene Feuer, vor dem Mann, Frau und Kind bei Kerzenlicht und Torfrauch saßen und auf das allmählich lauter werdende Geräusch des siedenden Kessels lauschten.

Der Sturm, der als Sturm K bezeichnet wurde, zog zur Nordsee. Zwei Tage danach haben wir noch immer keinen Strom und kein fließendes Wasser. Im offenen Herd brennt ein kräftiges Feuer, über dem wir das Wasser für Deirdres Mahlzeiten kochen. Es ist dunkel in der Küche, die nur von dem flackernden Feuer etwas Licht erhält.

Der orkanartige Sturm hat überall im Land großen Schaden angerichtet. Vielerorts sind die Stromleitungsmasten umgestürzt. Wir haben Glück. Bei uns steht noch alles. Die Dächer haben gehalten; auch das Heu und der schwindende Torfvorrat sind unbeschädigt. Nur der Garten hat einiges abbekommen. Hier haben Sturm und Hagel schlimm gewütet. Selbst die widerstandsfähigen Blätter von Lavendel und Gerber-Sumach sind schwarz und welk. Jedes Stückchen Grün, das sich in den Vorfrühling hinausgewagt hatte, ist verdorrt. Die arme alte Stechpalme sieht aus wie ein riesiges spindeldürres Skelett.

Man kann nichts tun. Draußen braut sich ein neues Wetter zusammen, aber der Orkan hat sich abgeschwächt. Niall, der in seinem Stuhl neben dem Feuer sitzt und einen Brief schreibt, blickt auf und sieht zum Fenster. »Es schneit ein bißchen«, sagt er.

Es dauerte genau achtundvierzig Stunden, bis das Licht wieder anging. Nach dem Sturm, der alles braun und wie verbrannt hinterließ, schien der Frühling wieder sehr fern. Tag für Tag fegten die kalten Regenschauer über uns hinweg, und die aufgeweichten Felder hatten sich unter den Hufen der Rinder in braunen Schlamm verwandelt. Überall war man damit beschäftigt, die Sturmschäden zu beseitigen. Scheunen waren abgedeckt worden, Bäume geknickt. Auf vielen Höfen konnte man sich nur langsam auf den Frühling vorbereiten.

An drei Tagen in der Woche unterrichtete ich an der Schule. Wir hatten bis jetzt ein Stück für die Schule gespielt, ein paar innerschulische Radioprogramme mit Geplauder und Musik aufgezeichnet, und nun arbeitete ich mit den jüngsten Schülern an Kurzgeschichten. Am Tag nach dem Sturm – der Regen prasselte den ganzen Vormittag gegen die Fenster, und drei oder vier Jungen, die sich verspätet hatten, saßen bis auf die Haut durchnäßt an den hinteren Tischen – an diesem Vormittag also dachte ich an das stürmische Abenteuer, das wir alle gerade hinter uns hatten, und ich bat die Klasse, eine Geschichte zu schreiben, die mit den Worten beginnt. »Gestern ereignete sich etwas ganz Erstaunliches...«

Ich fragte mich, wie es ist, hier geboren und aufgewachsen zu sein, über diese leeren Straßen oder querfeldein in schlammbespritzten Hosen zur Schule zu gehen. Welche Stürme, wie viele verregnete Frühjahre und Sommer hatten die Seelen dieser jungen Menschen geprägt?

Als ich später ihre Kurzgeschichten las, bezog sich keine einzige auf den Sturm. Eine begann: »Gestern ereignete sich etwas ganz Erstaunliches. Draußen war es ein bißchen windig, und ich ging meinen Onkel John besuchen.« Alles weitere ereignete sich bei strahlendem Sonnenschein.

Für Chris und mich waren diese Tage wieder einmal eine Zeit des Wartens. Der Frühling winkte mit dem Versprechen von Deirdres Adoption – oder mit ihrem Verlust. Bald würden wir nach Dublin fahren, zum Adoption Board. Dort würden nach einer eingehenden Prüfung durch die sechs oder sieben Mitglieder dieser Aufsichtsbehörde die Papiere für Deirdre unterzeichnet werden, und das langwierige, von vielen Ängsten begleitete Verfahren wäre endlich vorbei. Aber wir wußten von Helen, daß uns das Baby bis zu dem Tag, an dem wir in Dublin erscheinen sollten – praktisch bis zu dem Augenblick, in dem die Adoptionsurkunde ausgefertigt und die Papiere unterschrieben wurden –, immer noch völlig legal genommen werden konnte.

Der Gedanke, nach Dublin zu fahren und als nicht leibliche Eltern mit dem Kind auf dem Arm zu einer Art endgültiger Elternprüfung zu erscheinen, erfüllte uns mit Unbehagen und machte uns beide gereizt. Schließlich waren wir gute Eltern. Deirdre war glücklich bei uns. Aber würden die Beamten das erkennen, indem sie mal eben einen Blick auf das Baby warfen? Was wäre, wenn es nicht still sitzen wollte oder knatschig wurde? Was hätte es dann für einen Sinn, wenn wir versicherten, Deirdre sei das vollkommene Baby, das jeden Tag lacht, gut ißt und nachts durchschläft? Weil wir uns in gewisser Weise anderen, »leiblichen« Eltern unterlegen fühlten, wagten wir kaum, unseren Instinkten zu trauen. Wir *wollten* nicht, daß Deirdre weinte, wenn ein Fremder sie auf den Arm nahm; aber wenn sie nicht weinte, bedeutete das dann nicht auch etwas? War sie uns gegenüber indifferent? Es schien, als wäre sie auf jedermanns Armen glücklich. Immer war sie vergnügt und zum Kichern aufgelegt. Plötzlich schien sich der ganze Adoptionsprozeß in diesen letzten Wochen des Wartens zu konzentrieren. In jedem Ton und jeder Geste des Babys suchten wir nach Zeichen.

Wir setzten Deirdre jetzt jeden Tag für ein Stündchen, oder solange sie eben Lust hatte, in die Babyschaukel, die von der Küchendecke herabhing. Mit den Füßen konnte sie den Boden berühren und sich abstoßen, und sie lachte vor Vergnügen, wenn sie schaukelte oder sich wie ein Kreisel drehte. Wenn wir sie aufrecht hinstellten und festhielten, schien sie kräftige Beinchen zu haben; trotzdem stand sie immer nur auf den Zehenspitzen wie eine Tänzerin. Sie wollte partout nicht mit dem ganzen Fuß auftreten. Lag das vielleicht an der Babyschaukel? »Wer weiß«, sagte Chris, »vielleicht haben sie in Amerika schon herausgefunden, daß diese Dinge nicht gut für Babys sind. Vielleicht sind sie dort schon verboten!«

In diesem überängstlichen und verletzlichen Zustand konnten uns selbst die törichsten Dinge in Panik stürzen: die Nachricht, daß ein Laufstall in manchen Kreisen als psychologisch ungesund galt; die Ansicht, daß Babys selbst bestimmen sollten, wann und wie lange sie schlafen; daß Daumenlutschen beim Einschlafen sofort unterbunden werden sollte, oder daß man ein Kind nie, nie, nie weinen lassen dürfe. Wir hörten zu und machten uns wegen allem Sorgen. Aber im großen und ganzen hielten wir uns an das, was Chris die altmodische Weise nannte. Deirdre saß jeden Vormittag zwei Stunden in ihrem Laufstall und amüsierte sich mit ihren bunten Würfeln und Bechern und Puppen; sie steckte den Daumen in den Mund, wenn sie müde war, und jeden Abend um sieben wurde sie zu Bett gebracht, und sie kicherte und gackerte und plärrte keineswegs, und sie schlief tief und fest bis zum nächsten Morgen. Das war unser Baby zu Hause in West Clare.

Aber wie sollten das die Leute in der Dubliner Behörde wissen?

Heute traf mit der Post ein offiziell aussehender Brief in einem braunen Umschlag ein. In dem Brief wurde uns mitgeteilt, daß wir am 3. März um 12 Uhr im Büro der Adoptionsbehörde in Dublin, Merrion Square, erwartet würden. Das Baby Deirdre May sollten wir mitbringen. Nun also ist es soweit. Noch eine Woche – mein Gott, wird sie jemals vorübergehen?

Ich frage mich, was Deirdre denken wird, wenn sie einmal groß ist und wir ihr von unseren Ängsten erzählen. Tief im Herzen hoffe ich, daß sie uns freundlich ansehen wird, daß sie vielleicht sogar lacht und sagt: »O Mom, du Dumme. Hast du nicht gewußt, daß ich schon immer für dich bestimmt war?«

KAPITEL 11

Nun konzentrierte sich alles auf Dublin. Alle Freunde und Nachbarn, die uns während der langen Wartezeit begleitet hatten, nahmen nun auch teil an unserer Besorgnis und unserer Vorfreude. »Ihr sollt nach Dublin kommen? Oh, Gott sei Dank, ist es nicht wundervoll? Ich bin sicher, daß alles gutgehen wird. Es wird schon alles klappen, so Gott will.« Und so näherten wir uns allmählich, wie nach einer langen beschwerlichen Schwangerschaft, dem Ende unserer Wartezeit. Im Lauf eines schönen Sommers und eines langen feuchten Winters war uns Deirdre ans Herz gewachsen. Wir liebten sie leidenschaftlich und zärtlich, und die Energie unserer Liebe floß wie ein Strom durch diese letzten Tage. Für die Reise nach Dublin und das Gespräch vor der Adoptionsbehörde wurde nichts außer acht gelassen. Manchmal erfaßte mich ein plötzliches Glücksgefühl, und ich bemerkte, daß ich lächelte, während ich im Nieselregen über die Felder ging, um nach den Kühen zu sehen. Mir war, als bereitete ich mich auf eine Hochzeit vor oder auf eine Geburt, und trotzdem stand bei all dem Kommen und Gehen ständig die Angst im Raum, daß etwas schiefgehen könnte.

Selbstverständlich sollte alles sehr schön und der Feierlichkeit und Bedeutung des Anlasses angemessen vor sich gehen. Chris legte in der Küche die Sachen für Deirdre zurecht.

»Niall«, sagte sie, als sie einen kleinen Anzug an einem Minikleiderbügel hochhielt, »hast du an den Wagen gedacht?«

»An den Wagen?«

»Ja. Geh hinaus und sieh ihn dir an. Er ist furchtbar schmutzig. Mit diesem Auto können wir nicht in Merrion Square vorfahren.«

Angesichts der mit Kuhfladen, Erdklumpen und Schlaglöchern übersäten Landstraßen von West Clare war mir Autowaschen als etwas völlig Überflüssiges erschienen. Der Peugeot hatte seit zwei Jahren keine Seife gesehen, genau gesagt seit jenem Morgen in Dublin, als mein Vater ihn mit dem Gartenschlauch abspritzte, um zu sehen, welche Farbe er hatte.

»Den kriegen wir nie mehr sauber«, sagte ich.

»Wir müssen ihn saubermachen, Niall. Könntest du nicht Michael Fitz fragen? Für Deirdre?«

Ich konnte mir nicht vorstellen, wie jemand den Wagen sauberbekommen sollte. Trotzdem fuhr ich am nächsten Morgen auf dem Weg zur Schule mit dem alten schlammüberkrusteten Peugeot bei Fitzpatricks Tankstelle vorbei. Michael kam in seinem grünen Overall heraus und wischte sich die Hände an einem Lappen ab.

»Für wieviel? Zehn Pfund, ja?« fragte er und griff nach dem Zapfhahn.

Ich brauchte eigentlich kein Benzin, aber ich ließ ihn gewähren, während ich mich sammelte, um meine Bitte vorzutragen. »Kein übler Tag heute«, sagte er, während er einen Blick zum Dorf warf und einen zweiten auf die Tankuhr, die bei über fünf Pfund angekommen war.

»Ja«, sagte ich, »wirklich nicht schlecht.«

»Seid ihr zufrieden mit ihm?« fragte er und wies auf den Wagen.

»Doch, schon«, sagte ich, und nach einer kurzen Pause fügte ich hinzu: »Wär's wohl möglich, Michael, daß du ihn wäschst und ausputzt?«

Die Tankuhr schlug bei zehn Pfund an. Er hängte den Zapfhahn ein und schraubte den Tankverschluß fest. Dann stieß er mit der Spitze seines schwarzen Stiefels gegen die dicke Schlammkruste an der Unterseite des vorderen Kotflügels. Sie hinterließ keinen Abdruck.

»Innen und außen?« sagte er.

»Innen und außen«, wiederholte ich, und vor meinem inneren Auge ließ ich im Zeitraffertempo die verschiedenen Dinge und Lebewesen Revue passieren, die in diesem Auto schon über die Kiltumperstraße gefahren waren: tote und lebendige Hühner, Schüsseln mit Hühnerblut für Marys Blutwurst, Säcke mit Torf, Säcke mit Sägemehl für den Hühnerstall, Säcke mit Steinen aus dem Steinbruch, Pflanzen von überall her, Sessel und Stühle für Partys, ein Butterfaß, ein Dreschflegel, ein Fischkorb und zahlloses anderes Zubehör für die Kilmihil Drama Group, eine völlig verschreckte Katze und eine Schachtel mit Katzendreck, ein unablässig pinkelnder junger Hund, ein Quetscheisen zum Kastrieren der Stierkälber, ein Brenneisen, um ihnen die Hörner auszubrennen, zahllose schmutzige Windeln und Eimer voll Brunnenwasser, von dem immer ein wenig überschwappte, wenn wir Joeso auf dem Weg zum Brunnen trafen und mitnahmen.

Nach einer ziemlich langen Pause sagte Michael:

»Vier Uhr? Wär' das recht?«

»Vier Uhr wäre prima«, sagte ich.

In einem frisch schamponierten und unglaublich glänzenden marineblauen Peugeot brachen wir an jenem Nachmittag in Kilmihil zu einer der wichtigsten Reisen unseres Lebens auf. In gewisser Weise schien sie vergleichbar mit der ersten langen und abenteuerlichen Reise, die uns aus den Büroblocks von New York in die Wildnis von Clare geführt hatte. Wir waren damals gekommen auf der Suche nach einem neuen, besseren Leben; Ennis, Limerick, Nenagh, Roscrea, Mountrath, Portlaoise, Monasterevin, Dublin – in umgekehrter Richtung waren wir vor drei Jahren gekommen, mit einem Wagen voller Koffer, aber ohne die geringste Ahnung, was uns bevorstand: der Kummer über unsere Kinderlosigkeit, zwei in sintflutartigem Regen untergegangene Sommer, das kalte Steinhaus, der im Regen ertrunkene Garten. Nun schlief Deirdre auf dem Rücksitz, und ich fuhr sehr, sehr vorsichtig.

Wenn Deirdre wie üblich die Nacht durchschlief, mußte sie zu der Zeit, in der das Gespräch angesetzt war, fit sein. Ich ging noch einmal die »Hinweise für das Reisen mit Kleinkindern« durch. Wir waren beide so ängstlich darauf bedacht, ja alles richtig zu machen, daß wir uns mit einem ganzen Katalog von lebenswichtigen Dingen für das Baby beschäftigten: das Wärmen der Flaschen (ich hatte den elektrischen Flaschenwärmer in Kiltumper vergessen), zusätzliche Sauger (ich hatte vier Stück gekauft für den Fall, daß wir drei verlören), Cremes und Puder gegen Wundsein (im Augenblick war Deirdres Popo rosig und glatt, aber was wäre, wenn sie über Nacht wund würde? Was wäre, wenn man das nachprüfen würde?), Babydecken (würde sie sie in einem Haus mit Zentralheizung brauchen? Unter Dekken konnte ein Kind ersticken! Oder waren nur Kissen so gefährlich?), Gläschen mit Rindfleisch und Kartoffeln, Lamm und Gemüse, reinem Obstbrei (oder sollten wir keine Babyfertigkost mehr füttern? Hatte man inzwischen vielleicht herausgefunden, daß sie schrecklich schädlich oder mangelhaft oder sonst etwas ist, was nur die armen Irren draußen im Westen noch nicht wußten?) und natürlich Puppen (zwei bunt gekleidete lächelnde Puppen, die selbstverständlich keine Knopfaugen hatten, die man herauspulen und verschlucken konnte).

Als wir in die Einfahrt meines Elternhauses in Kilmacud einbogen und Deirdre erwachte, konnte ich mich eines kleinen Entsetzens nicht erwehren angesichts der ungeheuren Verantwortung, die eine Elternschaft mit sich bringt, und ich versank wieder einmal in ehrfürchtiger Bewunderung vor der Weisheit aller Mütter und Väter.

Wenn ich mich heute abend hinsetze, um den Tag an mir vorbeiziehen zu lassen, kann ich mich kaum erinnern, welches Wetter wir heute hatten. Ich weiß nur, daß die Sonne durch einen teilweise bewölkten Himmel schien, daß es nicht kalt war und daß durch das grüne Parkgitter am Merrion Square Märzenbecher zu sehen waren. Wir brauchten kaum zehn Minuten von den Williams zum Merrion Square, aber wir mußten einige Male um den Block fahren auf der Suche nach einem Parkplatz. Wir saßen im Auto wie ängstliche

Passagiere in einem Flugzeug, das nach einem langen Flug eine Schleife zieht, bevor es zu einer perfekten Landung ansetzt. Ich erinnere mich, daß ich Deirdre auf dem Rücksitz noch einmal die Windel wechselte... gottlob! Unmittelbar vor dem Büro der Adoptionsbehörde stand wie gerufen für die schmutzigen Windeln von glücklichen Babys, die hier adoptiert werden sollten, eine Abfalltonne. Es ist komisch, woran man sich erinnert. Wir waren für 12 Uhr bestellt. Um fünf vor klopften wir an die blaue georgianische Tür von 65 Merrion Square mit unserem Schatz auf dem Arm.

Deirdre trug ein gesmoktes Trägerröckchen aus rotem Samt (ein Geschenk von meiner ältesten Freundin Eileen Lynch), das mit einer Borte aus kleinen grünen Äpfeln besetzt ist, darunter ein weißes Baumwollblüschen und eine weiße Strumpfhose, die ich im Children's Corner in Mount Kisco gekauft hatte – dem Geschäft, wo meine Mutter für mich eingekauft hatte, als ich klein war; außerdem ein weißes Strickjäckchen von Phyllis, der Babysitterin, und kleine weiße Lederschuhe, die sie ständig verlor. Sie war bestens gelaunt und besah sich alles mit großen blauen Augen.

Wir läuteten und warteten. Ein Herr – er trug einen blauen Anzug und hatte graue Schläfen – begrüßte uns herzlich, und dann fragte er einfach: »Sie sind...?«

»Williams«, antworteten wir schüchtern und beflissen.

»Ah«, sagte er und führte uns in ein Zimmer, wo er uns bat, zu warten. Außer uns war niemand da. Nein, das war nicht der Sitzungssaal, sagten wir uns aufatmend und setzten uns, um die letzten Augenblicke unserer Adoptionsschwangerschaft abzuwarten. Das Zimmer war hoch, mit weißen Stuckverzierungen an der Decke und himmelblau gestrichenen Wänden. Hohe, weiß lackierte Fenster gingen auf den Merrion Square hinaus. Und mit dem dicken königsblauen Teppich war es ein Paradies für ein krabbelndes Baby.

Deirdre hüpfte fröhlich auf meinem Schoß; aber zum Spielen blieb nicht viel Zeit, denn kurz darauf wurden wir in ein größeres Zimmer mit hoher Decke geführt. Der Augenblick, auf den wir seit dem 30. Juni 1987 gewartet hatten, war da.

Farben und Einzelheiten habe ich vergessen. Ich weiß nur noch, was ich fühlte. Mir sollte ein neues Leben geschenkt werden. In der Mitte des Zimmers stand ein riesiger Tisch, um den eine Menge Leute saßen. Ich erinnere mich, daß alle lächelten. Eine gutaussehende Frau sprach sehr herzlich mit uns. Dann wurden wir gebeten, auf die Bibel zu schwören, und der Mann, der sich als der Standesbeamte vorstellte, wandte sich förmlich an uns und stellte eine Reihe von Fragen. Waren wir diejenigen, die wir zu sein behaupteten? Wohnten wir an dem Ort, den wir als unseren Wohnsitz angegeben hatten? Waren wir Staatsbürger von Irland? Hatten wir in den vergangenen zwölf Monaten hier gelebt? Waren wir älter als fünfundzwanzig? Hatten wir am 18. Juli 1981 geheiratet? Waren wir schon vorher verheiratet gewesen? Und schließlich, welcher Religion gehörten wir an? Ein Papier wurde vor uns hingelegt, und wir wurden gebeten, zu unterschreiben. Niall unterschrieb als erster, und als ich den Stift in die Hand nahm – ich hielt Deirdre mit dem linken Arm fest – und zu schreiben versuchte, merkte ich, daß ich am ganzen Körper zitterte. Ich konnte kaum meinen Namen schreiben. Dann erkundigten sich die Mitglieder der Kommission nach Deirdre. War sie glücklich? Sie war gerade in diesem Augenblick besonders glücklich. Ob sie wisse, was hier geschah? Ich blickte auf sie hinunter. Sie war emsig mit zwei großen bunten Plastikperlen beschäftigt. »Sehen Sie selbst«, sagte ich. Alle blickten wir auf Deirdre May, unseren kleinen Schatz, und strahlten. Die hübsche Dame sagte: »Richtig feingemacht für den besonderen Tag. Wie viele Zähne hat sie schon?« »Vier«, sagte Niall stolz. Für einen kurzen Moment herrschte völliges Schweigen im Raum, während wir ein ungeheures Gefühl der Liebe füreinander empfanden. Dann sagte der Standesbeamte schließlich: »Nun,

Mr. und Mrs. Williams, die Kommission und ich haben das Vergnügen, die Adoptionsurkunde für Deirdre May auf Ihren Namen auszustellen. Herzlichen Glückwunsch.«

Niall wandte sich zu mir und küßte mich. Es ist alles vorbei. Deirdre gehört uns!

Wir verließen das hübsche georgianische Gebäude am Merrion Square und traten als Familie hinaus in den Trubel von Dublin. Alles war wie neu. Im Park auf der gegenüberliegenden Straßenseite spielte eine sanfte Frühlingsbrise im ersten Grün. Wir waren umgeben von Autos, Straßenarbeitern, Lastwagen, Bussen und dem ganzen Lärm und Staub einer Großstadt, doch in unserer Erinnerung war dies alles lautlos und wie eine hübsche Parade an uns vorbeigeglitten. Nichts auf der Welt war damals für uns richtig wirklich – außer unserer übergroßen Freude.

Dublin feierte sein Millenium, den tausendsten Jahrestag seiner Gründung. Wir fuhren unseren alten Peugeot wie einen Triumphwagen, der eine frohe Botschaft bringt, ins Herz der festlich geschmückten Stadt. Gewiß hundertmal blickte ich zu Chris, und sie blickte mich an, und wir beide blickten auf Deirdre. Als wir ausstiegen, trugen wir sie abwechselnd. Sie machte große Augen und drehte das Köpfchen hierhin und dorthin, um alles und jedes zu sehen: Zeitungsjungen, Obststände, Blumenverkäufer, Straßenhändler, Schaufenster mit Kleidern, Büchern, Geschenken, eine Unmenge durcheinanderlaufender Menschen, und überall Babys in komfortablen Kinderwagen und Buggys, die über breite, gepflasterte Bürgersteige ohne Schlaglöcher geschoben wurden. Was hielt sie von der Hauptstadt an diesem speziellen Tag? Sie lachte wie verrückt, als sie einen großen orangefarbenen Doppeldeckerbus entdeckte.

Ein Bus, Deirdre. Siehst du den Bus?

Wir hatten das Gefühl, als hätte sich Deirdres Verhalten uns gegenüber verändert; sie erschien uns noch fröhlicher, noch lebhafter, selbstsicherer und freier. Konnte sie tatsächlich gewußt haben, was diese Reise nach Dublin bedeutete? Oder spürte sie, daß wir nicht mehr ängstlich waren? Ihre wunderhübschen blauen Augen strahlten. Wir gingen mit ihr in ein kleines Restaurant an der Nassau Street zum Essen, und sie lachte beim Anblick der Spaghetti und bezauberte die Kellnerinnen und sämtliche Gäste ringsum. Später besuchten wir Marianne, eine alte Freundin, in ihrer Boutique in der St. Anne's Street, und auch hier wirkte Deirdre wie das glücklichste Kind der Welt. Sie freute sich über Farben, Kleider, Geräusche und Menschen. Sie hatte richtige Lachanfälle, wobei sie, mich nachahmend, den Kopf in den Nacken warf und eine Art übertriebenes Kichern von sich gab, das tief im Bauch begann und ihren ganzen Körper erschütterte. Gegen vier Uhr gingen wir zum Wagen zurück. Preßlufthämmer stampften an einer Straßenecke. Unser Baby lächelte nur, lehnte sich zurück und sank auf den Armen seiner Mutter in tiefen Schlaf.

KAPITEL 12

Zur Frühlingszeit waren wir nach Irland gekommen, und nun schienen wir die Zeit in Frühlingen zu messen, in den Märzenbechern so und so vieler Aprilmonate, im Grün der hügeligen Weiden von Tumper. Jeder Frühlingsanfang war für uns ein Jahrestag der Hoffnung. Jedes Jahr im März erinnerten wir uns an den zugewachsenen Garten, den wir hier angetroffen hatten, an das Hundszahngras, das den Gartenweg überwucherte, und an die hüfthohen Brennesseln bei den Hecken. Wir sahen uns, wie wir durch das Küchenfenster in ein vollkommen leeres Haus blickten, wir sahen unseren einzigen Stuhl, den geborgten Tisch und den großen Haufen Kuhmist auf dem Rhabarberbeet. Jedes Frühjahr blickten wir zurück und erinnerten uns, wie hoffnungsfroh wir in die dick mit Mist ausgelegten Furchen vor dem Haus unsere ersten Kartoffeln gepflanzt hatten und an den jährlichen Kampf gegen die Kartoffelfäule. Dieser Boden gehörte jetzt uns – oder wir gehörten ihm. Zwischen uns war etwas gewachsen, eine Brücke aus Aprilerinnerungen und dem alljährlich neuen Versuch, der schlammigen Erde einen weiteren Beweis unseres Wirkens abzuringen.

Ich habe mich lange Zeit gescheut – schon bevor wir nach Clare kamen –, das Wort »gärtnern« zu gebrauchen, weil sich mir dabei eine ganze Reihe unguter Assoziationen aufdrängte: Samstagnachmittag im Garten die Zeit totschlagen; gelegentlich eine Geranie umsetzen; Rosen sprühen; Äpfel pflücken als Beschäftigungstherapie für Senioren. Es war ein Wort, das ich mit grünen Gießkannen, Rasenmähern und Heckenscheren verband. »Gärtnern« war ein nettes, harmloses Steckenpferd, aber bei weitem nicht so angesehen wie zum Beispiel Golf oder andere und womöglich leichtere Beschäftigungen.

Die Zeit totschlagen? Hier in Kiltumper war die Zeit seit unserer Ankunft auch in unserer Erinnerung genau eingeteilt. Drei Aprilmonate hatte ich an Chris' Seite geschwitzt aus Leibeskräften, gehackt, gegraben, gedüngt, gestochen und geschaufelt und war abends in einen Stuhl gesunken mit Blasen an den Händen und einem Bärenhunger. Ich war nicht mehr dieselbe Person, die jeden Morgen aus dem Pendlerzug stieg und in Sportjackett, grauen Flanellhosen und Oxfordhemd die Park Avenue bis zur 56th Steet marschierte, noch war Chris die Frau, die neben mir gegangen war, mit den hochhackigen Schuhen in der Tasche und einem Pappbecher koffeinarmen Kaffees in der Hand. Wir hatten beide eine große Wandlung durchgemacht, die in ihren Dimensionen einer tektonischen Verschiebung gleichkam. Wir waren geprägt von dem Schmutz, der sich nicht mehr von unseren Fingern waschen ließ, von kleinen Narben, die die Kratzer der altmodischen Rosen und wilden Heckenrosen auf unseren Armen hinterlassen hatten; wir waren auch geprägt von den langen stillen Stunden an diesem sehr stillen Ort, wo wir schrieben und malten in der Hoffnung, irgend jemanden dort draußen jenseits von Haye's Hill zu erreichen und zu rühren.

Durch Deirdre schien sich alles in unserem Leben auf wunderbare Weise zu erneuern. Es lag ein solcher Glanz über jenen Tagen, daß uns unser altes Steinhaus manchmal wie ein Traumschloß vorkam. Vermutlich waren diese Gefühle bei jungen Eltern etwas ganz Alltägliches, aber die äußere Welt tat alles, um uns in diesen Gefühlen zu bestärken. Plötzlich schien über Kiltumper Tag für Tag die Sonne. Unsere trächtigen Kühe lagen auf der unteren Weide, als die verblüffend gelben Blüten der Ginsterbüsche die Hügel schmückten. Im Ostergarten öffneten sich die ersten Blüten, und Chris ging jeden Tag mit Deirdre hinaus, um sie zu betrachten. Chris hatte bereits den Plan für den diesjährigen Garten skizziert. Einen Tag, nachdem sie ihn mir gezeigt hatte, hörte ich an meinem Schreibtisch sitzend, wie sie Deirdre draußen erklärte, wo die neuen Pflanzen stehen würden. Während ich ihr zuhörte, durchströmte mich das schlichteste, süßeste Glücksgefühl, und ich dachte: Mögen wir in all den vor uns liegenden Tagen nie diese Aprilfreude verlieren.

Heute ist der erste April 1988. Deirdre lief quer durch die Küche! Sie kann jetzt offiziell laufen. Und sie freute sich so darüber, daß sie auf dem ganzen Weg lachte und mit ausgestreckten Armen auf mich zulief. An der Couch drehte sie um und lief zurück zu Niall, mal richtig auftretend, mal auf Zehenspitzen, aber sie hielt das Gleichgewicht. Und wenn das allein nicht aufregend genug war, dann aber bestimmt die Tatsache, daß wir heute in *T-shirts* im Garten waren! Auch Deirdre. Es war ein weiterer himmelblauer Tag, ich meine: blauer Himmel und ungetrübter Sonnenschein.

Bei schönem Wetter gerate ich regelmäßig in Panik. Es gibt tausend Dinge, die an einem schönen Tag getan werden müßten: im Garten arbeiten, einen Ausflug ans Meer, malen und zeichnen, ganz zu schweigen von der Hausarbeit. In Irland gehören blauer Himmel und schmutzige Wäsche auf ähnliche Art zueinander wie Tee und frische Hefebrötchen oder Brot und Butter. Ich habe immer ein schlechtes Gewissen, wenn ich einen schönen Tag verstreichen lasse, ohne beim Heuschuppen Wäsche aufzuhängen. Aber der heutige Nachmittag sah uns draußen im Garten. Er ist schließlich im Augenblick das Wichtigste. Pamela Blake, unsere junge Freundin und Babysitterin, hütete Deirdre im Haus. Wenn Deirdre im Garten frei herumläuft, ist sie eine Plage. Sie reißt alle Blumen ab. Niall und ich arbeiteten in verschiedenen Teilen des Gartens; er grub die Furchen für die Kartoffeln, und ich jätete die Blumenrabatten. Die Sonne schien an einem klaren, blauen Himmel. Wir arbeiteten mit bloßen Armen, so warm war es. Was könnten wir mehr verlangen? Ich hatte ein wundervolles Gefühl von Vollkommenheit und Glück. Ich hoffe, ich werde in späteren Jahren auf diesen Tag zurückblicken können und mich erinnern, wie schön er gewesen ist.

Chris drängte es bei diesem schönen Wetter, wieder mit ihrer Malerei zu beginnen. Es hatte so viele Wintertage gegeben, an denen Regen und graue Nebel der Welt jede Farbe nahmen. Deirdre und das trübe Wetter hatten die Arbeit an der Staffelei lahmgelegt. In der guten Stube stand, seit Monaten unberührt, eine große Connemara-Landschaft (eine einsame Straße, die sich im Schatten der Berge durch Maam Valley windet). Nun stand das Bild draußen auf dem Gartenweg im Aprilsonnenschein, und eine Woche später war es fertig. Gleichzeitig hatte Chris mit einem weiteren Bild begonnen, das die sauber gegrabenen Kartoffelfurchen und die ersten Blumen des Frühlingsgartens zeigte. Chris fängt immer auf diese Weise im April zu arbeiten an. Sie findet ihren Rhythmus in der Frühlingsluft und schafft in vier Wochen mehr als in einem ganzen Winter. Eines Tages rief sie dann bei Chris O'Neill in Lisdoonvarna an.

Wir hatten schon vor zwei Jahren von seinem Burren Painting Centre gehört. In Lisdoonvarna, einem Badekurort im Norden von Clare, gab es Kurse für Maler, die mit ihrem jeweiligen Kursleiter in die imposante Burren-Landschaft hinausziehen, um dort den ganzen Tag zu malen. Bis jetzt hatte Chris noch nie Zeit gehabt für einen solchen Kurs. Doch jetzt, in dem beinahe unglaublichen Glanz des diesjährigen Frühlings, wollte sie unbedingt teilnehmen.

The Burren, eine gut 900 Quadratkilometer große bergige Kalksteinlandschaft, ist die Heimat von Pflanzen, die sonst nirgends im Land vorkommen. Es ist eine der magischen Landschaften Irlands. Wie Glencolumbcille in Donegal, Maam Valley, die Seen in Connemara oder die Straßenbänder, die zur Halbinsel Dingle führen, gehört The Burren zu den Orten, die gleichzeitig beruhigen und berauschen, die voller Geheimnis und Überraschung sind. Seit Ewigkeiten scheint sich hier nichts verändert zu haben, und darin bestand für mich der besondere Reiz. Das Übernatürliche der irischen Landschaft war für Chris und mich stets genauso real wie der Regen. Manche Orte strahlen hier eine Art unberührter, unberührbarer Frömmigkeit aus.

An dem Tag, als ich Chris in Lisdoonvarna abholen sollte, wollte ich, immer noch in der Hochstimmung meiner neuen Vaterschaft, der Welt ein

Stündchen entkommen und in der Burren-Landschaft herumklettern. Pamela kam herauf, um Deirdre zu hüten. Martin Murray brachte mir Tim Robinsons ausgezeichnete Wanderkarte für dieses Gebiet und sagte, er komme mit. Wir fuhren mit dem Peugeot zur Küste und dann ins Herz von The Burren oder Boireann.

Boireann bedeutet soviel wie Felsenort, und unter den Millionen Felsen befinden sich über 450 Ringforts und 66 Megalithgräber aus Kalksteinplatten. In dieser Landschaft gedeihen wilde Orchideen, blauer Enzian, Veilchen, Fingerkraut, Traubenhyazinthen und eine ganze Reihe anderer seltener Pflanzen, die eigentlich mehr ans Mittelmeer als an die Küste von North Clare gehören. Als südliche Grenze waren auf der Karte die Orte Kilnaboy, Kilfenora, Lisdoonvarna und Doolin eingetragen, im Norden Black Head, Ballyvaughan und das Flaggy Shore bei New Quay. Wo in diesem schrundigen, blütenprangenden Felsenmeer mochte Chris heute vormittag mit ihren Pinseln, Paletten und ihrer Leinwand stecken? Die tiefe Aillwee-Höhle im Zentrum von The Burren ist eine der bekanntesten Attraktionen dieser Gegend, aber ich wollte an diesem Morgen auf eines der hoch über dem Meer gelegenen Kalksteinplateaus steigen, von denen man auf das blaue Wasser der Galway Bay hinunterschauen kann.

»Wie wär's mit... Gleninagh Mountain, eintausendundvierzig Fuß hoch«, sagte Martin, der eifrig die Karte studierte. »Dobhach Brainin soll dort oben sein.«

»Wo, sagst du, ist es?« fragte ich und beugte mich mit ihm über die Karte.

»Genau hier«, antwortete er. Er zeigte nach oben, wo sich eine steil aufragende graue Felswand unseren Blicken entzog.

»Das also ist Gleninagh Mountain«, sagte ich und parkte den Peugeot am Straßenrand.

Eine halbe Stunde arbeiteten wir uns durch das Gestrüpp zum ersten Felsenabsatz empor. Während ich mich, die Ellbogen schützend vor dem Gesicht, auf Ziegenpfaden durch braunes Dorngestrüpp und Farnkraut schob, leuchteten im Gestein über mir winzige Blumen wie helle Punkte. Etwas später war alles nur noch Stein. Wir erreichten ein erstes Plateau, und plötzlich erstreckten sich vor uns große, geborstene Felsplatten; es sah aus wie ein gepflasterter Pfad der alten Götter. Die Platten waren an unzähligen Stellen gesprungen; manche Öffnungen waren so breit, daß man die Hand dazwischenschieben konnte; in anderen steckten kleinere, scharfkantige Steine. Wer hatte sie hineingesteckt und warum? Kletterer? Hirten? Sie standen hervor wie unheimliche Zeichen, und ich ging mit einem leichten Schaudern an ihnen vorüber. Überall in dem porösen Kalkstein hatte der Regen im Lauf von Jahrhunderten Mulden und Höhlungen ausgewaschen, die das Gestein jetzt mit sonderbaren Wassermustern überzogen – Trittspuren von Riesen. In vielen dieser frostgeschützten Kuhlen und Spalten blühten winzige Blumen, die kaum je ein Mensch zu sehen bekam.

Inzwischen rann mir der Schweiß aus allen Poren. Martin befand sich einige Meter über mir. Er ging ein flottes Tempo. An einer steilen Wand wartete er auf mich. Wir ließen uns zu einer kleinen Atempause nieder. Das Meer lag bereits weit unter uns, die Luft schmeckte süß und war frisch und kühl. Wie angenehm war es, einfach hier zu sitzen, auf die drei Aran-Inseln hinauszuschauen, die wie graue Walbuckel in der blauen Bucht schwammen, und sich vorzustellen, daß wir von der Straße aus winzig klein, wie zwei Farbtupfer, wirken mußten. Ich holte die Karte hervor. Meine Hände waren von der Kletterei ein wenig kalkig und fühlten sich auf dem Papier sehr glatt an. Ich entdeckte Eintragungen und Erläuterungen in der Karte, die sich auf Spuren im Fels bezogen: »Gesegneter Busch«, und »Abdruck von St. Brigids Knien«; »Hufabdrücke von Glas Ghaibhneachs Kuh«; »Heilige Quelle (gegen Zahnschmerzen)«; »Fingerabdrücke eines Heiligen im Fels«; »Tobar Cholmain (gewölbter Stein, der Kopfschmerzen heilt)«; »Cnoc Fionn, Sitz der McClancy-Rechtsakademie, 16. Jahrhundert«; »Höhlen der Wildpferde« und – vielleicht am eigenartigsten von allem – »Komisches Feld« in dem Gebiet, das als Cragballyconoal bekannt ist. Diese Ortsbezeichnungen beschworen erstaunliche Bilder herauf. Ich steckte die Karte ein, und wir gingen weiter.

In einiger Entfernung begleitete uns eine kleine Herde Ziegen, die sich trittsicher auf dem abschüssigen Hang bewegten. Das Gelände wurde steiler. Wortlos stiegen wir höher und höher, erreichten eine Kuppe, ein weiteres Plateau, dahinter wieder einen Gipfelkamm. Der Berg stieg sockelartig an, und auf jedem Plateau war es ein wenig kühler, sauberer und *leerer* als auf dem darunter.

Keiner von uns beiden war ein geübter Kletterer. In Amerika, dachte ich, wäre das hier bestenfalls ein Hügel, kein Berg, doch als wir zu dem von einem Wall umgebenen Steinkreis kamen, der als Dobhach Brainin eingezeichnet war, hatten wir ein echtes Gipfelerlebnis. Wir hatten es geschafft. Schweigend ließen wir uns nieder. Ringsum erstreckte sich meilenweit nichts als grauer Fels. Es war völlig still, nur eine kleine Brise fuhr hin und wieder flüsternd über den *cairn*, das Steinhügelgrab. Martin öffnete eine Flasche mit starkem Tee. Ich hatte das Gefühl, als fehlte noch etwas, als wäre irgend etwas nicht ganz richtig. Und dann schoß hoch über uns ein Vogel über den Himmel und herunter auf die Felsen, dann ein zweiter und immer mehr, und plötzlich war die Luft erfüllt von Vogelgesang. Wir saßen reglos da wie die Steine, während sich ganze Vogelscharen singend und zwitschernd niederließen und wieder fortflogen. Nach einer Weile blickte ich nach oben und sah einen Bussard über uns kreisen, vor dessen starrem Auge der ganze Westen mit seiner gebirgigen braunen, grauen und grünen Pracht wie ein laufendes Panorama vorbeizog. Und ein anderer Vogel begann mitten im schwebenden Flug laut und schallend zu singen, und ich saß da und schaute und hörte ihm zu.

Ein paar Stunden später fuhr ich nach Lisdoonvarna, um Chris abzuholen. Sie hatte den Tag gar nicht weit von mir entfernt auf der anderen Seite des Berges mit Malen verbracht. Am Abend, daheim in Kiltumper, erzählte sie mir, daß sie mit ihrem Burren-Bild gar nicht zufrieden sei, und genausowenig war ich mit dem zufrieden, was ich über The Burren geschrieben hatte. Zu dem geheimnisvollen Reiz dieser Gegend gehört, daß sie sich den Definitionen entzieht und dennoch in der Erinnerung haftet wie das Lied jenes Vogels, der sich zwischen Felsen und Meer durch die Luft fallen und vom Wind tragen ließ und dabei krächzte, kreischte und sang – und meilenweit niemand, der ihn hörte.

Heute ist der Himmel nach vierzehn Tagen ungetrübten Sonnenscheins leicht bedeckt. Eine dünne graue Wolkenschicht hält die Frühlingssonne ab – genau das richtige Wetter, um die Pflanzen zu setzen, die ich gestern gekauft habe. Veilchen – blaue und gelbe –, Marienglockenblumen, Thymian, rosafarbene Gänsekresse, Alpenmohn, Leinkraut und Dreimasterblume, ähnlich den Stauden, die bei uns in Katonah, New York, wuchsen, wo ich immer auf den Schulbus wartete. Was für eine schöne Überraschung, daß ich sie hier fand.

Es ist auch das richtige Wetter, um umzusetzen. Dort drüben eine Lupine, und die Pfingstrosen kommen neben die rosa Spiräen. Der orientalische Mohn ist dreimal so groß geworden wie voriges Jahr; er ist kräftig und gesund, nimmt aber zuviel Platz weg. Ich werde ihn teilen, und die eine Hälfte muß weg, sonst erstickt er unter den gelben Lupinen. Die Kornblumenaster braucht einen besseren Platz, und die Zwergastern, die bereits stark unter den verflixten Schnecken gelitten haben, können an ihrem jetzigen Standort nichts werden und müssen an den vorderen Beetrand versetzt werden.

Ich arbeitete zwei Stunden am Vormittag, während Deirdre ihr Schläfchen machte, und noch einmal zwei Stunden am Nachmittag. Am Abend war ich völlig k.o. Beim Essen erzählte ich Niall, was ich im Garten getan hatte. Es war wirklich ein idealer Tag zum Pflanzen. »Und«, fügte ich hinzu, »hoffentlich regnet es morgen. Der Garten könnte wirklich etwas Regen gebrauchen.« Er lachte und sagte: »Kann man es dir denn nie recht machen?«

16. April. Deirdres erster Geburtstag. Vor ungefähr zwei Wochen beschlossen wir, ein doppeltes Fest zu feiern: Geburtstag und Taufe. Ich fragte Father Linnane, ob er Deirdre taufen würde. Ja, natürlich, sagte er, und dann fügte er hinzu: »Wie wäre es, wenn die Taufe bei Ihnen zu Hause stattfinden würde?«

Wir waren entzückt. Es erschien uns besonders passend, daß Deirdre hier in der Küche des alten Hauses in Kiltumper getauft werden sollte. Chris schrieb Einladungskarten. Deirdre bekam auch eine zum Anschauen und Mithelfen, und Chris sang ihr ein paar Takte von *Happy Birthday* ins Ohr. In derselben Woche unternahm Deirdre ihre erste wirklich selbstsichere Küchendurchquerung. Lachend steuerte sie vom Küchenschrank auf mein Knie zu, klatschte in die Hände, als wir ihr Beifall spendeten, machte mit schnellen patschenden Schritten, die sie wunderbar im Gleichgewicht hielten, kehrt, marschierte zurück und kam wieder. Knapp ein Jahr alt, lief sie leicht schwankend, aber geschwinden Schritts und freudestrahlend und mit wunderschönen lachenden Blauaugen der Welt entgegen.

Alles war für die Party vorbereitet. Alle unsere Nachbarn waren eingeladen. In Ennis bestellten wir eine besondere Erdbeercreme-Geburtstagstorte. Unsere Nachbarn bescherten uns mit ihrem besten Hausgebackenen: frische braune und weiße Hefebrötchen, Königskuchen, Apfel- und Rhabarbertorten, Biskuittorten mit Sahne und ohne, garniert mit Orangenspalten, Mandarinen oder Erdbeeren. Am Vormittag lieh ich mir bei Mary noch einen zweiten Tisch und zwei Klappstühle. Zwei weitere Stühle brachten die Dooleys mit. Aus dem Gemeindesaal wurden drei lange Bänke gebracht und mitten in der Küche aufgestellt. Tessie schickte ihre große Teekanne herauf, und von Lucy kamen zwei Dutzend Gläser, Tassen, Untertassen und Teller, Löffel, Messer und Gabeln.

Und damit waren wir für alles gerüstet. Pamela und Mary Murray waren am Vormittag gekommen, um zu helfen. Wir erwarteten über dreißig Gäste, und wir waren ein wenig besorgt, wie wir sie während der feierlichen Handlung alle rund um den Priester aufstellen sollten. Deirdre taperte in der Küche umher und besah sich alles. Was hatten diese Bänke hier zu suchen, die ihr den Platz zum Laufen versperrten? Was bedeuteten diese bunten Ballons, die von den Deckenbalken herabhingen? Wozu dienten alle diese bunten Karten und Kuchen und das Lied, das sie andauernd hörte? *»Happy Birthday to you!«* An diesem Vormittag sah ich die Welt durch ihre Augen. Sie wußte, daß etwas Besonderes im Gange war und noch dazu wegen ihr. Als sie erschien in ihrem rosa Kleidchen, das Chris' Mutter für sie geschickt hatte, in langen weißen Strumpfhosen und weißen Schuhen, war mir, als sähe ich in ihr ein noch neueres Strahlen, eine Glückseligkeit, die auf jeden abfärben mußte, der sie ansah.

Gegen drei Uhr an jenem Nachmittag des 16. April wimmelte es in unserer Küche von Freunden und Nachbarn. Das ganze Essen war in die

Stube geräumt worden. Father Linnane stellte die Taufkerze auf den runden Küchentisch, und die Feier begann. Alle wurden still. Lucy und Larry, die Pateneltern, saßen neben uns. Father Linnane sprach mit leiser Stimme die Eröffnungsgebete. »Wir sind heute hier zusammengekommen, um teilzunehmen an Crissies und Nialls Freude und ihrer Danksagung an Gott für das Geschenk dieses Kindes.«

Das Geschenk dieses Kindes. Mein Herz stand still. Ich konnte nicht atmen. Das Geschenk dieses Kindes. Ich hörte das Gebet halb im Traum. Als das Gebet der Eltern an die Reihe kam und Chris und ich zu lesen begannen· »Mit Freude empfangen wir Deirdre in unserem Haus, mit Freude schließen wir sie in unsere Herzen«, las Chris mit Tränen in den Augen. Die Worte kamen nur im Flüsterton von unseren Lippen, und Chris griff nach meiner Hand, die das Blatt mit dem Gebetstext hielt, damit sie weniger zitterte.

»Möge Gott dieses gute Werk, das Er begonnen hat, zur Vollendung bringen«, sagte Father Linnane, und dann sprach Jay und Tessies hübsche kleine Tochter Mareid das erste Gebet der mitfeiernden Gemeinde.

»Herr Jesus Christus, möge Deirdre Liebe, Glück und Fürsorge in ihrem neuen Heim finden. Möge sie aufwachsen, um Gott, den Herrn, von ganzem Herzen zu lieben und ihre Nachbarn wie sich selbst. Herr, erhöre unser Gebet.«

Die Worte trafen mich wie ein Schlag. Hier, ringsum, standen unsere Nachbarn und Freunde. Wie freundlich und großzügig hatten sie uns behandelt seit dem Tag unserer Ankunft in Kiltumper! Sie sind wahrhaftig warmherzig, dachte ich, und mich überflutete eine Welle der Dankbarkeit. Wie viele unerbetene kleine Gefälligkeiten hatten uns diese Menschen erwiesen! Wie hatten sie auf uns achtgegeben, uns bei allem, bei Kühen und Kälbern, Kaminen und fehlenden Stühlen, geholfen, wie hatten sie bei unzähligen Tassen Tee und abendlichen Gesprächen vor dem Feuer unsere Hoffnung, dieses kleine Mädchen zu adoptieren, geteilt!

Um Gott, den Herrn, zu lieben und ihre Nachbarn wie sich selbst. Es klang so wahr für mich an jenem Nachmittag dort in unserer Küche – wie der Schlüssel für jede Form menschlichen Zusammenlebens. Wenn wir es geschafft hatten, unser Leben in Amerika aufzugeben und mit Erfolg ein neues Leben in einem stillen Dorf in West Clare aufzubauen, dann waren diese guten Menschen der Grund dafür, und ich würde ihnen nie genug danken können für alles, was sie für uns getan hatten und weiterhin taten.

Die Zeremonie näherte sich ihrem Ende. »Wir alle sind angenommene Kinder unseres gemeinsamen Vaters«, sagte Father Linnane vor dem abschließenden Segen. »Allmächtiger Gott, Vater des Lebens, blicke mit Wohlgefallen auf Crissie und Niall. Mögen sie glücklich sein mit ihrem Kind und in ihrer Liebe zueinander immer enger zusammenwachsen. Es segne euch der Allmächtige Gott... und dich, kleine Deirdre«, sagte er und beugte sich zu ihr herab, »im Namen des Vaters und des Sohnes und des Heiligen Geistes. Amen.«

Alle kamen auf uns zu und schüttelten uns die

Hand und gratulierten. Und als bereits jemand den Wasserkessel aufsetzte und die erste Kuchenrunde einläutete, wandte sich Chris zu mir und küßte mich, und dann schauten wir beide hinunter, wo unterhalb meines Knies unsere Deirdre einen grünen Luftballon an sich drückte und lächelnd zu den Gesichtern aufblickte, die sich ihr lächelnd zuneigten.

Heute nachmittag kamen Evelyn und Una Downes, jede mit einem dicken Blumenstrauß, den sie unterwegs gepflückt hatten: Schlüsselblumen, Veilchen, Farne, ein weißblühendes Schwarzdornzweiglein und Ehrenpreis. Überall blüht jetzt der Schwarzdorn, und die Büsche sehen aus wie beschneit – aber Tausende winzig kleiner Blüten auf schwarzen knorrigen Ästen. Und die fruchtig gelben Blüten des Ginsters beleben die Hügel wie später im Jahr der Hahnenfuß.

Dad traf heute zu einer Stippvisite ein. Wir nahmen ihn gleich mit hinaus in den Garten. Es machte ihm großen Spaß, mit uns gemeinsam im Regen zu arbeiten. Wir hatten alle drei Ölzeug an und gruben und jäteten. Wir pflanzten die restlichen Zwiebelstecklinge und säten eine weitere Reihe Karotten. Wir bereiteten die Beete für den Blumenkohl vor und berieten, ob wir aus dem übriggebliebenen Fleck ein dreieckiges Beet machen sollten oder nicht. Danach kamen Gummistiefel und Regenzeug in die Ecke, und wir machten uns fein, denn mein Vater lud uns zu Ehren meines Geburtstags zu einem großartigen Dinner im berühmten Dromoland Castle ein, in dessen Park die dreihundert Jahre alten Bäume aussehen wie gewachsene Riesenskulpturen, und wo das Essen ausgezeichnet *und* teuer ist.

Und wie geht es bei Euch? Neun Wochen alte Küken piepsten in einer Pappschachtel in der Ecke, als

Ann und Noel Butler auf dem Sofa in der Küche Platz nahmen und sich umsahen. Sie hatten die Chronik unserer Abenteuer des ersten Jahres gelesen und uns aus New Jersey geschrieben und gefragt, ob sie bei ihrem nächsten Besuch in Irland bei uns vorbeischauen dürften. Wir hatten schon andere Besucher gehabt, aber sie waren die ersten, die uns vorher geschrieben hatten. Als wir merkten, daß Leute uns besuchen und kennenlernen wollten, reagierten wir zunächst etwas zurückhaltend, denn wir hatten beide den Eindruck, daß aus unseren Erlebnissen in dem Moment, da wir sie niedergeschrieben hatten – auch wenn wir uns bei allem immer genau an die Wahrheit hielten – etwas anderes wurde.

Kiltumper ist keine Idylle; es ist ein abgelegener Ort im tiefsten Clare. Es hat alle Schattenseiten des heutigen irischen Westens und all seine Schönheit. Unser Heim ist weder exotisch noch besonders eindrucksvoll, und es gibt ständig hunderterlei Dinge in Haus und Garten, die getan werden müssen. Und doch ist es für uns der Ort geworden, an dem wir unseren Traum von einem einfacheren Leben verwirklichen, und wenn jetzt Briefe aus Amerika in unserem Keksdosenbriefkasten landen, fühlen wir uns ein wenig wie Botschafter dieses Traums.

Wie geht es bei Euch? werden wir in jedem Brief gefragt. Ob wir immer noch hier sind? Ob die Kühe gesund sind? Wie geht es Mary? Was macht der Torf in diesem Jahr? Wie geht es den Enten Larry, Darrell und Darrell? Fährt der alte Peugeot noch? Hatten wir Schweine angeschafft?

Als der Frühling näher rückte, häuften sich die

Briefe, die wir in einem Weidenkorb aufbewahren. Sie kamen aus Orten wie Prairie Village, Kansas; Sparta, Tennessee; Manitoba, Kanada; Northfield, Minnesota; Malden, Massachusetts; Waco, Texas; Little Rock, Arkansas; Warren, Vermont; South Bend, Indiana; Omaha, Nebraska; Des Plaines, Illinois; Sparks, Maryland; Lexington, Kentucky; Parma, Ohio; Pottstown, Pennsylvania, und aus Dutzenden von anderen kleinen und großen Städten Amerikas, von überall, wo ein Zugehörigkeitsgefühl zu Irland weiterlebt. Diese Seiten sollen die Antwort sein auf jeden dieser Briefe.

Ja, es läuft alles bestens. In diesem Jahr blühte der Garten in den ersten Sommertagen wie nie zuvor. Die Lupinen schossen wie verrückt in die Höhe und ihre ein Meter fünfzig hohen gelben und roten Blütenkerzen ließen alles übrige fast zwergenhaft erscheinen. Überall leuchtete roter und rosa Mohn; es blühten Tausendschönchen, Akelei, Rittersporn, Rosen, Lilien, Prachtscharte, Dahlien, Astern und einjährige Sommerblumen. Bei dem schönen Aprilwetter konnte ich die Kartoffeln früher als sonst ausbringen. Wieder einmal schob ich etliche Schubkarren, beladen mit Kuhmist, in den westlichen Teil des Gartens und düngte die Erde mit dem inzwischen altbekannten Gefühl von Vertrauen und Hoffnung. Die Rhythmen dieses Ortes sind jetzt unsere Rhythmen. Im Juni baute sich Francie mit seinem Bruder Karol auf unserem Gartenweg auf und erklärte uns mit der Weisheit seiner elf Jahre, unsere Kartoffeln stünden sehr schön im Kraut. Wir haben reihenweise Zwiebeln, Beete mit Blumenkohl und Rosenkohl; am Erbsenzaun ranken sich niedrige Buscherbsen, und auf Chris' tief umgegrabenen Beeten gedeihen auch in diesem Jahr die Möhren. Und Deirdre inspizierte dies alles mit Beifall, bei jeder sich bietenden Gelegenheit tapste sie durch die Blumen und bückte sich und streichelte die leuchtenden Blüten, als wären sie Stoffhündchen oder Teddys. »Schöne Blumen, Deirdre, ja? Schöne Blumen.«

Auch für die Tiere hat der Frühjahrszyklus begonnen. Alle Kühe haben gekalbt – in diesem Jahr ohne jede Hilfe –, und ihre Kälber springen im frischen Gras von Lower Tumper umher, manchmal verfolgt von der schwarzen Ziege mit dem blauen Fusselkopfputz. Frühmorgens stapfe ich über die taufeuchten Sommerwiesen, sehe ein paar aufgescheuchte Hasen davonspringen und schaue den Vögeln nach, die in den Himmel auffliegen. In der vollkommenen Stille dieser morgendlichen irischen Felder habe ich das Gefühl, daß nichts von Bedeutung ist, nur dies: die kleine Torfrauchfahne vom Kamin des Hauses und die Lieblichkeit Irlands an einem Sommermorgen. Gleichgültig, wie lange wir hier leben werden, dieses Gefühl werden wir nie verlieren. Denn diese Lebensqualität des irischen Westens, die Zeitlosigkeit seiner Schönheit, das Gefühl von Wetter und Land, hat sowohl Chris als auch mir Frieden gegeben.

Manchmal begleitet mich Chris in der Frühe, und Deirdre reitet auf meinen Schultern. Wenn unsere kleine Herde auftaucht, ruft sie »Muh, Muh« und deutet auf die Kühe und Kälber. Die alten Kühe schienen das Kind zunächst etwas kritisch zu betrachten, doch dann muhten sie zufrieden. In blauen Gummistiefeln der absolut kleinsten Größe zockelt Deirdre zwischen den Tieren umher und lächelt, wenn die Kühe vor ihr zur Seite gehen.

Es ist wieder einmal Sommer. Ich schreibe dies an einem herrlichen Junitag. Seit drei Wochen scheint unablässig die Sonne. Auf den Wiesen wird geheut, und überall sieht man die zusammengerechten Heuhaufen. Am Abend ist es beinahe bis Mitternacht hell, und es scheint nie ganz dunkel zu werden. Alle Fenster des Hauses stehen offen, um den Tag hereinzulassen. Chris saß schon frühmorgens vor ihrer Staffelei. Mit einem breitkrempigen Strohhut auf dem Kopf arbeitete sie an einem großen Bild von unserem Haus mit dem Sommergarten. Gegen Mittag kam sie ins Haus und meinte lachend, es sei fast zu heiß, um zu malen.

Gestern kamen wieder ein paar Leser unseres ersten Buchs den Gartenweg herauf und brachten Erdnußbutter und Maisbrot mit. Zur Mittagszeit saßen wir draußen bei einem Sandwich-Mittagessen. Der Garten lag in Sonnenlicht getaucht. Kein Mensch kam oder ging auf der Straße. Vögel huschten zwischen den Blumen umher. Es war kaum ein Geräusch zu vernehmen. Gegenüber, auf Haye's Hill, galoppierten vier braune Pferde. Chris notierte in ihrem Tagebuch: »Wieder ein strahlendblauer Tag. Nirgends die kleinste Wolke. Keine Trübung, kein weißlicher Dunstschleier, nur ein tiefblauer, unendlich hoher Himmel. Heute ist Irland eine Insel in der Sonne. Es ist überall heiß und still und blau und grün.«

Während ich heute nachmittag diese Zeilen

schreibe, den Kopf voll mit Enden und Anfängen, mit Gedanken an die Zeit, die wir hier verbracht haben und an die langen Sommertage, die noch vor uns liegen, höre ich, wie Chris in der Küche Deirdre eine Geschichte erzählt, die sie für sie aufschreiben will – eine Geschichte, die den Kindern auf diesen Hügeln vielleicht schon vor vielen Jahrhunderten erzählt wurde. Und als gehörte sie mit in den Kreis von Land und Meer, Erde und Himmel, Winter und Sommer, höre ich, wie Chris zu erzählen beginnt: »Es war einmal ein Riese, der hieß Tumper...«